当代中国社会发展理论研究

主　编◎程美东
副主编◎吴宝晶　肖贵清　袁本文
杨　蔚　贺大兴

DANGDAI ZHONGGUO SHEHUI FAZHAN LILUN YANJIU

知识产权出版社
全国百佳图书出版单位

图书在版编目（CIP）数据

当代中国社会发展理论研究/程美东主编．—北京：知识产权出版社，2018.1
ISBN 978－7－5130－3121－9

Ⅰ.①当… Ⅱ.①程… Ⅲ.①社会发展—研究—中国 Ⅳ.①D668

中国版本图书馆 CIP 数据核字（2018）第 011984 号

责任编辑： 贺小霞　　**责任校对：** 潘凤越
封面设计： 刘　伟　　**责任出版：** 孙婷婷

当代中国社会发展理论研究

程美东　主　编

吴宝晶　肖贵清　袁本文　杨　蔚　贺大兴　副主编

出版发行： 知识产权出版社有限责任公司　　**网　　址：** http：//www.ipph.cn
社　　址： 北京市海淀区气象路 50 号院　　**邮　　编：** 100081
责编电话： 010－82000860 转 8129　　**责编邮箱：** 2006HeXiaoXia@sina.com
发行电话： 010－82000860 转 8101/8102　　**发行传真：** 010－82000893/82005070/82000270
印　　刷： 北京虎彩文化传播有限公司　　**经　　销：** 各大网上书店、新华书店及相关专业书店
开　　本： 787mm×1092mm　1/16　　**印　　张：** 19.75
版　　次： 2018 年 1 月第 1 版　　**印　　次：** 2019 年 7 月第 2 次印刷
字　　数： 370 千字　　**定　　价：** 58.00 元

ISBN 978-7-5130-3121-9

编　委　会

目　　录

第一编　未来发展

第二编　政策解读

第三编　价值追求

第四编　教学研究

第五编　十九大精神进“概论”课课堂教学建议

第一编

未来发展

要论提示：

1. 中共十九大对于当前我国的具体国情做出了具体的分析和认识。这些具体的分析和认识主要是：其一，从历史方位上来看，中国特色社会主义进入了新时代；其二，这个新时代里中国社会主要矛盾是人民日益增长的美好生活需要和不平衡不充分的发展之间的矛盾；其三，这个新时代我们的建设目标在原来“富强、民主、文明、和谐”的基础上，增加了“美丽”的内容。

2. 新时代中国经济站在了历史新起点上：其一是中国稳居世界第二大经济体，到2017年10月我国GDP总量已经超过80万亿元人民币，我国已经处于上中等收入国家发展水平；其二就是改革开放以来的开放红利、人口红利等作用正在减退，新的环境和条件下，产生了新的困难和挑战，也具有了新的特点和机遇。

3. 在2017年10月中下旬召开的党的十九大会议上，以习近平同志为核心的党中央对建设富强、民主、文明、和谐、美丽的社会主义现代化强国，实现中华民族伟大复兴的中国梦做了详细的规划和周密的部署。特别是，会议强调优先发展教育事业，建设教育强国，是实现伟大梦想的基础工程，也是保障和改善民生的重要内容。十九大报告将发展教育事业放在实现中国梦的基础地位、保障和改善民生的优先地位，体现了党对教育事业的重视和抓住未来发展关键的远见卓识，是确保实现“新两步走”发展战略目标和增进人民福祉的关键举措。

具体国情变化与中国未来社会政策的调整

程美东*

摘　要： 中共十九大对于当前我国的具体国情做出了具体的分析和认识。这些具体的分析和认识主要就是：其一，从历史方位上来看，中国特色社会主义进入了新时代；其二，这个新时代里中国社会主要矛盾是人民日益增长的美好生活需要和不平衡不充分的发展之间的矛盾；其三，这个新时代我们的建设目标在原来“富强、民主、文明、和谐”的基础上，增加了“美丽”的内容。这些新认识必然要直接影响到中国未来社会发展政策的调整：第一个是产业结构需要调整；第二个是西部大开发的格局会有所改变；第三个是社会公共福利事业要得到大发展；第四个是社会治理的现代化水平越来越高。

关键词： 十九大　国情　主要矛盾　社会政策

中共十九大有很多的理论创新，在马克思主义中国化的历程中会留下辉煌的一页。其中最重要的理论创新就是进一步深化、细化了对于社会主义初级阶段基本国情的认识，提出了关于目前我国社会主义主要矛盾是人民日益增长的美好生活需要和不平衡不充分的发展之间的矛盾。这一新的论断虽然没有改变我们仍然处在社会主义初级阶段的认识，没有改变“一个中心、两个基本点”的社会主义初级阶段基本路线，但是毫无疑问给具体工作中如何坚持“一个中心、两个基本点”提出了很多新要求，给中国未来的社会政策调整提供了方向和指南。

---

* 程美东（1969—　），男，安徽无为人，北京高校中国化马克思主义教学研究会会长；北京大学马克思主义学院教授、副院长；北京市哲学社会科学中国化马克思主义发展研究基地负责人兼首席专家。

一、准确把握国情变化，对于新时代社会主要矛盾做出科学的判断

改革开放以来中国特色社会主义事业顺利发展的一个重要理论前提就是我们在经过多年的曲折探索后，形成了科学的国情观——从1956年社会主义制度基本建立到21世纪中叶，我国长期处于社会主义初级阶段。在社会主义初级阶段，我们的社会主要矛盾是人民日益增长的物质文化生活需要与落后的社会生产之间的矛盾，我们的主要任务是以经济建设为中心、大力发展社会生产力。正是对于我国基本国情有了长期准确的定位，改革开放近40年间我们才能既不冒进又不滞后，而是采取了不失时机、稳中求进的积极稳妥的发展战略和措施，保证了我国积极、健康、有序、稳妥的发展。但是，一百年初级阶段的基本国情只是宏观上的战略定位，不是说这一百年是静止不变的。实际上改革开放近40年来我们的具体国情是在不断变化的，无论是经济、国防、外交，还是政治、文化，每个方面的具体情况都在不断变化。因此，我们不能因为初级阶段基本国情的长期性、稳定性就忽视了初级阶段具体国情的变动，从而把初级阶段国情视为僵化、一成不变的格局，那样就会使我们不能适时地制定科学的政策，使我们的方针政策就不能"因事而化、因时而进、因势而新"。

中共十九大在牢牢地抓住社会主义初级阶段基本国情这个基本事实不变这个基础，又根据当前中国特色社会主义发展的具体变化，对于当前我国的具体国情做出了具体的分析和认识。这些具体的分析和认识主要就是：其一，从历史方位上来看，中国特色社会主义进入了新时代；其二，这个新时代里中国社会主要矛盾是人民日益增长的美好生活需要和不平衡不充分的发展之间的矛盾；其三，这个新时代我们的建设目标在原来"富强、民主、文明、和谐"的基础上，增加了"美丽"的内容。

中共十九大关于中国国情的具体认识最具突破性内容是关于中国社会主要矛盾的概括和总结，这个概括非常及时、准确、科学。1956年中共八大提出"我们国内的主要矛盾，已经是人民对于建立先进的工业国的要求同落后的农业国的现实之间的矛盾，已经是人民对于经济文化迅速发展的需要同当前经济文化不能满足人民需要的状况之间的矛盾"。改革开放以后，我党在继承中共八大关于社会主要矛盾论断的基本精神的基础上，形成了关于社会主义初级阶段我国社会主要矛盾的正确认识，即"人民日益增长的物质文化需要同落后的社会生产之间的矛盾"。这个判断非常符合当时我国生产力不发达、不能满足人民群众的需要的实际，但改革开放近40年后的今天，中国生产力水平已

经大大提高了，GDP 总量稳居世界第二，越来越接近世界第一；人均 GDP 也突破 8000 美元，达到中等偏上国家收入水平。这个时候虽然各地区、各行业等的发展水平不平衡，虽然我们的生产力发展还没有达到充分高的程度，但用落后的生产力来形容当今中国的社会发展水平肯定不客观；这个时候虽然人民群众还有不少需求社会不能完全满足，但这些需求的内容与几十年前的基本的物质文化层面的需求的内容大相径庭了，更多属于精神文化层面的内容，人民群众对于未来的生活有了更多更高的美好期待。所以，用“人民日益增长的美好生活需要和不平衡不充分的发展”来概括我国目前社会主要矛盾既是对于原来主要矛盾内在逻辑的贯彻，又是对于现实国情的准确概括。

二、关于主要矛盾的新认识必然要直接影响到中国未来社会发展政策的调整

习近平总书记在十九大报告中指出：“社会主要矛盾的变化是关系全局的历史性变化，对党和国家工作提出了许多新要求。”具体来说，就是对于未来我们党和政府关于社会发展的具体政策提出了新要求。我个人觉得，未来的社会政策至少要在以下几个方面做出新的调整：

第一个就是产业结构需要调整。新时代主要矛盾发生变化会使产业结构发生重大改变。改革开放之后，每一次重大新理论的提出都会直接影响国家投资方向。人民的美好生活主要体现在精神生活层面，而有关精神生活的产业主要是第三产业，而现在中国的第三产业发展水平不够高，2016 年该产业占 GDP 总量的 51.6%，而目前美国、英国、法国等世界上发达国家的第三产业占 GDP 总量的比重一般都在 70% ~80%。我国现在的第二产业约占 GDP 总量的 40% 以上，它对于拉动中国经济增长至关重要，但它同时也带来环境污染等问题，不符合人民对于美好生活向往的内容，所以这个产业结构必须要转型，第三产业要得到大力发展。第三产业不发达就是中国现在不够幸福的因素，那么将来国家肯定要加大对第三产业的扶持力度。教育、信息产业、GDP 等都是属于第三产业结构的。

第二个就是西部大开发的格局会有所改变。目前我国社会主要矛盾的一个重要表现就是发展的不平衡、不充分，而广大的西部地区在这个方面目前表现得更加明显，所以，今后国家在西部大开发上会有更新颖、更丰富的手段和方式，否则就不可能解决新时代中国的主要矛盾。西部大开发从 2000 年之后很长时期内的开发重点是基础设施建设，其带来的最大变化就是铁路和公路，还有广大城乡的住房、供电、通信等基本生活设施的变化。在未来，西部大开发

除了继续加强基础设施建设外，更多的要在科技和教育方面出台更好的政策和措施，比如在吸引人才方面肯定会有更灵活特殊的措施。

第三个就是社会公共福利事业要得到大发展。什么是人民所向往的美好生活？至少不用担心生病没有医院救治，不用担心因为失业而饥寒交迫，不用担心收入不足而露宿街头，不用担心自己老弱病残而流离失所。要做到这一点，必须要大力发展公共福利事业，没有公共福利事业的大发展人民不会觉得他们的生活是美好的。要加大对公共福利事业的投入，仅仅依靠政府是不够的，从长远来看民营企业和社会其他方面的力量必须要大力参与到公共福利事业当中。

第四个就是社会治理的现代化水平越来越高。什么样的社会治理才能够称得上美好的标准？从最高的层次来看应该是共产主义社会，在这个社会没有国家机器，每个人得到自由而全面的发展。但共产主义社会的实现不是短时期内人类可以达到的，现实社会需要国家、需要公共权力才能保证社会秩序，只是这个带有强制力的公权力必须要使人感到公平、公正、客观，使人感受到人性的光辉，使人感到安全、安稳、放心。美好生活最根本的就是让大家感受到公平公正的存在。如果没有治理的现代化，没有公平公正的治理方式就不是美好的社会。要实现这样的社会，政府的治理措施和手段必须要有要符合科学、理性、人性的现代化要求，其现代化的水平越高，生活在其中的民众对其认可度就越高，民众的幸福指数就越高。所以在习近平同志提出社会主要矛盾发生转变的重大判断之后，在社会治理现代化方面一定会有大的进步。

新时代中国经济发展的新机遇

王在全*

摘　要： 新时代中国经济站在历史新起点上：其一就是中国稳居世界第二大经济体，到 2017 年 10 月我国 GDP 总量已经超过 80 万亿元人民币，我国已经处于上中等收入国家发展水平；其二就是改革开放以来的开放红利、人口红利等作用正在减退，新的环境和条件下，产生了新的困难和挑战，也具有了新的特点和机遇。

关键词： 十九大　中国　经济

党的十九大是在建设中国特色社会主义新征程中召开的一次意义非凡的大会，习近平总书记高瞻远瞩、立意深远的报告，可谓民心振奋，举国欢腾。

国家富强与人民富裕是中华民族千百年来孜孜追求的理想。中华人民共和国成立以来，尤其是改革开放以来，中国经济社会取得了举世瞩目的成就，中国从一个半殖民地半封建的落后农业国家，发展到今天已经是 GDP 总量世界第二，人均 GDP 超过 8000 美元不断富裕起来的大国，GDP 总量突破 80 万亿元人民币。中国正处于决胜全面建成小康社会、夺取新时代中国特色社会主义伟大胜利的关键时期。十九大的胜利召开，预示着中国特色社会主义建设将开启一个新时代。

一、站在历史新起点上的新时代中国经济

中华人民共和国成立 68 年来，在中国共产党的领导下，我国综合国力和国际影响力实现历史性跨越。统计显示，1953 年至 2013 年，我国 GDP 按可比价计算增长了 122 倍，年均增长 8.2%，其中改革开放以来 GDP 年均增长

---

* 王在全（1970—　），男，山东蒙阴人，北京大学马克思主义学院院长助理、经济所教授，北京市哲学社会科学中国化马克思主义发展研究基地特约研究员。

9.8%。1952年国内生产总值只有679亿元，1978年增加到3645亿元，居世界第十位。改革开放以来，GDP连续跃上新台阶，1986年超过1万亿元，1991年超过2万亿元，2001年超过10万亿元，2010年达到40万亿元，超过日本成为世界第二大经济体。到2017年10月，GDP总量已经超过80万亿元。

改革开放以来，特别是党的十八大以来，我们坚定不移贯彻新发展理念，转变经济发展方式，发展的质量和效益不断提升。供给侧结构性改革深入推进，经济结构不断优化，数字经济等新兴产业蓬勃发展，基础设施建设快速推进，农业现代化稳步推进，8000多万农业转移人口成为城镇居民。区域发展协调性增强，“一带一路”建设、京津冀协同发展、长江规划经济带发展成效显著。创新驱动发展战略大力实施，创新型国家建设成果丰硕。

按照2015年7月世界银行的说法，人均GDP在4126美元到12735美元之间的国家属于上中等收入国家，人均GDP超过12735美元的国家属于高收入国家，我国已经处于上中等收入国家的行列，正处于迈进高收入国家的门槛上。但是，中国经济社会发展进程中也存在着某些中等收入陷阱的特征。总体而言，落入“中等收入陷阱”的国家有以下几个方面的特征：经济增长回落或停滞、民主乱象、贫富分化、腐败多发、过度城市化、社会公共服务短缺、就业困难、社会动荡、信仰缺失、金融体系脆弱等。中国能否跨越中等收入陷阱？中国特色社会主义建设目前正站在新的历史起点之上，中国最大的国情和实际仍然是处于社会主义初级阶段，仍然是世界上最大的发展中国家。但是与改革开放初期的国际国内环境不同，中国特色社会主义已经进入新时代，这一新时代意味着近代以来久经磨难的中华民族迎来了从站起来、富起来到强起来的伟大飞跃，迎来了实现中华民族伟大复兴的光明前景；意味着科学社会主义在21世纪的中国焕发出强大生机活力，在世界上高高举起了中国特色社会主义伟大旗帜；意味着中国特色社会主义道路、理论、制度、文化不断发展，拓展了发展中国家走向现代化的途径，给世界上那些既希望加快发展又希望保持自身独立性的国家和民族提供了全新选择，为解决人类问题贡献了中国智慧和中国方案。

二、新时代中国经济发展的新特点、新机遇

改革开放以来，中国经济发展经历了近40年的跌宕起伏，今天正面临着复杂多变的国际国内局势，改革开放以来的开放红利、人口红利等作用正在减退，新的环境和条件下，产生了新的困难和挑战，也具有了新的特点和机遇，只有积极应对和破解这些新问题，才能找到进一步发展的路径和方法。新时代

经济发展的新特点、新机遇主要表现在以下几个方面。

1. 我国社会主要矛盾的变化

中华人民共和国成立后党对中国社会主要矛盾的认识不断转变。中共八大（1956年）指出，我们国内的主要矛盾，已经是人民对于建立先进的工业国的要求同落后的农业国的现实之间的矛盾，已经是人民对于经济文化迅速发展的需要同当前经济文化不能满足人民需要的状况之间的矛盾。八届十中全会（1962年），无产阶级同资产阶级的矛盾为整个社会主义历史阶段的主要矛盾。要“以阶级斗争为纲，阶级斗争必须年年讲，月月讲，天天讲”。十一届六中全会（1981年）指出，“在社会主义改造基本完成以后，我国所要解决的主要矛盾，是人民日益增长的物质文化需要同落后的社会生产之间的矛盾”。十三大（1987年），人民日益增长的物质文化需要同落后的社会生产之间的矛盾。十五大（1997年），人民日益增长的物质文化需要同落后的社会生产之间的矛盾，这个主要矛盾贯穿我国社会主义初级阶段的整个过程和社会生活的各个方面。十六大（2002年），人民日益增长的物质文化需要同落后的社会生产之间的矛盾。十七大（2007年），人民日益增长的物质文化需要同落后的社会生产之间的矛盾。十八大（2012年），人民日益增长的物质文化需要同落后的社会生产之间的矛盾。十九大（2017年），人民日益增长的美好生活需要和不平衡不充分的发展之间的矛盾。这一主要矛盾的变化和调整，指明了我们下一步工作的重点和方向。

2. 中国经济发展的新情况——中国经济发展进入新常态

中国经济自改革开放以来以年均9%以上的增长速度持续了38年，近几年来速度开始下降，2015年GDP增长率为6.9%，2016年GDP增长率为6.7%，2017年前三季度GDP平均增长6.9%，“十三五”期间预期为6.5%～7%，这样的速度虽然比之前30多年慢了许多，但在世界经济增长中仍然是很快的，是排在世界前列的。中国如果能够再保持几十年5%左右的中高速增长，仍然是世界经济发展史上的奇迹。

经济发展新常态的判断是我国新时期经济发展的新特点、新情况，将是影响未来经济发展的一个重要信号。我们就要适应新常态，引领新常态。我国经济已由高速增长阶段转向高质量发展阶段，正处在转变发展方式、优化经济结构、转换增长动力的攻关期，建设现代化经济体系是跨越关口的迫切要求和我国发展的战略目标。必须坚持质量第一、效益优先，以供给侧结构性改革为主线，推动经济发展质量变革、效率变革、动力变革，提高全要素生产率。新常态要面对经济增长速度转换、经济结构转换和发展动力转换。过去那种依靠资源消耗、环境污染、要素投入推进、人力成本低廉的时代一去不复返了。依靠生产制造在低附加值领域靠市场扩张而崛起的时代已经成为过去。现在企业的发展是依靠研发、依靠品牌的时代，是依靠高端人才产生高附加值的时代。改革创新将是中国经济发展的最大红利和动力。中国人均 GDP 目前已经超过 8000 美元，正处于从效率驱动向创新驱动转变的过程之中。

3. 供给侧结构性改革具有特别的意义

十九大报告指出："建设现代化经济体系，必须把发展经济的着力点放在实体经济上，把提高供给体系质量作为主攻方向，显著增强我国经济质量优势。"

2015 年第三季度，中国 GDP 增速首次破 7%，但从中长期来看，供给结构老化导致中国经济缺乏复苏动力。习近平总书记于 2015 年 11 月 10 日在中央财经领导小组第 11 次会议上首次提出了"供给侧改革"，要求"在适度扩大总需求的同时，着力加强供给侧结构性改革，着力提高供给体系质量和效率，增强经济持续增长动力，推动我国社会生产力水平实现整体跃升"。2015 年 12 月 18—21 日召开的中央经济工作会议进一步明确了"去产能、去库存、去杠杆、降成本、补短板"供给侧改革的五大重点任务。可见，供给侧改革已经成为我国宏观经济管理的核心内容与主攻方向，供给侧改革将会是"十三五"期间我国践行"创新、协调、绿色、开放、共享"发展理念的重要政策着力点。

4. 建设创新型国家

创新是引领发展的第一动力，是建设现代化经济体系的战略支撑。人类社会发展到今天，已经经历了许多阶段的以技术创新为节点的飞跃，每次飞跃都为人类社会的生产生活带来了巨大的变化。当前，以互联网为代表的信息技术革命，正在全方位地颠覆人们的生产生活方式。如果说中国没有能赶上蒸汽机时代的机遇和电力革命的时代，那么可以毫不夸张地说，今天的中国企业家特别幸运，赶上了互联网的大潮和信息化时代。大数据时代、云计算为基本特征的新技术革命正在各个领域渗透与演变，人们正在进入一个以移动互联为纽带，数据化、信息化为特征的低碳时代，新能源、新材料等新兴产业的正在崛起，生物产业、空间开发、智能制造等领域正在带领人们进入新的地带空间。传统产业将面临两个选择，一方面，部分过时的传统行业面临着淘汰出局；另一方面，部分传统行业面临着如何应用新技术进行升级换代、老树开新花的挑战。

创新是供给侧的核心。中国对世界经济增长的贡献率保持在 25% 以上，成为世界经济的第一动力源。2015 年，我国研发支出占 GDP 的比重达到 2. 1%，占全球研发比重的 20%，居世界第二位。到 2020 年，研发支出占 GDP 的比重将达到 2. 5%。但是中国的科技转化率不高，科技创新能力仍然排在世界第三梯队。我国农业劳动生产率不到社会平均劳动劳动生产率的 1/3，中国经济的发展还有尚未挖掘的一大片蓝海。

5. 实施乡村振兴战略

农业农村农民问题是关系国计民生的根本性问题，必须始终把解决好"三农"问题作为全党工作重中之重。要农业的现代化还远远不够，农业就业人口占总就业人口的比重仍然高达 29% 左右，美国仅有 1. 6%，西方发达国家基本上都在 5% 以内；农村的城镇化之路也还有很大距离，农民的市民化进程还在半路上，我国目前城镇化率达到了 56. 1%，但是市民化率仅有 39% 左右。习近平总书记指出："中国要强，农业必须强；中国要美，农村必须美；中国要富，农民必须富。"习近平总书记提出要培养造就一支懂农业、爱农村、爱农民的"三农"工作队伍。当前以落实集体所有权、稳定农户承包权、放活土地经营权为核心，涉及农户宅基地、农村征地补偿改革等的新一轮土地改革，将会有力推进农业现代化进程。十九大报告提出："保持土地承包关系稳定并长久不变，第二轮土地承包到期后再延长三十年。"同时进一步推进城乡一体化建设，推进以人为核心的新型城镇化建设，是彻底改变我国几千年"三农"问题的关键路径和环节。

6. 构建全面开放新格局

开放带来进步，封闭必然落后。中国改革开放政策取得了巨大的发展成就。随着经济全球化的范围和深度日益提升，中国的对外开放也已经从过去的学习西方、引进技术、引进人才、引进资本发展到今天要走向世界、发出中国的声音、发挥中国的作用、贡献中国智慧的阶段。要以"一带一路"建设为重点，坚持"引进来"和"走出去"并重，遵循共商共建共享原则，加强创新能力开放合作，形成陆海内外联动、东西双向互济的开放格局。

近年来，我们推广上海自贸试验区经验，新设广东、天津、福建自贸试验区，推出京津冀一体化发展战略、长江经济规划带建设战略和"一带一路"倡议。人民币加入国际货币基金组织特别提款权货币篮子。亚洲基础设施投资银行正式成立，丝路基金投入运营。签署中韩、中澳自贸协定和中国—东盟自贸区升级议定书。"一带一路"建设成效显现，国际产能合作步伐加快，高铁、核电等中国装备"走出去"取得突破性进展。

三、未来三十年两阶段发展，实现中华民族伟大复兴的中国梦

实现中华民族伟大复兴，是中华民族近代以来最伟大的梦想，现在我们距离这个目标越来越近了。为了实现民族复兴，我们制定了相应的步骤战略。一开始是“两步走”战略，1964 年，周恩来在中共三届人大一次会议的政府工作报告中曾经宣布：“从第三个五年计划开始，我国的国民经济发展，可以按两步来考虑：第一步，建立一个独立的比较完整的工业体系和国民经济体系；第二步，全面实现农业、工业、国防和科学技术的现代化，使我国经济走在世界的前列。”1987 年 10 月党的十三大明确提出了中国经济建设分“三步走”的总体战略部署：第一步：从 1981 年到 1990 年国民生产总值翻一番，解决人民的温饱问题；第二步：从 1991 年到 20 世纪末国民生产总值再翻一番，人民生活达到小康水平；第三步：到 21 世纪中叶，国民生产总值再翻两番，达到中等发达国家水平，人民生活比较富裕，基本实现现代化。党的十五大把“三步走”战略的第三步进一步具体化，提出了三个阶段性目标：21 世纪第一个 10 年，实现国民生产总值比 2000 年翻一番，使人民的小康生活更加富裕，形成比较完善的社会主义市场经济体制；再经过 10 年的努力，到建党 100 周年时，使国民经济更加发展，各项制度更加完善；到 21 世纪中叶中华人民共和国成立 100 周年时，基本实现现代化，建成富强、民主、文明的社会主义国家，从而使“三步走”的战略和步骤更加具体明确。

2017 年 10 月 18 日，在党的十九大报告中，在综合分析国际国内形势和我国发展条件的基础上，提出从 2020 年到 21 世纪中叶可以分两个阶段来安排。第一个阶段，从 2020 年到 2035 年，在全面建成小康社会的基础上，再奋斗 15 年，基本实现社会主义现代化。第二个阶段，从 2035 年到 21 世纪中叶，在基本实现现代化的基础上，再奋斗 15 年，把我国建成富强、民主、文明、和谐、美丽的社会主义现代化强国。

贫穷不是社会主义，一个富强的社会主义国家，一个富裕的中华民族才能真正让我们华夏子孙充满自信，屹立于世界民族之林。

优先发展教育与实现伟大梦想

贺大兴*

摘　要： 习近平同志在党的十九大报告中指出，实现中华民族伟大复兴是近代以来中华民族最伟大的梦想，建设教育强国是中华民族伟大复兴的基础工程，必须把教育事业放在优先位置。本文从发展目标、现实约束、实现路径等角度探讨优先发展教育和实现伟大梦想之间的关系，以帮助理解优先发展教育对解决新时代主要矛盾、实现美好生活的重要性和必要性。

关键词： 伟大梦想　教育　新时代　主要矛盾

在2017年10月中下旬召开的党的十九大会议上，以习近平同志为核心的党中央对建设富强、民主、文明、和谐、美丽的社会主义现代化强国，实现中华民族伟大复兴的中国梦做了详细的规划和周密的部署。特别是，会议强调，优先发展教育事业，建设教育强国，是实现伟大梦想的基础工程，也是保障和改善民生的重要内容。十九大报告将发展教育事业放在实现中国梦的基础地位、保障和改善民生的优先地位，体现了党对教育事业的重视和抓住未来发展关键的远见卓识，是确保实现新"两步走"发展战略目标和增进人民福祉的关键举措。

一、高水平教育是实现人的自由全面发展的重要手段

党的十九大报告指出，"中国共产党一经成立，就把实现共产主义作为党的最高理想和最终目标"，"中国共产党人的初心和使命，就是为中国人民谋幸福，为中华民族谋复兴"。什么是共产主义？什么是人民幸福？经典作家和

---

* 贺大兴（1981—　），男，北京大学马克思主义学院副教授，经济学博士，hedaxing@ gmail. com。
基金项目：国家社科基金青年项目"马克思不平等、消费不足和经济危机理论的现代化研究"（16CJL001）。

习近平同志等早有论述。恩格斯在《社会主义从空想到科学的发展》[1]一书中指出，实现共产主义以后，“人终于成为自己的社会结合的主人，从而也成为自然界的主人，成为自己本身的主人。”马克思和恩格斯在《德意志意识形态》[2]一书中提到，“在共产主义社会里，任何人都没有特定的活动范围，每个人都可以在任何部门内发展”。人的自由全面发展，是共产主义的一个特征。在经典作家的描述下，自由意味着摆脱了资本主义生产关系和资本主义制度的束缚，全面指的是人的能力得到充分发挥。如何才能在任何部门内发展，这不仅需要物质资料、生产力水平、社会制度等宏观方面的保障，也需要个人能力方面的保证。换句话说，个人不仅有条件“想”在任何部门发展，也必须有条件“能”在任何部门发展。为了“能”在任何部门发展，高水平教育的作用便不言而喻。对于人民幸福，习近平同志在很多场合反复提及。在2014年中法建交50周年纪念大会上，习近平同志指出，“中国梦是追求幸福的梦”，“我们的方向就是让每个人获得发展自我和奉献社会的机会，共同享有人生出彩的机会，共同享有梦想成真的机会”❶。和共产主义人的自由全面发展目标一样，中国梦的目标之一是让每个人能够发展自我、人生出彩。在竞争日益激烈的大背景下，人生出彩，除了社会提供公平正义的环境外，也需要每个人有能力出彩。提供高水平的教育、获得高水平的教育，便是人生出彩的一个重要机会。

重视发展教育是我们党一贯的优良传统。毛泽东早在《湖南农民运动考察报告》[3]中就指出，“中国历来只有地主有文化，农民没有文化”。农民文化运动开始后，“全省当有几万所学校在乡村中涌出来”❷。中华人民共和国成立后，我国迅速建立社会主义制度，毛泽东同志的理想得以实现。政府推行公立教育和义务教育，全体人民的素质大为提高。1977年，邓小平首次将教育提高到现代化发展战略的高度。“我们要实现现代化，关键是科学技术要能上去。发展科学技术，不抓教育不行。靠空讲不能实现现代化，必须有知识，有人才”，并提出办教育的思路，“办教育要两条腿走路，既重视普及，又注意提高”[4]❸。这一定程度上为1977年10月恢复高考提供了思想基础。1992年邓小平南方视察时再次强调，“经济发展得快一点，必须依靠科技和教育”，“希望大家通力合作，为加快发展我国科技和教育失业多做实事”[5]❹。南方讲

❶ 中国共产党新闻网. 习近平在中法建交50周年纪念大会上的讲话［EB/OL］.［2014－03－27］.

❷ 见《毛泽东选集》（第1卷）。

❸ 见《邓小平文选》（第2卷）中1977年5月4日讲话“尊重知识，尊重人才”。

❹ 见《邓小平文选》（第3卷）中1992年1月18日“在武昌、深圳、珠海、上海等地的谈话要点”。

话再一次推动了我国科技和教育的发展。十八大之后，社会主义建设进入新时代，党对教育的重视达到了新的高度。习近平同志多次指出，“百年大计，教育为本”❶“教育强则国家强。高等教育发展水平是一个国家发展水平和发展潜力的重要标志。实现中华民族伟大复兴，教育的地位和作用不可忽视”❷“努力让13亿人民享有更好更公平的教育”❸“努力让每个人都有人生出彩的机会”❹“我们的人民热爱生活，期盼有更好的教育……人民对美好生活的向往，就是我们的奋斗目标”❺。这些论断表明，党和政府的教育理念，不仅是为了服务整个民族和国家的长远发展，也是为了实现每个人的精彩人生。

中国教育在近70年来已取得巨大的成就，有力地推动了社会经济的发展，但进步空间仍然很大。主要表现为：一是基础教育进步明显。在1920年，“中国有百分之九十未受文化教育的人民”❻。中华人民共和国建立初期，文盲率超过80%（由毛泽东《论联合政府》[6]推断），1964年全国第二次人口普查显示，文盲率下降至33.58%，1982年全国第三次人口普查进一步降为22.81%（国家统计局）。作为对比，印度直到2001年，文盲率仍接近39%，中国该年不到9%（世界银行数据）。文盲率下降及基础教育的普及，使我国具有大量的熟练劳动力，为改革开放吸引外资建设、承接发达国家产业转移打下了坚实基础。二是高等教育发展相对缓慢。1970年，中国的高等院校入学率只有0.13%，1998年接近6%。与此同时，世界平均水平约为10.09%和17.27%。1999年后，中国高等院校扩大招生计划，入学率有所提升，但截至2014年，中国才首次超过世界平均水平，这和中国的经济大国地位不符（世界银行数据）。三是科研教育经费投入相对不足。1971年，中国教育公共开支占GDP的比值约为1.39%，1999年增长至1.88%。与此同时，世界平均水平在4%～4.7%，低收入国家也基本维持3.5%以上（世界银行数据）。教育经费投入不足，制约了我国向教育强国迈进的步伐。1999年后，教育经费投入有所增加，2014年占GDP比例约为4.7%，和世界水平基本持平（国家统计局）。四是城乡差距、地区差异明显。以北京市和陕西省为例，2014年，北京市教育经费投入1093亿元，人均约为5038元；陕西省总投入约为910亿元，人均约为

---

❶ 人民网．习近平向全国广大教师致慰问信，2013年9月10日。

❷ 人民网．习近平在全国高校思想政治工作会议上发表重要讲话，2016年12月7日至8日。

❸ 人民网．习近平主席在联合国“教育第一”全球倡议行动一周年纪念活动上发表视频贺词，2013年9月27日。

❹ 人民网．习近平在全国职业教育工作会议上的讲话，2014年6月23日至24日。

❺ 人民网．习近平在十八届中央政治局常委同中外记者见面时的讲话，2012年11月15日。

❻ 毛泽东：《湖南农民运动考察报告》。

2411 元（国家统计局）。地区教育经费的差异固然和地区经济发展状况相关，但也反映出教育等公共服务发展不平衡、不充分的特点。成就巨大，这是我们党和政府历来重视教育发展的结果，但同时问题也非常突出，这是社会初级阶段基本国情的一个表现。从目前现实情况来看，中国的教育水平和教育质量还需不断发展，才能满足实现伟大梦想的要求，才能满足人民对美好生活的向往，才能最终实现人的自由全面发展。新时代必须把教育事业放在优先位置。

二、优先发展教育是新时代社会发展的需要

优先发展教育是新时代主要矛盾的要求。新时代的主要矛盾是人民日益增长的美好生活需要和不平衡不充分的发展之间的矛盾。在中华人民共和国成立初期，经济一穷二白，外部环境恶劣，当时的主要任务之一建立完整的独立自主的工业体系，保卫国家主权和人民安全。改革开放后，国际形势有所缓和，开放大门逐渐打开，人民对生活水平的要求从温饱走向小康，发展生产力成为最主要的诉求。进入新时代以来，我们经济总体水平已达到较高的阶段，经济总量达到世界第二，部分地区或城市人均收入水平已接近发达国家水平。单纯的物质文化方面的需求也得到一定的满足，但人民群众对美好生活的需求日益增长，其中一项就是“期盼有更好的教育”。“更好的教育”是新时代人民的期盼，但现实是我国目前的教育水平、教育资源分布还不平衡、不充分，不能满足人民的需要。解决这个矛盾，需要优先发展教育。

优先发展教育是构建富强、民主、文明、和谐、美丽社会的重要手段。新时代，我们至少面临三个方面的挑战。一是收入分配问题。“最终实现共同富裕”是社会主义本质的要求。但改革开放之后，收入差距、财富差距逐渐扩大是不争的事实。据国家统计局数据，2012 年到 2016 年，我国的基尼系数总体上呈下降趋势，但 2016 年的基尼系数仍然高达 0.465[1]，与实现共享发展的理念和目标存在一定的差距。缩小居民收入和生活水平差距，是“两步走”的一个目标。在新时代所处的国内外环境下，激烈的社会变革、高强度的财政手段都不是有效的方式。普及、提高全民族的教育水平，让个体获得更多的知识和技能，然后培育更大比例的中等收入群体，便是一个可行的选项。二是人口老化问题。随着人均寿命的提高，未来人口老化不可避免。应对人口老化带来的养老负担、劳动力不足问题，改变生育政策并不是长久之道。在中国人口基数十分庞大的情况下，过度提高生育率会带来新的问题。同样，发展教育，

---

[1] 国家统计局. 中国的基尼系数总体呈下降趋势［EB/OL］.［2017-01-20］.

提高人口素质，让人民有能力在退休前获得高收入、在退休后有更好的身体素质，也势在必行。三是生态文明建设。满足“人们对美好生活的向往”，需要大量的物质和资源的支撑。如何在有限的资源下给社会提供更多的产品、更好的环境，需要智慧，而智慧来源于教育。

三、优先发展教育是实现伟大梦想的重要途径

优先发展教育是大国崛起的条件。大国崛起需要新思想、新技术和高素质的人力资本，具备这些优质条件都需要教育。历史上，欧洲国家率先进入工业革命时代，实现了人类发展中第一次生产力的巨大飞跃。除了贩卖奴隶、殖民地、海外扩张等“血腥”“肮脏”的资本积累手段外，知识和教育的普及也居功至伟。据统计，西欧国家在 15 世纪每百万人口的书籍数量约为 929 本，比利时甚至高达 5721 本，而中国直到清朝时期，每年出版书籍种类约为 474 种，不到欧洲的 1/13。1600 年，西欧整体识字率接近 25%，这已经超过中华人民共和国初期的水平。英国识字率甚至高达 53%，远远超过世界其他国家。❶ 蒸汽革命的花最先在英国盛开结果，没有丝毫侥幸。类似的例子不胜枚举。特别是，第二次世界大战以后，战败国家如德国、日本，能够迅速恢复活力并回归到大国的行列，正是多年重视教育的直接体现。

优先发展教育是赢得未来竞争的基础。进入新时代以后，我们面临的挑战并未减少。“世界经济复苏乏力、局部冲突和动荡频发、全球性问题加剧”。更为重要的是，以互联网、大数据、人工智能为代表的第四次科技革命，开始逐渐深入到社会各个角落。生活习惯、工作方式、社会治理、政府职能都会受到新科技的挑战。生产力决定生产关系。这是不以人的意志为转移的客观规律。历史经验也反复证明，在科技竞争中失败，国家在国际政治经济格局中就会处在落后的位置，甚至影响国家主权。没有高素质的人口，如何适应新的生产方式？没有高素质的人口，如何在科技浪潮中乘风破浪？试想，不进一步提高人口素质，我们的现代化建设会有充足的动力吗？不进一步提高人口素质，我们的民族未来能长久屹立于世界民族之林吗？赢得科技、赢得未来，让中华民族屹立于世界优秀民族之林，必须优先发展教育。

简言之，以习近平同志为核心的党中央在十九大会议上提出“优先发展教育”的思想，体现了党和政府在新时代下治国理政的深思熟虑和非凡智慧。

---

❶ 见范赞登《通往工业革命的漫长道路》[7] 第五章、第六章。

“优先发展教育”既是对党的教育理念的继承和发展，也是新时代实现社会主义现代化强国目标的必要手段。社会各界及政府单位要从“实现中华民族伟大复兴的中国梦”的高度，各尽所能、群策群力，理解和执行这一思想。实现伟大梦想，必须优先发展教育。

参考文献

[1] 恩格斯．社会主义从空想到科学的发展［M］．中央编译局，译．北京：人民出版社，2014.

[2] 马克思，恩格斯．德意志意识形态［M］．中央编译局，译．北京：人民出版社，2003.

[3] 毛泽东．毛泽东选集（第1卷）［M］．北京：人民出版社，1991.

[4] 邓小平．邓小平文选（第2卷）［M］．北京：人民出版社，1994.

[5] 邓小平．邓小平文选（第3卷）［M］．北京：人民出版社，1994.

[6] 毛泽东．毛泽东选集（第3卷）［M］．北京：人民出版社，1991.

[7] 扬·卢滕·范赞登．通往工业革命的漫长道路［M］．隋福民，译．浙江：浙江大学出版社，2016.

供给侧结构性改革下军民融合与更高质量发展阶段

申晓勇*

摘　要： 军民融合发展是实现发展和安全兼顾、富国和强军统一的必由之路。以供给侧结构性改革为主线，加快军民融合深度发展，推进技术创新与产业转型升级，扩大有效和中高端供给，推动我国经济向更高质量发展阶段迈进。要坚持国家主导和充分发挥市场机制作用有机结合，促进军民融合产业结构调整和发展动力转换；推进军地资源共享，加强协同创新，突出关键共性技术和前沿引领技术的研发；完善军地需求对接，推动民用高端产业发展和尖端武器装备升级；加强军民融合产业基地全价值链体系建设，培育形成先进制造业集群，充分发挥对区域经济发展的辐射带动作用。

关键词： 供给侧结构性改革　军民融合　技术创新　产业结构升级

中国经济正处于转型升级的关键期，需要重构经济增长的动力机制，从规模扩张向质量提升转变。经济增长质量和效益的提升，主要依靠产业结构向中高端迈进，关键是从模仿转向自主创新，为加快新旧增长动力转换和产业结构升级创造条件。这需要我们从更广阔的视野审视经济发展方式的转变，军民融合已成为国家创新体系建设的战略设计与战略任务，要推动军民科技与产业融合创新发展，促进军民优势互补、互相支持，习近平总书记在党的十九大报告中强调指出，更加注重军民融合[1]。要以供给侧结构性改革为主线，推动军民融合深入发展，加快培育以创新为核心的增长新动力，提高供给体系的有效性和生产效率，不断提升经济增长的质量和效益，促进我国经济向更高质量发展阶段迈进。

---

* 申晓勇，男，（1975—　），北京理工大学马克思主义学院讲师，博士。

一、供给侧结构性改革下军民融合与技术创新和产业升级

改革开放以来，我国利用后发优势，通过模仿和购买等方式实现技术进步和经济增长。作为发展中大国，我国经济发展中的结构性问题长期存在，产品市场规模大但附加值低，企业市场化能力强但科技研发实力弱，产业门类齐全但产业链核心环节缺失，面对国内要素禀赋结构转换、技术后发优势减弱、市场机制扭曲以及世界经济格局调整等多重不利因素的影响，中央适时提出并推进供给侧结构性改革，提高供给体系质量和效率，增强经济持续增长的动力。供给侧结构性改革的实质是“供给侧+结构性+改革”，即“从提高供给质量出发，用改革的办法推进结构调整，矫正要素配置扭曲，扩大有效供给，提高供给结构对需求变化的适应性和灵活性，提高全要素生产率，更好地满足广大人民群众的需要，促进经济社会持续健康发展”[2]。供给侧结构性改革的核心是推进技术创新与产业转型升级，扩大有效和中高端供给，培育经济增长的新动力。推进军民融合发展是我国应对复杂安全形势、提升国家军事能力的战略支撑，又是推进供给侧性改革加快产业结构升级和经济发展方式转变的的重大举措。

军民融合（Civil－Military Integration）首次由美国国会技术评估局于1994年提出，是指把国防科技工业基础（DTIB）同民用科技工业基础（CTIB）融合起来，组成一个统一的国家科技工业基础（NTIB）的过程。[3]随着当代科技革命、产业革命和新军事变革进程不断加快，军民融合的内涵相应发生变化，在融合的范围、层次和深度上持续拓展，涉及基础设施建设、武器装备科研生产、军队人才培养、军队保障、国防动员等重点领域，以及海洋、空天、信息等新兴领域，但国防科技工业始终是军民融合发展的重点领域，是衡量军民融合发展水平的重要标志，也是推进国家创新驱动发展战略实施、促进供给侧结构性改革的迫切需要。习近平总书记在十九大报告中指出，坚持富国和强军相统一，强化统一领导、顶层设计、改革创新和重大项目落实，深化国防科技工业改革，形成军民融合深度发展格局，构建一体化的国家战略体系和能力。[4]作为军民融合的主战场，国防科技工业军民融合发展有助于推动技术进步、提升产业水平，培育新的增长点，形成发展的新动能，实现供给侧结构性改革下我国经济由高速增长阶段向高质量发展阶段的转换。

军民融合对技术创新和产业升级影响显著。在推动技术创新方面，民用领域与军用领域对高新技术的需求重点日益趋同化，美国商务部和国防部列出的关键技术当中，80%是相通的，[5]基于高新技术军用与民用界限日益模糊的特

性，推动军民融合发展、建立军民技术互转机制成为世界各国的共同选择，尤其是有影响力的世界大国。美国非常重视军民技术的一体化发展，一方面，实施重点发展军民两用技术推进高新技术产业发展的政策措施；另一方面，军民融合科技创新更多依赖开放和社会化的产业链，通过主体合作或者企业并购实现技术资源的军民融合，在提升装备水平、增强军事实力的同时，也大幅提高了民用产业的科技创新能力和企业竞争力。与此同时，从对产业升级的影响来看，军民融合包含“军转民”与“民参军”两大板块，在军民融合推进过程中，两类企业的技术、资源优势会形成越来越紧密的耦合关联，推动产业调整和转型升级。融合之初，“军转民”企业向民营企业学习先进管理模式、品牌经营方式和市场策略；“民参军”企业则根据军工生产链的不同资源要求、质量要求和技术要求，通过与军工企业开展技术交流、人才交流和信息交流等方式学习军工生产技术，了解军工生产的要素配比以及研究军工市场的需求结构，推进民用产品的军用化。随着融合的深入，“军转民”企业逐步转向借鉴民企灵活的管理机制，并通过结构重组、股份制改造和产研结合等方式激发企业创新活力；同时，“民参军”企业通过借鉴军工企业的技术研发模式，充分掌握军工生产的技术标准、技术细节、设计原则和产品布局，并推进军民两用品共同开发体系的形成。最终，随着融合程度进一步加深，军民融合产业整体上趋于成熟，形成技术、人才、资本、信息、产品和组织结构的全方位、深层次、多系统的军民融合产业发展体系，[6]并进一步通过发挥军民融合集聚的规模经济优势，推进战略性信息产业和高技术产业发展，进而带动区域产业结构优化升级。

二、我国军民融合深入发展推动经济由高速增长阶段转向高质量发展阶段

作为军民融合的主战场，国防科技工业军民融合发展有利于推动技术进步、提升产业水平，扩大有效和中高端供给、培育经济增长的新动力，促进我国经济由高速增长阶段向高质量发展阶段转换。改革开放后，我国的国防科技工业经历了军民结合—寓军于民—军民融合的发展历程，经济实力快速提升，国防实力显著增强。[7]近几年来，国防科技工业作为新型战略性高科技产业，以军民融合发展战略为引领，深深融入国家社会经济体系，为加快产业结构优化、转变经济增长方式提供了强劲的发展新动能。科技创新是提高社会生产力和综合国力的关键因素，是创新驱动战略的核心组成，推动供给侧结构性改革，必须实现要素驱动型增长向创新驱动型增长的转换。我国军民协同创新已

成为创新驱动的新引擎，在突破关键核心技术和推动基础领域科技创新方面取得明显成效，促进了海洋、太空、新能源、电磁、网络空间等战略新兴领域和世界科技前沿领域的迅速发展，载人航天前沿技术获得重大突破，“蛟龙”号载人深潜器刷新世界载人作业深潜纪录，“华龙一号”核反应堆国内外首堆分别开工，我国跻身全球核电先进技术行列，国产大飞机 C919 下线并成功试航，无人机和智能机器人等多个前沿领域也取得重大成果。与此同时，军民协同创新推动基础科技领域取得新的发展，纳米绿色印刷制版、量子通信及组网、高温超导材料、量子反常霍尔效应、诱导多功能性干细胞等基础研究取得具有国际影响的突出成果，纳米限域催化、等离子激元光学操控、深紫外非线性光学晶体、特高压电磁环境、钢铁材料组织调控等重大科学问题也获得重要突破，[8]促进了军、民科技水平和国家整体创新能力的显著提升。前沿军工技术向民用领域转移转化，会成为新的经济增长点，为国民经济稳增长、调结构提供重要支撑。

加快产业结构转型升级，是推进供给侧结构性改革的重点，尤其要加快发展高端制造业和高新技术产业，大力培育战略性新兴产业，努力向全球价值链的中高端攀升。近几年来，国防科技工业军民融合步伐加快，层次逐渐提升，推动装备制造业、战略性新兴产业和高技术产业持续快速增长。船舶工业在军民融合产业中地位突出，是国内高加工工业中为数不多的具有相当国际竞争力的产业，2016 年，我国造船三大指标市场份额总体保持世界领先，造船完工量、新接订单量、手持订单量分别占世界市场份额的 35.6%、65.2% 和 43.9%，新接订单和手持订单均居世界第一，完工量居世界第二。[9]在航空产业领域，已形成“新舟”系列民航飞机和新一代 4 吨级轻型多用途民用直升机 AC312，“新舟”系列飞机累计交付超百架，运营在 20 多个国家的近 300 条航线上。[10]在航天产业领域，截至 2015 年，航天工业根据自身特点开发出的民用产品达 5000 多种，累计实现产值 550 亿元，平均每年以 28% 的速度增长，民品产值和民品队伍均占航天工业总产值和职工人数的 2/3 左右。[11]在核工业领域，实现了核电自主化、系列化、规模化发展，目前建成运行的核电机组 22 台，总装机容量 2010 万千万，在建机组 26 台，规模 2800 万千瓦，我国成为世界核电在建规模最大的国家。[12]在兵器产业领域，在军转民高新技术、北斗产业、高端装备制造、应急救灾、反恐防暴、节能环保等领域推行军转民技术应用，成效显著。在电子工业领域，信息安全产业已形成具有自主知识产权的信息安全产品线和服务模式，测试仪器技术开发也取得群体性突破，核心元器件实现自主可控，孵化养殖自动化设备和消防报警产品经济效益显著。

军民融合在带动高技术产业发展方面成果显著，军地企业坚持走军民两用高技术产业化发展道路，有力推动了高新技术产业的发展。2015 年，高技术产业增加值比 2014 年增长 10.2%，其中，航空、航天器及设备制造业增长 26.2%，电子及通信设备制造业增长 12.7%，信息化学品制造业增长 10.6%。[13]作为国家“十二五”规划的高技术产业，北斗产业发展迅速，已在交通运输、气象、渔业、公共安全、减灾救灾、林业等行业获得广泛应用，形成包括基础产品、应用终端、运行服务等在内的较为完整的北斗产业体系，2015 年，我国卫星导航产业总产值达到 1900 亿元，北斗系统贡献率约占 30%。[11]与此同时，近几年来军工经济与地方经济融合程度不断加深，军民融合产业基地快速发展，2015 年，全国 32 家国家级军民融合产业基地工业总产值超过 2 万亿元；2016 年，国家军民融合产业基地积极推动企业技术进步和品牌建设，形成了一批在行业内处于领先水平的骨干企业和技术产品，军民融合产业基地在推动国防建设与地方经济协同发展、推动产业结构升级方面发挥了重要作用。此外，“民参军”步伐加快，民营企业参与武器装备科研生产的深度和广度不断增加，已占到军品科研生产许可证单位总数的 2/3，其中，民营企业达 1000 多家，占许可单位总数的 2/5 以上，民营企业参与武器装备科研生产的层次也不断提升。[14]“民参军”数量和层次的提升，有利于民营企业在参与军工科研生产任务的竞争中，资本、设备和技术力量等优势不断发展壮大，促进重点产业的调整振兴，推动产业结构的优化升级。

三、以供给侧结构性改革推动军民融合深度发展，加快迈向更高质量发展阶段的建议

当前和今后一个时期是军民融合的战略机遇期，也是军民融合由初步融合向深度融合推进的过渡阶段，要坚持问题牵引，不断研究新情况，提出新思路。目前，我国军民融合存在的主要问题是：国有军工集团寓军于民不够，军工产业市场开放程度偏低；军民科技资源和基础设施共享不高，军民供需不匹配；军民融合产业园区没有形成专业化分工协作网络体系，特色不突出。深入实施军民融合发展战略，必须以改革驱动激发军民融合创新活力，催生新质力量和增长点，加快形成军工产业的新技术、新产品和新业态，促进我国产业迈向全球价值链中高端，使中国经济进入更高质量发展阶段。

第一，坚持国家主导和发挥市场机制作用有机结合，促进军民融合产业结构调整优化和发展动力转换。

推动军民融合深度发展，要坚持国家主导，通过体制机制创新、结构性改革和政策制度供给，加快建立统一领导、军地协调、顺畅高效的组织管理体

系，完善国家主导、需求牵引、市场运作相统一的工作运行体系，建立健全系统完备、衔接配套、有效激励的政策制度体系。充分发挥政府在军民融合顶层统筹、战略规划和产业发展政策等方面的引导作用，完善体制机制，从军品研制生产的供给侧进行调整，推动军工科研院所分类改革和军工企业改组改制，鼓励社会资本参与国防科技工业改革和投资建设，提高国防科技工业治理水平；对全社会军品科研生产能力进行分类管理，加快实施军品科研生产能力结构调整；健全法律标准规范，加强军品市场监管。另外，充分发挥市场机制作用，加快军工体系开放竞争，除涉及国家安全的战略武器和核心领域外，引导社会优质资源进入武器装备科研生产和维修领域，扩大军工企业外部协作，提升军工技术民口配套率和民营产品军用化程度。

第二，推进军地资源共享，加快建立军民协同创新体系，强化关键共性技术、前沿引领技术和颠覆性技术创新。

加快推进军地科技资源共享，促进军民科技相互支撑和转化，首先要进行军民通用标准制定和整合，逐步建立军民一体化的技术标准体系。还要在做好保密工作的前提下，推动军用设备与民用设备在不同单位之间的合理流动，包括租用、转让及报废处置等方式；同时，加强对新建实验室、重大试验设施和研发项目等方面的军民统筹，在科研基地、实验设备和技术项目建设、研发的前期，要兼顾军用和民用两个领域的应用发展前景。在加强军民协同创新方面，要充分发挥军队、重点科研院所、高校、企业等部门的科技力量，以重大工程为牵引，建立包括军、政、产、学、研在内的产业技术创新联盟，促进军民技术融合和军地创新合作。选择一批对武器装备发展、行业技术进步和经济建设有重大推动作用、有自主知识产权、预期经济效益显著的军民共性关键技术，作为国家科技和国防科技投资的主要牵引方向，推动前沿引领技术和颠覆性技术创新。

第三，加强信息互通，完善军地需求对接，推动民用高端产业和国防尖端武器装备并行发展。

加强信息沟通，完善军地协调和需求对接，要建立和完善军民信息互通平台建设，充分发挥军民融合载体的作用；同时，加快国防知识产权的转移和转化，积极拓展科技成果交流和转化渠道，一方面，将军工的创新成果深度融合于经济社会各领域，在优势军品技术的基础上，以市场需求为导向，对技术进行二次开发利用，使民营企业充分利用军工领域的先进技术成果，推动民用技术升级并真正实现产业技术的自主可控，提升全社会的创新力和生产力，使军工科技成果为经济结构调整和发展方式转变发挥有力的引领带动作用；另一方面，以国防建设需求为牵引，积极构建对接洽谈平台，将军用产品的高技术诉求与企业研发生产有效对接，将军事需求科学转化为工程化描述，并及时向“参军”民营企业公布相关需求信息，充分调动民营企业积极性并发挥民企的能力优势，及时将民用技术、民间资源最大限度应用于军工领域和军事系统，降低国防建设成本，提高资源使用效能，推动民用高端产业和国防尖端武器装备齐头并进。

第四，强化军民融合产业基地全价值链体系建设，培育形成先进制造业集群，充分发挥对区域产业结构升级和经济增长的辐射带动作用。

推动军工集团与地方加强战略合作，将军工自身的体量优势、技术优势与地方政府的政策和资源优势有机结合，通过联合开发、新建企业、专业重组、资本融合等方式，[15]兴建一批能够发挥龙头带动作用的军民融合重大项目，在产业链集成、基础设施建设、生产生活服务等层面上实现具有全价值链体系特征的“军为民用”和“民为军用”，形成具有特色的军民融合产业基地。要准确把握区域内技术优势明显、市场竞争力强的军民融合产业和项目，重点培育扶持，实现快速发展，形成示范带动效应；还要构建高效的服务体系，建立健全技术交流与交易平台、融资平台、公共服务平台及人才平台等，提供相应完善的公共服务体系。我国西部的四川、重庆、陕西等地区是国防科技资源富集区域，应结合国家“一带一路”倡议的实施，建设成为丝绸之路经济带上重要的军民融合高端装备产业基地，真正发挥创新引领和产业支撑作用，形成以产业链为主导的对区域经济和国防经济具有带动作用的军民融合产业集群。

参考文献

[1]［4］习近平．决胜全面建成小康社会　夺取新时代中国特色社会主义伟大胜利——在中国共产党第十九次全国代表大会上的报告［M］．北京：人民出版社，2017.

[2] 七问供给侧结构性改革——权威人士谈当前经济怎么看怎么干［N］．人民日报，2016－01－04（2）.

[3] 金一南．国外军民融合发展情况及启示（一）［J］．中国军转民，2014（4）：14.

[5] 于川信．军民融合战略发展论［M］．北京：军事科学出版社，2014：90.

[6] 湛泳，赵纯凯．军民融合推动产业结构优化升级的路径与机制——基于产业外部性视角［J］．北京理工大学学报（社会科学版），2017（1）：118.

[7] 申晓勇，武力．中国国防工业与经济发展互动研究（1949—2015）［J］．中国经济史研究，2016（5）：97－101.

[8] 万钢．“十二五”以来特别是党的十八大以来我国科技创新重要进展和成就［EB/OL］．http://www.scio.gov.cn/ztk/dtzt/2015/33681/33686/33692/Document/1453862/1453862.htm.［2017－09－25］.

[9] 装备工业司．2016 年我国造船三大指标国际市场份额总体保持领先产业 集中度进一步提高

[EB/OL]. http://www.miit.gov.cn/n1146290/n1146402/n1146455/c5469440/content.html. [2017-09-25].
[10] 新舟60系列飞机［J］. 国防科技工业，2015（7）：34.
[11] 毕京京，肖冬松主编. 中国军民融合发展报告（2016）［M］. 北京：国防大学出版社，2016.
[12] 本刊编辑部. 努力建设核工业强国——国防科技工业“十二五”成就系列报道之三［J］. 中国军转民，2016（3）：21-27.
[13] 王玉凤. 增速10.2%　高技术产业表现抢眼［N］. 第一财经日报，2016-01-20（A3）.
[14] 龙红山. 用市场化机制推进军民融合深度发展［J］. 中国军转民，2016（8）：15-16.
[15] 许达哲. 走军民融合深度发展之路［J］. 国防科技工业，2015（7）：14.

公安机关党员干部严守党的政治纪律和政治规矩的根本路径研究

禚明亮*

摘　要：党的十九大报告强调，要以党的政治建设为统领，全面推进新时代党的建设。公安机关党员干部严守党的政治纪律和政治规矩是加强公安队伍党的建设的重要把手。为了使党的政治纪律和政治规矩“入脑”“入心”，必须从思维意识上下功夫，因此公安机关党员干部严守党的政治纪律和政治规矩的根本路径在于牢固树立“四个意识”。

关键词：公安队伍　政治规矩　党的建设

十九大报告指出，打铁必须自身硬。新时代解决中国一些问题的关键在于中国共产党。在中央纪委第二次、第三次全会上，特别是第五次全会上，习近平总书记多次强调党的纪律和规矩问题。在五次全会上，习近平首次全面概括了党的政治规矩的基本内涵，深刻剖析了违反党内政治规矩的五种突出表现，向全党明确提出了“五个必须”的政治要求，从全党做出了严守党的政治纪律和政治规矩的宣言书和倡议书。

一、公安机关党员干部严守党的政治纪律和政治规矩是加强公安队伍党的建设的重要把手

十九大报告指出，党政军民学，东西南北中，党是领导一切的。公安队伍是中国共产党领导下的准武装力量，是体现人民意志、维护人民利益、伸张社会公平正义、维护人民民主专政的主体力量之一，是党和国家手中的“刀把子”。公安队伍的使命和担当是体现人民意志、国家意志和党的意志，是维护

* 禚明亮，男，中国人民公安大学马克思主义学院讲师，博士。

中国共产党执政权威的重要力量。使命越大，责任也就越大。这种性质和使命的特殊性也给公安党建工作提出了更高的要求，既要求有更高的纪律意识和规矩意识，又要求具有更高的服务意识和责任意识。公安队伍党的建设是中国共产党党的建设的重要组成部分。公安部部长郭声琨在2014年第二次全国公安机关党建工作座谈会的批语中给公安党建工作指明了方向。他指出，加强和改进公安机关党的建设是打造过硬公安队伍、推动公安事业发展的根本保证。各级公安机关要深入学习贯彻习近平总书记系列重要讲话精神，充分认识新形势下加强和改进公安机关党建工作的重要性和紧迫性，牢牢把握加强党的执政能力建设、先进性和纯洁性建设这条主线，紧紧围绕“服务中心、建设队伍”根本任务，继承优良传统，锐意改革创新，统筹推进公安机关党的思想建设、组织建设、作风建设、反腐倡廉建设和制度建设，全面提升公安机关党建工作科学化水平，为在新的历史起点上不断开创公安工作和公安队伍建设新局面提供坚强有力的思想、组织和作风保证。❶

马克思主义辩证法告诉我们，矛盾无时不在、矛盾无时不有。要求我们在实际工作中，抓主要矛盾和矛盾的主要方面。矛盾的本质是对立统一的相互关系，破解矛盾的根本方法是消除对立、实现统一。公安党建工作的实质，就是解决公安党建工作中已经存在的矛盾，并预防未来可能出现的矛盾。长期以来，公安工作固有的一个矛盾就是业务工作与政治工作（党建工作）之间的矛盾。所谓公安业务工作，主要是指公安领导工作、公安秘书工作、公安指挥工作、公安专业工作（刑事执行工作、治安行政管理工作、保卫工作、警卫工作公安法制工作、公安教育科技工作）等。所谓公安政治工作是保证公安机关坚决贯彻党的政治路线、思想路线、组织路线，保证人民警察与党在思想上、政治上保持一致的工作，主要内容是从政治上、思想上、法纪上、文化上和职业道德上保障党的公安工作的原则、路线、方针和政策的顺利执行。公安政治工作的核心问题是党建工作，关于这一矛盾的解决之策，学术界早已成果斐然。学术界一般认为，“推动机关党建工作和业务工作紧密结合作为破解机关党建难题的根本途径”❷，归纳起来，就是“服务中心、建设队伍”这八个字。但是在实际操作层面，这八个字的落实却极为困难。一般机关党建工作中容易出现的党建工作“无用论”“边缘化”“格式化”等现象在公安机关中表现得更为严重。

公安党建工作中存在的主要问题是：（1）思想政治工作时间无法保证，

---

❶ 中国警察网 - http：//www. cpd. com. cn/n10216060/n10216144/c24977349/content. html.

❷ 人民网 - http：//theory. people. com. cn/n/2014/0529/c385438 - 25081193. html.

甚至匮乏。由于警力不足、工作时间长、工作压力大，一些基层公安机关基本上没有足够的时间专门从事政治理论学习。(2) 专职政工干部失位或者缺位。政工干部大多忙于业务工作，无法专门从事思想政治工作，即使有些政工干部坚持从事本职工作，往往导致在职务晋级和业绩评定上处于不利位置，甚至被边缘化。(3) 基层公安党建工作存在着老套、教条式的教育方式，采用念稿、读报等传统方式，难以获得青年民警的理论认同和价值认同。

二、公安机关党员干部严守党的政治纪律和政治规矩的根本路径在于牢固树立"四个意识"

十九大报告指出，推进新时代党的建设，必须以调动全党积极性、主动性、创造性为着力点，全面推进党的政治建设、思想建设、组织建设、作风建设、纪律建设，把制度建设贯穿其中。2016 年 1 月 29 日召开的中共中央政治局会议上，习近平总书记首次公开提出"四个意识"。"四个意识"，即政治意识、大局意识、核心意识、看齐意识。"四个意识"的提出是新时期党的建设理论的重要创新，是带有显著中国特色的社会主义意识形态的重要组成部分。

（一）树立政治意识，核心内容是政治规矩和政治纪律

中国共产党最大的政治规矩和政治纪律是坚持共产主义理想信念，坚持马克思列宁主义、毛泽东思想和中国特色社会主义理论体系的指导地位，秉承人民至上的政治原则，践行全心全意为人民服务的唯一宗旨，实行民主执政、依法执政、廉洁从政、科学执政，不断取得治国理政的新胜利。增强政治意识，旨在"做到政治方向不偏、政治信仰不变、政治立场不移"❶。结合公安工作的实际情况，在公安党建中，培育公安民警的政治意识，必须让广大民警牢固树立共产主义理想信念，坚持群众史观和群众观点，牢固树立权为民所用、利为民所谋的价值观，在执法过程中践行群众路线，倾听群众疾苦，解决群众实际困难。同时，保持政治清醒，了解警察行业的责任和担当，坚持公正执法，拒绝粗暴执法。

（二）树立大局意识，核心内容是中国共产党对所处的时代方位、历史方位、发展全局的准确认识

对时代方位的把握主要包括对和平与发展是时代主题的把握、对我国现在

---

❶ 子平. 深化"两学一做"，增强"四个意识"[J]. 紫光阁，2016 (6): 1.

处于并将长期处于社会主义初级阶段基本国情的把握、对改革开放是当代中国最鲜明的特色的把握、对我们仍然是世界上最大的发展中国家的把握、对我国仍将处于重要战略机遇期的把握等。对历史方位的把握主要包括，对社会主义必将战胜资本主义的世界历史趋势的把握、对我国处于全面建成小康社会的关键阶段的把握等。对发展全局的把握主要包括国内国外“两个大局”，经济建设、政治建设、文化建设、社会建设和生态文明建设“五位一体”的总体布局，全面建成小康社会、全面深化改革、全面依法治国、全面从严治党的“四个全面”战略布局，贯彻落实创新、协调、绿色、开放、共享的发展理念等的深刻把握。结合公安工作的实际情况，在公安党建中，培育公安民警的大局意识，必须让广大公安民警了解当前中国现阶段的经济社会特点，了解国家的大政方针和主要政策，认识到当前国内外舆论斗争的复杂性，多从全局性、整体性、长远性角度思考问题，维护最广大人民群众的切身利益。

（三）树立核心意识，是中国共产党根本组织原则——民主集中制的体现，核心内容是构建多层次、立体式的权威体系

“增强核心意识要求党员、领导干部自觉认同党的领导核心地位及其作用，支持党中央统一领导治党治国治军，认真执行党内民主集中制，维护党的中央权威、保证党的集中统一。”❶ 恩格斯在其《论权威》中指出，“没有权威，就不可能有任何的一致行动”❷。2013 年 1 月，习近平在十八届中央纪委二次全会上指出：“同党中央保持高度一致，自觉维护中央权威。同党中央保持一致不是一个空洞口号，而是一个重大政治原则。”❸ 在我们当前所从事的社会主义初级阶段的发展阶段，在争取实现全面建成小康社会和实现民族伟大复兴的历史进程中，在党中央和基层组织关系层面，树立党中央的权威，尤其是习近平总书记的权威；在中央和地方关系上，树立中央政府的权威；在马克思主义理论与社会思潮的关系上，树立马克思主义理论的权威等，具有极为重要的意义。这种权威体系的确立，更好保证中央制定的政策、路线、方针政策真正落到实处，更好地促进顶层设计与基层探索的良性互动，能够充分发挥中国共产党在领导中国特色社会主义现代化建设中的“主心骨”作用，更好地发挥马克思主义对当代社会思潮的引领作用。恩格斯同时指出，权威存在的前

---

❶ 周鎏刚，丁晓强．增强“四个意识”与全面从严治党［J］．中共福建省委党校学报，2016（8）33.

❷ 马克思恩格斯全集（第 33 卷）［M］．北京：人民出版社，1973：368.

❸ 十八大以来重要文献选编（上）［M］．北京：中央文献出版社，2014：132.

提是服从。党的执政权威从根本上要依靠人民群众的支持。执政权威关系到党的执政生命，党的执政权威与执政合法性的确立和维护必须得到最广大人民群众的认可、拥护和支持，因此必须大力发展人民民主制度，保障人民当家做主的主人翁地位。与此同时，中国共产党的执政权威与执政合法性的维护是一个动态的过程，因此，我们应当居安思危、总体布局，我们应当与时俱进地维护党的执政形象、增强党的执政权威和执政合法性。增强中国共产党的执政权威与执政合法性，必须从提高党的执政能力和执政效率、提高执政成绩和执政的民意满意度上下功夫。同时，还要加强党的执政形象建设，严厉打击腐败现象，树立和增强党的依法执政、清廉自律、亲民为民的优良执政形象。结合公安工作的实际情况，在公安党建中，培育公安民警的核心意识，必须让广大公安民警认识到执法权是国家公权力的一种，执法权必须享有应有的权威性，任何阻碍、干扰甚至破坏执法权的行为都是违法。要教育广大公安民警依法执法、敢于执法、科学执法。

（四）树立看齐意识。看齐意识是我们党的一项重要的政治原则，核心内容是要求领导干部和普通党员向党中央看齐，向党的理论、路线、方针、政策看齐，向党的先锋模范看齐等

看齐意识主要包括理想信念上看齐、从政行为上看齐、党章党规上看齐、规矩纪律上看齐，并严格落实到行动上。1945 年，毛泽东同志在党的七大预备会议上指出：“要知道，一个队伍经常是不大整齐的，所以就要常常喊看齐，向左看齐，向右看齐，向中间看齐，我们要向中央基准看齐，向大会基准看齐。看齐是原则，有偏差是实际生活，有了偏差，就喊看齐。”❶ 正如习近平总书记所指出的：“经常、主动向党中央看齐，向党的理论和路线方针政策看齐。”结合公安工作的实际情况，在公安党建中，培育公安民警的看齐意识，必须及时准确地向广大公安民警传达党中央的最新理论和政策，形成学习政治理论的良好风气。公安民警在执法办案的过程中应当严格遵守相关法律、法规，与中央精神保持一致，坚决做践行全面依法治国的积极参与者和捍卫者。

❶ 中共中央文件选集（第 15 册）[M]. 北京：中共中央党校出版社，1991：103.

第二编

政策解读

要论提示：

1. 党的十九大报告中，203 次提到了“人民”二字，显示以人为本、以民为本的重要思想。在两岸关系和平发展的大背景下，以人为本的思想在两岸关系中也得到了充分的体现和张扬。

2. 对社会主要矛盾的判断是建设和发展社会主义不容回避的问题，主要矛盾决定了所要完成的根本任务。党的十九大所阐明的新时代我国社会主要矛盾的转化及其要义，抓住了新时代中国基本国情的主要特征，呈现了新时代建设中国特色社会主义的主要任务，契合了国家治理现代化与社会治理现代化的目标，是我们党确定未来理论创新和实践创新的基本依据。

3. 十九大报告指出，我国社会主要矛盾已经转化为人民日益增长的美好生活需要和不平衡不充分的发展之间的矛盾。十九大的新矛盾论，深刻把握了新时代的历史方位，为中国下一步的工作重心指明了方向：加大收入分配制度改革力度，把收入分配制度改革的重点放在初次分配制度改革上；应解决基础设施建设的不均衡问题，逐步实现基础设施地区均等化、城乡均等化；加大力度解决医疗资源不均衡问题，基本实现公共医疗服务均等化。

论新时代人民政协民主监督的新气象和新作为

张宏伟*

摘　要：中国共产党第十九次全国代表大会的报告中指出："加强人民政协民主监督，重点监督党和国家重大方针政策和重要决策部署的贯彻落实。"这是中共首次在党的全国代表大会的报告中对政协民主监督职能的明确关注。人民政协是具有中国特色的制度安排，中国特色社会主义进入新时代以来，习近平总书记多次讲到，要强化政协民主监督，完善制度规范，适时制定改进办法，增强监督实效。2017年出台的《关于加强和改进人民政协民主监督工作的意见》明确指出人民政协民主监督是一种协商式监督，其监督内容和监督形式是丰富多样的，这一界定表明了它与参政党民主监督的具体区别。新时代的人民政协要有新气象和新作为，健全人民政协民主监督的机制，有利于促进人民政协民主监督与其他社会主义监督形式形成合力，妥善解决社会矛盾冲突，推进执政党执政能力建设，共同为预防和遏制权力腐败发挥重要作用。

关键词：新时代　人民政协民主监督　新作为

党的十九大报告中指出："人民政协是具有中国特色的制度安排，是社会主义协商民主的重要渠道和专门协商机构。人民政协工作要聚焦党和国家中心任务，围绕团结和民主两大主题，把协商民主贯穿政治协商、民主监督、参政议政全过程，完善协商议政内容和形式，着力增进共识、促进团结。加强人民政协民主监督，重点监督党和国家重大方针政策和重要决策部署的贯彻落实。"[1]这是中共首次在党的全国代表大会的报告中对政协民主监督职能的明

---

* 张宏伟，男，法学博士，北京工商大学马克思主义学院副教授，硕士生导师。

基金项目：北京高校思想政治理论课青年教师"扬帆资助计划"教学科研专项资助课题（JGWXJ-CYF2016342016）阶段性成果；北京市教工委社科计划一般项目（SQSM201710011006）阶段性成果；北京工商大学两科基金培育项目"社会主义协商民主视阈下的参政党民主监督研究"（LKJJ2016-07）。

确关注，特别明确了政协民主监督的重要监督对象和主要任务。实际上，中国特色社会主义进入新时代以来，以习近平同志为核心的党中央，提出要推进国家治理体系和治理能力现代化的目标，以健全社会主义协商民主制度为切入点，对人民政协事业发展做出新的重大部署，对加强和改进人民政协民主监督工作提出新的要求。在党的领导下，各级政协积极探索创新，认真履行职能，民主监督工作取得新的进展。当前，我国正处于全面深化改革，努力实现中国特色社会主义现代化的关键时期。面对新形势新任务，进一步发挥人民政协民主监督的独特优势和重要作用，对于推进党和政府科学决策、民主决策、依法决策，推动党和国家大政方针、重大改革举措和重要决策部署贯彻落实，促进国家机关及其工作人员转变作风、改进工作、反腐倡廉，推动解决人民群众关心的实际问题，加强中国共产党同各民主党派、各人民团体、各族各界人士的团结合作，具有重要意义。因此，习近平总书记多次指出，要强化政协民主监督，完善制度规范，适时制定改进办法，增强监督实效。

一、人民政协民主监督与参政党民主监督既相互区别，又相互联系

民主监督有广义与狭义之分。广义的民主监督，是指国家为了保障人民的政治权利，实现社会主义民主，防止国家机构和公职人员滥用权力而建立的各种监督制度。总体来说，“只要是运用民主思想所实施的监督行为，都可以理解为民主监督”[2]，我国作为人民民主专政的社会主义国家，各种监督形式，包括人大监督、司法监督、行政监督、政党监督、群众监督和舆论监督等都属于民主监督的范畴。狭义的民主监督，是“专指人民政协和各民主党派、无党派人士对共产党以批评、建议为主要形式实施的监督”[3]。可见，狭义的民主监督仅包括人民政协民主监督和参政党（民主党派）民主监督，而两者既有交叉重合之处，又有些许不同。

2017 年《关于加强和改进人民政协民主监督工作的意见》规定，人民政协民主监督的主要内容有八个方面：对国家宪法和法律法规的实施情况的监督，对党和国家的重大方针、举措、决策部署的执行情况的监督，对国民经济和社会发展规划的执行落实情况的监督，对涉及人民群众切身利益的实际问题解决落实情况的监督，对国家机关及其工作人员遵纪守法、反腐倡廉情况的监督，对政协提案或其他重要意见建议办理情况的监督，对参加政协的单位和个人执行政协决议情况的监督，最后还包括中共党委交办的其他监督事项。同时，人民政协民主监督的形式主要有会议监督、提案监督、专项监督、视察监督以及其他更加多样灵活的监督形式。

2005 年《中共中央关于进一步加强中国共产党领导的多党合作和政治协商制度建设的意见》指出，参政党民主监督的内容具体包括三个方面：一是国家宪法和法律法规的实施情况；二是中国共产党和政府重要方针政策的制定和贯彻执行情况；三是党委依法执政及党员领导干部履行职责、为政清廉等方面的情况。其形式主要有在人民政协中提出意见；受邀参加人大及其常委会和各专门委员会的组织调研；参加有关方面组织的重大问题调查和专项考察；应邀担任司法机关和政府部门的特约人员等。

可以看出两者在监督内容和监督形式上的不同，特别是在监督内容上，人民政协民主监督的对象和范围更加宽泛，内容更多，其属性更多表现为一种社会监督。而民主党派的民主监督更多的是对执政党及其党员履职为政行为的监督，因而其属性应是政党监督。不过，因为人民政协的主要成员还是各民主党派和无党派民主人士，民主党派民主监督的主要依靠平台又是各级政协组织，因此说人民政协民主监督和参政党民主监督两者是紧密关联的，民主党派不仅可以通过人民政治协商会议发挥作用，其成员还可以通过人民代表大会、各级政府机关发挥监督作用。

二、人民政协民主监督是社会主义协商民主的重要实现形式

2017 年 3 月 3 日，俞正声在中国人民政治协商会议第十二届全国委员会第五次会议开幕式的报告中指出：新时期，加强和改进人民政协民主监督的工作，要准确把握人民政协民主监督的性质定位；切实突出人民政协民主监督重点；有效运用人民政协民主监督方式方法；要始终坚持中国共产党对人民政协民主监督的领导。

人民政协民主监督是在坚持中国共产党的领导、坚持中国特色社会主义基础上，参加人民政协的各党派团体和各族各界人士在政协组织的各种活动中，依据政协章程，以提出意见、批评、建议的方式进行的协商式监督。

人民政协民主监督是“协商式监督”，主要体现在三个方面。第一，从监督的基本原则看。中国的人民政协从成立到现在，始终坚持平等对待，坦诚相见，畅所欲言，尊重不同意见表达，把协商民主贯穿于参政议政、民主监督全过程；始终坚持增进团结，融协商、监督、参与、合作为一体，广泛凝聚共识、凝聚智慧、凝聚力量。因为人民政协民主监督的目的是促进执政党和政府工作更加科学民主，监督主体和监督客体的目标是一致的。所以民主监督必然是求同存异，理性包容的。第二，从监督的方式方法看。一方面是会议监督，政协常务委员会会议、主席会议、专题协商会、协商座谈会、对口协商会等都

会安排一定数量的监督性议题，政治协商寓于民主监督；另一方面是视察监督，人民政协根据每次监督任务组织委员视察团，深入实际、深入基层、深入群众，听取情况介绍，实地察看，座谈讨论。涉及人民群众利益的大量决策和工作，主要发生在基层，“有事好商量，众人的事情由众人商量，是人民民主的真谛”[4]，基层协商民主建设寓于民主监督。第三，从监督的程序看。无论是监督议题的确定，还是监督活动的组织以及监督意见的办理，都要经过充分协商。

同时，人民政协民主监督对社会主义协商民主建设也具有重要作用。人民政协民主监督有利于化解社会矛盾，推进社会协商有序进行。参政党民主监督作为实现公民有序政治参与的重要途径，规范了民众参与政治的实践活动，推进协商民主制度化发展。人民政协民主监督有利于党际关系和谐发展，推动社会主义政党协商建设。十八届三中全会指出：“发挥统一战线在协商民主中的重要作用。完善中国共产党同各民主党派的政治协商，认真听取各民主党派和无党派人士的意见。中共中央根据年度工作重点提出规划，采取协商会、谈心会、座谈会等进行协商，完善民主党派中央直接向中共中央提出建议制度。”[5]统一战线扩大社会整合的边界和张力，在政协会议上各民主党派以党派名义充分发表不同政见，对执政党提出批评建议，既能拓宽社会利益表达渠道，又能广泛调动社会各阶层、各界人士的政治参与，畅通民主协商的渠道，有效避免各种利益冲突。中共十九大报告再次强调：“统一战线是党的事业取得胜利的重要法宝，必须长期坚持。……坚持长期共存、互相监督、肝胆相照、荣辱与共，支持民主党派按照中国特色社会主义参政党要求更好履行职能。”[6]中国特色社会主义参政党在人民政协、人大、政府以及基层组织中更好履行民主监督、参政议政职能，实际上也在推进政协协商、人大协商、政府协商和基层组织协商的有序进行。

三、健全工作机制，充分发挥新时代人民政协民主监督的作用

人民政协民主监督实践的推进作用已在国家的政治、经济、社会和生生态建设的各个领域中逐渐显现出来。人民政协民主监督不仅是发展社会主义民主政治、完善社会主义民主制度、推进中国特色政治发展道路的必然要求，而且也是决胜全面建成小康社会和实现社会主义现代化强国的重要条件。同时，人民政协民主监督的性质与特点也决定了它在改进和完善执政党的领导、监督党和国家重大方针政策和重要决策部署的贯彻落实、巩固执政合法性基础以及提升参政党参政能力等方面具有重要作用。

新时代，通过推进机制建设，人民政协民主监督的作用将更具实效性。健全人民政协民主监督的机制，需要从知情明政、协调落实、办理反馈和权益保障四个方面下功夫。知情明政机制主要指，政协委员对于党委和政府相关的会议情况，通过列席会议、情况通报、审阅材料等环节进行全面了解，详细掌握。协调落实机制主要指，加强人民政协专门委员会就有关监督工作与党政部门的对口联系、有效衔接，就相关监督议题和工作安排加强协调配合，认真组织实施和积极跟进落实。办理反馈机制主要指，办理单位应及时以书面、会议通报等形式反馈政协民主监督意见办理、采纳和落实情况。政协相关会议或相关部门要及时或定期将监督意见办理回复情况进行通报。权益保障机制主要指，尊重和保障政协委员在参加民主监督工作中的知情权、参与权、表达权和监督权，维护政协委员对违纪违法行为检举揭发的权利，对于阻挠政协委员参加民主监管，甚至进行压制、打击和报复的，应依纪依法追究责任。

第一，健全人民政协民主监督机制，有利于促进人民政协民主监督与其他监督形式形成合力，在中国特色社会主义民主政治建设中发挥作用。中共十九大报告指出："构建党统一指挥、全面覆盖、权威高效的监督体系，把党内监督同国家机关监督、民主监督、司法监督、群众监督、舆论监督贯通起来，增强监督合力。"[7]参政党的民主监督最大特点是"柔性监督"，是权利对权力的监督模式，它不具备法律监督的强制性，但由于它的监督方式灵活，监督渠道广泛，主要通过"提出建议、意见和批评"的方式，影响国家权力机关及其掌握权力的相关人员，对那些违反人民意志和利益，滥用权力的人和行为进行制约，保障人民赋予的各级权力得以正常有序地行使和运行。这种以权利制约权力的模式是社会主义监督体系中必不可少的一环。同时，如果参政党对执政党以及国家机关所提的意见、建议和批评被权力机关所采纳，就会转化为权力监督，上升为法律监督，一些批评和建议借助媒体、网络等新技术手段，广泛流传开来，从而增强参政党民主监督的实效。因此，要加强参政党民主监督与其他监督形式的结合，充分发挥社会主义监督体系中各个监督的特点和优势，促进相互间的合作，尽最大努力形成监督合力，进而提升我国监督体系的整体监督效益。

第二，健全人民政协民主监督机制，有利于妥善解决社会问题和矛盾，减少不同利益群体之间的冲突，各阶层、各党派和各团体的利益诉求表达渠道畅通无阻，实现社会的整体和谐。政治和谐特别是党际关系和谐、社会阶层和谐，是和谐社会的一个重要方面，这就要充分发挥我国政党制度的特点和优势，利用我国政党制度的内在机制去调节政党关系。民主监督机制能够起到沟通、督促、协调、整合的作用：一是人民政协民主监督在一定程度上促进了政府和司法机关工作作风的转变，提升了服务质量，缓和了公众和政府的矛盾，改善了政府形象；二是人民政协民主监督促使中共依法执政、民主党派依法参政，民主政治有序运转；三是政协委员在民主监督中发挥引领社会作用，倡导团结、友爱、互助、诚信；四是各民主党派、各人民团体、无党派民主人士利用民主监督机制，发挥桥梁、纽带作用，协助党和政府协调社会关系，解决社会矛盾，推进社会公平，维护社会稳定。所以，人民政协民主监督有助于政治系统的和谐，有利于整个社会大系统的和谐发展。

第三，健全人民政协民主监督机制，有利于加强和改善中国共产党的领导、提高其执政能力，融洽各级政府与人民群众的关系。中共十九大强调："健全依法决策机制，构建决策科学、执行坚决、监督有力的权力运行机制。各级领导干部要增强民主意识，发扬民主作风，接受人民监督，当好人民公仆。"[8]政党始终是反腐败体系的中心，这个特点决定了中国惩治与预防腐败的体系有其独特的价值基础、制度体系和行动逻辑。中共十六届四中全会制定的《中共中央关于加强党的执政能力建设的决定》中明确指出"贯彻长期共存、互相监督、肝胆相照、荣辱与共的方针，加强与民主党派合作共事，健全有关重大问题决策前协商的制度，真诚接受民主党派监督"，民主党派参政议政的主要平台就是人民政协，由此可见，人民政协民主监督对于共产党决策的监督、廉洁奉公和执政为民的监督，在整个监督体系中占有重要的地位，其政治功能十分突出。随着"四个全面"战略布局的推进，共产党在长期的执政过程中迫切需要民主党派的民主监督，如何防止官僚主义、宗派主义和党内腐败，如何使公共权力在改革开放和现代化建设的新时期得到高效、廉洁、公平、有序地运转等一系列问题的有效解决都离不开民主党派的民主监督。所以说，充分发挥人民政协民主监督作用，是中国共产党实现科学执政、民主执政、依法执政的重要外部推动力。

中国特色社会主义进入新时代以来，随着反腐败斗争的不断深入，仅仅依靠共产党党内监督、司法监督或者行政监督单方面的力量是不够的，必须要重视联合人民政协民主监督形成反腐合力，人民政协民主监督能够发现一些单靠纪律监察部门不易察觉的问题，人民政协民主监督作为社会主义监督体系的一部分，将和其他类型的监督一起产生综合效应，共同为预防和遏制权力腐败发挥重要作用。

参考文献

[1]［4］［6］［7］［8］习近平．决胜全面建成小康社会　夺取新时代中国特色社会主义伟大胜利［M］．北京：人民出版社，2017.

[2] 郑宪. 再谈民主监督 [J]. 中央社会主义学院学报，2004 (2).
[3] 刘延东. 新世纪新阶段发展我国多党合作事业的纲领性文件 [J]. 中央社会主义学院学报，2005 (3).
[5] 中共中央关于全面深化改革若干重大问题的决定 [N]. 新华每日电讯 2 版，2013 - 11 - 16.

现代治理视域下新时代社会主要矛盾论析

陈洪玲*

摘　要： 对社会主要矛盾的判断是建设和发展社会主义不容回避的问题，主要矛盾决定了所要完成的根本任务。党的十九大所阐明的新时代我国社会主要矛盾的转化及其要义，抓住了新时代中国基本国情的主要特征，呈现了新时代建设中国特色社会主义的主要任务，契合了国家治理现代化与社会治理现代化的目标，是我们党确定未来理论创新和实践创新的基本依据。

关键词： 社会主要矛盾　国家治理　社会治理　理论成果

党的十八大以来，在坚持和发展什么样的中国特色社会主义、怎样坚持和发展中国特色社会主义方面，形成了习近平新时代中国特色社会主义思想，是马克思主义中国化的最新理论成果。其中，党的十九大所阐明的新时代我国社会主要矛盾的转化与基本内容，抓住了新时代中国基本国情的主要特征，呈现了新时代建设中国特色社会主义的主要任务，不仅是我们党确定未来理论创新和实践创新的基本依据，也是推进国家治理现代化与创新社会治理的重要指针。

一、新时代社会主要矛盾转化的基本依据

对社会主要矛盾的判断是建设和发展社会主义不容回避的问题，主要矛盾决定了所要完成的根本任务。中国特色社会主义的根本任务是解放生产力和发展生产力，这是由我国社会主义初级阶段的主要矛盾决定的。经过改革开放近40年的砥砺奋斗，“我国稳定解决了十几亿人的温饱问题，总体上实现小康，

* 陈洪玲，女，北京高校中国特色社会主义理论研究协同创新中心（北京工业大学）、北京工业大学马克思主义学院教授，法学博士，主要从事马克思主义中国化研究。

不久将全面建成小康社会"[1]，这是新时代我国社会主要矛盾发生转化的重要前提和基础。党的十九大阐明新时代我国社会主要矛盾"已经转化为人民日益增长的美好生活需要和不平衡不充分的发展之间的矛盾"[2]，抓住了新时代中国基本国情的主要特征，呈现了新时代建设中国特色社会主义的主要任务，成为我们党确定未来理论创新和实践创新的一个主要依据。

社会主要矛盾的转化不是随意的，它内在地体现着社会生产与社会需求之间的运动变化，具有内在的规律性。从社会生产方面来看，由"落后的社会生产"到"不平衡不充分的发展"之间，体现了一种内在的上升过程；从社会需求方面来看，从"物质文化需要"到"美好生活需要"之间，也彰显着一种内在的上升过程，符合唯物辩证法的矛盾运动发展规律。

经过近 40 年的不懈努力，我国的国际竞争力、创造力及其国际地位稳步提升，经济上实现了飞速发展，人民生活水平显著提高。特别是在党的十八大以来，我国经济保持了中高速增长，经济发展质量不断提升，国内生产总值从 54 万亿元增长到 80 万亿元，稳居世界第二；对外贸易、对外投资、外汇储备居世界前列，对世界经济增长贡献率超过 30%；人民所需的基础性的物质生活需要已经得到显著改善，人均 GDP 达到 8000 美元，进入中高收入国家行列，总体上实现了小康。

可以看出，我国的社会生产已摆脱了落后状况，我们的生产已经不是"落后的社会生产"了，而是已经能够基本满足人民日益增长的物质文化需要的较为先进的生产，并且正在向世界上中等发达国家水平迈进。随着不断推进决胜全面建成小康社会的进程，人民群众的需求在发生着深刻变化。首先，人民群众已不单纯满足于吃饱穿暖等物质层面的需求，人民群众物质文化需要的内涵和领域在不断扩大，从基本物质文化需要向多样化、多层次、多方面需要扩展。包括民主、法治、公平、正义、安全、环境等方面的要求，包括就业、教育、医疗、居住、养老等服务水平的提升。其次，人民群众需要的质量要求在提升，开始从数量向质量要求转变。人民群众"期盼有更好的教育、更稳定的工作、更满意的收入、更可靠的社会保障、更高水平的医疗卫生服务、更舒适的居住条件、更优美的环境、更丰富的精神文化生活"[3]。最后，人民群众的需要不断升级而且呈现出个性化的特点，人们对清新空气、清澈水质、清洁环境等生态产品的需求越来越迫切，生态环境需要与物质文化需要同等重要。

随着中华民族从站起来、富起来到强起来伟大飞跃的实现，我国现阶段发展不平衡不充分的问题日益凸显，成为制约满足人民日益增长的美好生活需要的主要因素。虽然我国的经济总量已稳居世界第二，但是"我国劳动力多，劳动生产率低，每一个劳动者单位时间中平均能生产的物质产品比发达国家少，仍处于中低水平阶段，总体生产力水平比发达国家落后”[4]，并且生产力质量仍然较低，存在着工业与农业、城市与农村发展的不平衡，存在着农业落后于工业、农村落后于城市、农业生产现代化程度低等现象。还存在着地区发展不平衡，包括东西部和南北部的差距；存在着行业之间发展的不平衡，包括实体经济与金融、房地产发展的不平衡，低端产业与高端产业发展的不平衡，大企业与小微企业发展的不平衡；存在着部门之间发展的不平衡、人和人之间发展的不平衡，特别是在民生领域依然存在不少短板，脱贫攻坚的任务十分艰巨，城乡区域发展和收入分配还有较大差距。

与此同时，发展不充分的现象仍然存在。在现实生活中，人民群众的一些需求无法得到满足，不仅仅体现在生产层面，还往往体现在经济基础方面或上层建筑方面。包括发展的质量和效益还不高、创新能力还不够强、实体经济水平还有待提升、产业转型和升级困难重重等。一定程度上，我们的生产能够在很短的时间内提供规模很大的生产能力，但生产出来的东西，有的不适合、不能满足广大人民群众的需要。人民群众往往由于缺少表达需求的话语权，结果导致供需矛盾。例如，蛋糕做出来了，很大也很美味，但人民群众或分得少量或根本分不到，表明我国发展的总量还没有达到绝对充裕。

在一定程度上，发展的不充分成为产生发展不平衡的客观基础，而发展的不平衡加剧了发展的不充分。新时代发展的不均衡不充分已经成为满足人民日益增长的美好生活需要的主要制约因素，这是新时代面临的主要任务，也是全面建成小康社会进程中应着重解决的主要问题。

二、新时代社会主要矛盾契合了国家治理现代化与社会治理现代化的目标

十九大提出的新时代、我国社会主要矛盾，强调了人民日益增长的美好生活需要所发生的变化。人们不仅是对物质文化生活提出了更高的要求，而且在民主法制、公平正义、安全环境等方面的需求日益增长；人们不能仅仅满足于吃饱饭了，而且有了更多的文化需求和精神需求。这些需求契合了国家治理现代化与社会治理现代化的目标，体现了解决人民日益增长的美好生活需要和不平衡不充分的发展之间的矛盾，成为推进国家治理现代化和创新社会治理的主要依据。

（一）社会主要矛盾是推进国家治理现代化的航向标

国家治理现代化，包括国家治理体系现代化和国家治理能力现代化。党的中共十八届三中全会决议明确提出：“全面深化改革的总目标是完善和发展中国特色社会主义制度，推进国家治理体系和治理能力现代化。”[5]国家治理体系是指“在党领导下管理国家的制度体系，包括经济、政治、文化、社会、生态文明和党的建设等各领域体制机制、法律法规安排，也就是一整套紧密相连、相互协调的国家制度；国家治理能力则是运用国家制度管理社会各方面事务的能力，包括改革发展稳定、内政外交国防、治党治国治军等各个方面”[6]。改革开放以来，我国国家治理体系和治理能力适应了中国国情和现实发展需求，确保了我国的社会稳定、政治和谐、民族团结等各项事业的蓬勃发展。但是，随着我国社会进入社会利益和价值日益分化、社会矛盾集中凸显的历史时期，进一步推进国家治理体系与治理能力现代化就显得尤为必要。

在国家治理过程中，存在着方方面面错综复杂的问题，而哪些问题需要优先解决？怎样才能抓住工作的“牛鼻子”？如何提纲挈领地制定发展规划？这一切都取决于社会的主要矛盾，主要矛盾不仅决定着大政方针的制定，也对稀缺资源如何配置才能实现最优效果起着决定作用。

当前，我国“民生领域还有不少短板，脱贫攻坚任务艰巨，城乡区域发展和收入分配差距依然较大，群众在就业、教育、医疗、居住、养老等方面面临不少难题；社会文明水平尚需提高；社会矛盾和问题交织叠加，全面依法治国任务依然繁重，国家治理体系和治理能力有待加强”[7]。与此同时，人民群众物质文化需要的内涵和领域不断扩大，从基本物质文化需要向多样化需要扩展。从当前来看，人民群众的物质文化需要的一个新的增长领域就是信息服务。要解决好这一需求侧的矛盾，推进国家治理体系和治理能力现代化，就需要加快信息化服务普及，降低应用成本，为老百姓提供用得上、用得起、用得好的信息服务，让亿万人民在共享互联网发展成果上有更多满足感。养老服务也是人民群众物质文化需要的一个新的增长领域。近几年我国人口结构发生重大变化，老年人口比重上升，对养老的需求呈几何级数增长，但老年服务产业发展还比较滞后。为此，推进国家治理体系和治理能力现代化的着眼点就是要加快推进养老服务业供给侧结构性改革，让所有老年人都能老有所养、老有所依、老有所乐、老有所安。

从一定意义上讲，人民群众需要的满足很大程度上取决于发展的平衡和充分问题。但是，由于当前我国制度体系尚需进一步健全，经济体制还不完善，导致我们的生产在很大程度上存在着不平衡不充分的问题。为此，解决发展的不平衡不充分问题，全面推进国家治理体系和治理能力现代化，就需要既改革不适应社会发展需要的各种体制机制、法律法规，又要进行创新发展，不断促进各方面制度更加科学完善。当然，要解决好人民日益增长的美好生活需要和不平衡不充分的发展之间的矛盾，不仅应不断改革和完善现有的体制机制、法律法规，促使这些体制机制、法律法规切实运行并有效发挥作用，还需要不断培育各治理主体按制度办事、依法办事的意识与能力，以推进国家治理体系和治理能力现代化。

（二）以社会主要矛盾为旨向创新社会治理

社会治理是以社会多元主体参与为基础，维护和改善人民群众根本利益为核心，针对社会发展中的各种社会问题，协调社会利益、化解社会矛盾、促进社会公平、推动社会有序发展的过程。社会治理是社会建设的重大任务，是维护社会和谐稳定的必要条件。党的十八届三中全会明确指出："创新社会治理，必须着眼于维护最广大人民根本利益，最大限度增加和谐因素，增强社会发展活力，提高社会治理水平，全面推进平安中国建设，维护国家安全，确保人民安居乐业、社会安定有序。"[8]

创新社会治理，包括提高社会治理社会化、法治化、智能化、专业化和科学化水平，提高保障和改善民生水平，创建共建共治共享的社会治理格局。具体体现为优先发展教育事业、提高就业质量和人民收入水平、加强社会保障体系建设、坚决打赢脱贫攻坚战、实施健康中国战略、有效维护国家安全等方面。上述问题涉及面广，如何结合国情，审视和解决主要问题，需要结合对社会主要矛盾的判断。党的十九大提出的社会主要矛盾的新论断为创新社会治理、实现社会治理现代化提供了重要依据。

随着改革开放和社会主义市场经济的发展，新的社会事物大量产生，新的社会主体日趋活跃，各种社会矛盾不断增多，社会稳定风险不断加大。如何在激发和保持社会活力的同时，有效维护社会大局稳定，推进社会治理既要有秩序又要有活力，是我们持续面对的一项重大课题。而社会主要矛盾中所显现出的不平衡不充分的发展问题，既为新时代社会政策的制定和实施，也为社会资源配置充分体现公平正义、实现人民对美好生活的期盼明确了方向、提供了指针。

当前，我国在创新社会治理方面取得了重大成绩，积累了宝贵经验。同时也应该看到，我国正处在决胜全面建成小康社会的关键时期，改革处于攻坚期，社会稳定处于风险期，维护国家安全和社会稳定的任务依然十分艰巨，社会治理面临许多新情况、新问题。从社会治理主体来看，某些领域在一定程度上还存在着地方和部门保护主义、本位主义，存在着“上有政策、下有对策”，存在着有令不行、有禁不止，存在着在贯彻执行中央决策部署上打折扣、做选择、搞变通等问题。在整个社会领域，人民内部矛盾易发多发，矛盾主要集中在农村的土地征用、城镇房屋拆迁、国有企业改制和涉法涉诉等诸多领域，因劳资纠纷、医患纠纷、非法集资、环境污染、股市房市投资受损等引发的矛盾或群体性事件明显增多。在公共安全方面，安全生产事故时有发生，食品安全问题时有出现，严重影响了人民群众的生命健康与安全。上述诸多问题和社会矛盾，集中反映了我国经济社会的发展水平和阶段性特征，对提高社会治理水平、提升社会治理能力提出了更高要求。而从一定视角来看，上述诸多问题和社会矛盾，也凸显了我国发展的不平衡、不充分问题，体现了人民群众日益增长的美好生活需要。所以，要解决我国社会领域存在的诸多问题和社会矛盾，关键是抓住主要矛盾，而不能眉毛胡子一把抓。因为，诊断社会问题、抓主要矛盾是创新社会治理、推进社会治理现代化的重要前提。正如习近平总书记强调的那样：“相比我国经济社会发展要求，相比人民群众期待，相比当今世界日趋激烈的国际竞争，相比实现国家长治久安，我们在国家治理体系和治理能力方面还有许多不足，有许多亟待改进的地方。”[9]因此，在创新社会治理过程中，要把治理与人民需求有机结合起来，准确研判社会现实问题，扭住社会主要矛盾不放松，不断提升社会治理能力，加快建设社会主义和谐社会。

三、新时代社会主要矛盾转化的战略意义

我国社会主要矛盾的转化是关系全局的历史性变化，既为新时代制定党的路线方针政策提供了基本依据和基本动力，也对党和国家工作提出了许多新要求。为此，应始终坚持以人民为中心，在继续推动发展的基础上，着力解决好发展的不平衡、不充分问题，大力提升发展质量和效益，更好满足人民在经济、政治、文化、社会、生态等方面日益增长的需要，更好推动人的全面发展和社会的全面进步。

（一）新时代社会主要矛盾凸显了发展的着力点

一个国家发展的主题总是同该国应当解决的主要矛盾和应当完成的历史任务紧密相连。党的十九大指出，新时代我国社会主要矛盾发生了显著变化，但是，“没有改变我们对我国社会主义所处历史阶段的判断，我国仍处于并将长期处于社会主义初级阶段的基本国情没有变，我国是世界最大发展中国家的国

际地位没有变。”[10]因此，建设富强、民主、文明、和谐、美丽的社会主义现代化强国，就必须牢牢把握社会主义初级阶段这个国情、立足于社会主义初级阶段这个实际，始终坚持以经济建设为中心，坚持四项基本原则，坚持改革开放，树立新发展理念，从全局的高度思考和筹划发展，更加注重城乡协调、区域协调和社会群体间的协调以及经济与社会其他方面之间的协调，用发展这把金钥匙来化解社会主要矛盾，把增进民生福祉作为发展的根本目的。

第一，把发展社会生产力摆在首要位置。我国社会主要矛盾的转化意味着我们的历史任务发生了变化，过去讲社会主要任务是解放生产力和发展生产力，现在仍然没有过时，还要把解放生产力和发展生产力放在突出的位置。要充分利用一切有利于生产力发展的形式包括非公有制经济形式和除按劳分配之外的其他形式来发展经济，推动社会全面进步，坚决清除妨碍社会生产力发展的体制机制障碍。同时，要解决好生产力发展与生产关系完善之间的协调问题，解决好经济增长与收入分配之间的平衡问题，解决好五大发展之间相互融合的问题。

第二，进入到经济新常态、进入中华民族伟大复兴的新时代，我们的着力点就是要解决好发展不平衡、不充分的问题，大力提升经济发展的质量和效益，满足各方面更高的需求。为此，应坚持质量第一、效益优先，以供给侧结构性改革为主线，推动经济发展质量变革、效率变革、动力变革，不断提高全要素生产率。着力加快建设实体经济、科技创新、现代金融、人力资源协同发展的产业体系；着力构建市场机制有效、微观主体有活力、宏观调控有度的经济体制。同时，要把发展经济的着力点放在实体经济上，把提高供给体系质量作为主攻方向，不断增强我国经济质量优势。要加快建设制造强国，加快发展先进制造业，推动互联网、大数据、人工智能和实体经济深度融合，在中高端消费、绿色低碳、共享经济、现代供应链和人力资本服务等领域培育新增长点，形成新动能。

第三，要坚持创新发展、创新引领，把创新摆在国家发展全局的核心位置。创新是引领发展的第一动力，是建设现代化经济体系的战略支撑。在创新发展过程中，要逐步形成促进创新的体制架构，塑造更多依靠创新驱动、更多发挥先发优势的引领型发展。既要突出关键共性技术、前沿引领技术、现代工程技术、颠覆性技术创新，为建设科技强国、质量强国、航天强国、网络强国、交通强国、数字中国、智慧社会提供有力支撑，又要培养造就具有国际水平的战略科技人才、科技领军人才和青年科技人才，鼓励更多社会主体投身创新创业，建设知识型、技能型、创新型劳动者大军。不断推进理论创新、制度创新、科技创新和文化创新等各方面创新，让创新贯穿党和国家的一切工作，让创新在全社会蔚然成风。

（二）新时代社会主要矛盾彰显了以人民为中心的价值目标

我国社会主要矛盾的转化是中国共产党对新时代的一个突破性认识，是科学社会主义理论的重大发展。它体现了两个变化，一个是人民日益增长的美好生活需要发生了变化；另一个就是发展的不平衡、不充分问题更加突出。新的社会主要矛盾要求我们更加关注人民群众需要的变化特点与变化趋势，重视群众生活质量，适应变化推动工作。针对“人民美好生活需要日益广泛，不仅对物质文化生活提出了更高要求，而且在民主、法治、公平、正义、安全、环境等方面的要求日益增长”[11]，按照党的十九大对社会主要矛盾的新判断，着重从两个方面发力：一是在经济社会文化发展等层面；二是在民主法治公平正义等方面。

在经济社会文化发展等层面，要让人民群众有更多的获得感，让贫困家庭的孩子不再被辍学绊倒，让普通群众不因大病陷入困境，让心怀梦想的年轻人不被烦琐的手续挡在创新创业的门外。要不断满足人民群众的安全环境需要，坚持全民共治、源头防治，持续实施大气污染防治行动，打赢蓝天保卫战，不断满足人民群众日益增长的良好生态环境期待；坚持国家利益至上，以人民安全为宗旨，以政治安全为根本，统筹外部安全和内部安全、国土安全和国民安全、传统安全和非传统安全、自身安全和共同安全，完善国家安全制度体系，加强国家安全能力建设，坚决维护国家主权、安全、发展利益。“随时随刻倾听人民呼声、回应人民期待，保证人民平等参与、平等发展权利，维护社会公平正义，在学有所教、劳有所得、病有所医、老有所养、住有所居上持续取得新进展，不断实现好、维护好、发展好最广大人民根本利益，使发展成果更多更公平惠及全体人民，在经济社会不断发展的基础上，朝着共同富裕方向稳步前进。”[12]

在民主法治公平正义等方面，首先，要坚持“民主选举、民主协商、民主决策、民主管理、民主监督”，保障人民群众的“知情权、参与权、表达权、监督权”。要健全民主制度，丰富民主形式，拓宽民主渠道，保证人民当家做主落实到国家政治生活和社会生活之中，促进社会主义民主政治制度化、规范化、法治化、程序化，保证人民依法通过各种途径和形式管理国家事务，管理经济文化事业，管理社会事务，巩固和发展生动活泼、安定团结的政治局面。其次，要坚持厉行法治，推进科学立法、严格执法、公正司法、全民守法，加快法治国家、法治政府和法治社会建设的进程。要大力发展社会主义民主，保障人民群众的权利主体地位，不断满足人民群众的民主法治诉求，逐步完善基层民主制度，切实保障人民知情权、参与权、表达权、监督权；全面落实司法责任制，努力让人民群众在每一个司法案件中感受到公平正义。

总之，新时代社会主要矛盾是一个内涵丰富的转变，表明其关注的范围更大、聚焦的问题更精准。新时代解决人民日益增长的美好生活需要和不平衡、不充分的发展之间的矛盾，无疑是推进国家治理现代化和创新社会治理的题中应有之义，必将对推进国家治理现代化和创新社会治理产生深刻影响。

参考文献

[1] [2] [7] [10] [11] 习近平．决胜全面建成小康社会　夺取新时代中国特色社会主义伟大胜利 [M]．北京：人民出版社，2017：11.

[3] [9] 习近平．习近平谈治国理政（第2卷）[M]．北京：外文出版社，2017：61.

[4] 宗寒．冷静看待目前我国的生产力水平——观察中国在经济全球化中的地位的一个视角 [J]．马克思主义研究，2011（11）：51－59.

[5] [8] 中共中央关于全面深化改革若干重大问题的决定 [N]．人民日报，2013－11－16（1）.

[6] 中共中央文献研究室．十八大以来重要文献选编（上）[M]．北京：中央文献出版社，2014：547－548.

[12] 中共中央文献研究室．十八大以来重要文献选编（上）[M]．北京：中央文献出版社，2014：236.

在变与不变的统一中深刻理解中国社会主要矛盾的变化

王珊珊*

摘　要：党的十九大报告明确指出我国社会主要矛盾发生了变化，这是一个十分重要的政治判断和理论创新。社会主要矛盾的改变属于阶段性质变，是我国经济社会30多年的发展变化的结果。比如，生产力、生产方式、商品经济的快速发展进步，人们追求高效、优质、多样的需要。由于它属于阶段性质变，那么注定不会导致彻底的改变，还有许多方面没有变。社会主义初级阶段基本国情没有变，经济建设依然是中心任务，现代化和共同富裕还有很长的路要走。发展中国家的国际地位也没有变，因为我国人均GDP依然很低，第三产业不发达，社会福利水平低下。但是主要矛盾的变化也必然会带来一些新变化，经济发展将由不平衡、不充分向平衡、充分发展，人们需要由求数量、单一向高质量、多样化转变。

关键词：主要矛盾　十九大　新时代　中国特色社会主义

中国共产党十九大报告中明确指出，“中国特色社会主义进入新时代，我国社会主要矛盾已经转化为人民日益增长的美好生活需要和不平衡不充分的发展之间的矛盾。”[1]主要矛盾的变化是十九大报告的亮点之一。我们党始终重视把握社会主要矛盾，改革开放后，在1981年十一届六中全会首次提出我国社会的主要矛盾是人们日益增长的物质文化需要同落后的社会生产之间的矛盾，后又将其写进十三大报告中。经过36年的发展，十九大对我国社会主要矛盾做了新表述。为此，一些人不理解，我国还有几千万人口没有脱贫，人均收入排名靠后，落后的生产方式依然存在，为什么说主要矛盾发生转变。而且十五大报告强调这个主要矛盾贯穿社会主义初级阶段全过程，十九大却明确表示我国社会主要矛盾变了，但我国仍处于社会主义初级阶段。这是否

* 王珊珊，女，北京交通大学马克思主义学院讲师。

与十五大的表述相矛盾，等等。针对这些疑问，综合考虑当前我国的世情国情党情，在变与不变的统一中对主要矛盾的转化进行深入理解，才能把握其精髓和实质。

一、在变与不变中把握主要矛盾变化的原因

一个国家的主要矛盾是带有决定性和根本性的判断，决定了国家的主要任务和主要工作、发展方向和奋斗目标。回顾中国共产党成立96年来的发展历程，都是在关键时期把握住当时社会的主要矛盾，最终做出正确的判断，挽救革命危亡，促进建设发展。善于根据实际情况的发展变化，对社会主要矛盾进行调整是我们党的特点也是优势。此次，十九大报告做出我国主要矛盾改变的判断是多种因素综合作用的结果，主要包括以下几个方面。

（一）生产力发展变化的结果

生产力是经济社会发展的基础，决定了生产关系、上层建筑以及其他。社会主要矛盾的转变最根本的是因为我国生产力发生了巨大变化。经过改革开放近40年的迅猛发展，我国已经摆脱改革开放之初生产力低下、生产方式落后、商品经济不发达的状态。

1. 生产力快速发展

改革开放以来，我国生产力发展取得了长足的进步。1978年的国内生产总值只有3645亿元人民币，按当时汇率约等于445亿美元。人均GDP 381元人民币，人均收入343元人民币。当时最根本的问题就是生产力水平低，人们最基本的物质需要无法得到满足。经过几十年的发展，当前，我国生产力发展水平变高，连续6年成为世界第二大经济体，2016年经济总量为74万亿元，是排名第三的日本两倍还多。2017年达到80多万亿元。经济增长达到中高速，近5年平均增长率为7.3%，超过世界平均3.4%，遥遥领先于发达经济体1.7%的发展速度。对世界经济增长的贡献率世界第一，达到30.2%。人均GDP达到8260美元，高于中等偏上收入国家平均水平。人均国民收入23821元，人民群众已摆脱贫穷状态，物质文化生活得到满足，达到小康水平。

2. 生产方式达到世界先进水平

在改革开放以前，我国的生产方式十分落后，更多是封建社会遗留下来的传统生产方式。就农业生产而言，大部分地区仍然延续着千年以前牛耕马拉的原始耕种方式。而经过改革开放近40年的蓬勃发展，各个领域的生产方式都

得到了革命性的改变。传统的生产方式彻底退出了历史舞台，代之以先进的、高科技的、高效的生产方式。生产工具经过几轮的淘汰更新，现在已经达到世界先进水平。最为突出的表现是科学技术的发展进步以及创新能力的不断增强。十九大报告也说“创新驱动发展战略大力实施，创新型国家建设成果丰硕，天宫、蛟龙、天眼、悟空、墨子、大飞机等重大科技成果相继问世”[2]，使我国在天空、海洋、能源、通信等各个领域科技水平领先世界。创新驱动不断进步，2016 年，我国在全球创新指数中排名 22 位，是唯一进入前 25 的中等收入国家。高技术产业现价增加值占规模以上工业增加值比重的 12.4%。而当前世界最先进的人工智能、AR、无人机等高科技手段大范围地应用到生产中来，大大改进了生产方式。我国已经摆脱了落后的生产方式，生产方式达到世界先进水平。

3. 商品经济蓬勃发展

改革开放以前我国是传统的计划经济，只有简单的商品交换，没有商品经济，更不用说市场经济。改革开放后，我国成功地实现由计划经济向市场经济转轨，商品经济在中国逐渐发展起来，遍地开花。经过近 40 年的发展，市场经济日趋成熟，市场化程度逐步提高，商品经济蓬勃发展，日益发达。得益于交通、通信科技的飞速进步，大大助力商品经济的繁荣。2016 年全年，国内生产总值 74 万亿元，社会消费品零售总额 332316 亿元。2017 年阿里巴巴“双十一”活动，仅一天成交量就高达 1682 亿元。而淘宝也被称为“万能的”淘宝，只有你想不到，没有上面买不到的商品和服务。阿里巴巴的蓬勃发展是我国商品经济发展状况的一个缩影。目前，中国已经彻底成为一个生产大国、商品大国，经济发展全球化，全球商品中国化。如今，在世界各个角落都能看到各种各样物美价廉的中国商品。商品经济已经彻底摆脱过去简单落后的状况，发展得如火如荼，成为中国对外的新名片。

（二）人们需要发展变化的结果

改革开放前，我国的生产力水平很低，年人均收入只有 343 元。人们挣扎在温饱的边缘，吃饱、穿暖成为人们简单而又奢侈的愿望，落后的生产力导致人们的需求十分单一。时至今日，情况发生了巨大的变化，生产力的日益发达，商品经济的空前繁荣使人们的需要也发生了巨大的变化。高质量、高水平、多样化是人们需求产生的新变化，呈现出新趋势。

1. 人们的物质需要由求数量向求质量转变

生产力的提高，生产方式的改进，促使商品经济繁荣，各样商品琳琅满目。人们收入不断增加，购买力十分强大。国家统计局数据表明2016年我国全年全国居民人均消费支出17111元，人们摆脱了只求温饱的状况，在吃饱穿暖的基础上，有了更高的要求。在吃的问题上，不再追求够吃、吃得饱，而是希望能够吃得健康、精致，营养搭配均衡合理。在穿的问题上，也不再单纯只追求保暖，而是更希望穿得舒适、健康、美丽。在住的问题上，人们不只要求有一陋舍遮风挡雨，而是希望住得安全、健康、舒适、宽敞……最能反映居民消费水平的恩格尔系数，在我国一降再降。据国家统计局数据，2016年，全国居民恩格尔系数为30.1%，比2012年下降2.9个百分点，接近联合国划分的20%~30%的富足标准。

2. 人们的文化需要由低级向高级转变

在物质生活匮乏的年代，人们的文化娱乐生活也极为简单，更多是一些初级、低廉的娱乐活动。随着人们生活水平的日益提高，人们对文化生活的需求也越来越高级，越来越多样。目前的实际情况是我国文化产业的发展，文化产品的质量跟不上人们的需求能力和审美能力的提高。这从人们对电影、电视市场无好片、无佳片的诟病之中可见一斑。尽管如此，我国的电影市场仍逐年快速增长，2016年电影总票房就达到457亿元，2017年必将超过500亿元。其中，高品质电影更受观众青睐，仅《战狼2》一部的总票房就达到56.8亿元。在以前，人们从没想过会利用闲暇出去旅游，但是现在旅游已经成为人们日常生活的必需品，也成为很多人的生活方式。据中国旅游研究院数据，2016年全年，国内旅游人数44.4亿人次。其中，城镇居民31.95亿人次，农村居民12.4亿人次。国内旅游收入3.94万亿元，其中城镇居民花费3.22万亿元，农村居民花费0.71万亿元。还有近几年许多文化节目的火爆荧屏，比如《中国诗词大会》《朗读者》《舌尖上的中国》《我在故宫修文物》等，说明人们的文化需要摆脱了初级阶段追求热闹、娱乐性强的水平，转而更加青睐那些高雅、有内涵、有深度的节目，文化需求的质量越来越高。

3. 人们的需求由单一向丰富多样转变

人们现在已经不仅仅满足于物质和文化两种需要了，而是在这两者外有了更多的需要。对资源环境有特别高质量的要求，希望能够实现天蓝、地绿、水净、空气清新，希望资源清洁高效，能源充足可持续；对社会公平正义有了更高的要求，希望自身合法权益能够得到高效实现，希望社会更加公平公正，形成公平正义的社会氛围；对安全有了更高的要求，希望社会更加安全稳定，生命财产得到有效保护；对个人价值的实现有了更高的要求，希望社会能够创造自由的发展环境和空间，使个人价值得到充分的肯定和实现，个人行为得到尊重和认可；对服务的要求更高，希望社会能够提供更加方便、快捷、优质的服务，等等。目前我国恩格尔系数为30%，那也就意味着人们的其他需要占到了70%，远远超过食物在日常消费中的比重。第三产业的繁荣发展也可以从一个侧面反映出人们需求的多样化，2016 年第三产业占 GDP 总产值比重为51.6%，超过一半，而2017 年前三季度同比已经增长了7.8%。蓬勃发展的服务业更多是为了满足人民日益丰富的多样化需求。

（三）共产党人始终不变的一切从实际出发的理论品格

如果说生产力进步是主要矛盾变化的根本原因，人们需要的转变是主要矛盾变化的主要原因，那么，共产党人一切从实际出发的理论品格就是主要矛盾变化的直接原因。中国共产党人最大的特色和优势之一就是擅于从实际出发，认清中国的国情和现状，做出科学合理的判断，把握社会主要矛盾，并制定相应的政策措施。习近平总书记在“7・26”讲话时提到：“我们党是高度重视理论建设和理论指导的党，强调理论必须同实践相统一。我们坚持和发展中国特色社会主义，必须高度重视理论的作用，增强理论自信和战略定力。”勇于并擅于根据变化了的实际进行理论创新和理论更新，并根据新的理论指导新的实践，是党保持生机活力的重要源泉。中国共产党人紧扣时代脉搏，把握我国进入新时代的历史特点，结合生产力发展变化的新趋势，做出我国社会主要矛盾已经由人们日益增长的物质文化需要同落后的社会生产之间的矛盾，转变为人们对美好生活的需要同不平衡不充分的发展之间的矛盾。这是对我国现阶段发展特点的重大理论判断，实际情况发展变化了，理论必须根据实际情况的变化而变化，这样才能为实践发展提供科学正确的理论指导。

总之，经过改革开放后 39 年的发展，当前我国的生产已不再是落后的社会生产，生产力较为发达，生产方式先进，科技水平居于世界前列。人们的需要也不再是简单的物质文化需要，而变得更加丰富多样高要求。所以，中国共产党人必须根据实际情况发生的巨大变化来推进理论创新，通过新的理论判断来指导新的实践发展。这意味着我们今后的发展任务是要解决生产力发展的不平衡不充分的问题，努力满足人们更高水平、更高质量、更加多样的需求。

二、我国社会主要矛盾变化不会带来的改变

习近平总书记在党的十九大做出我国社会主要矛盾发生转变的重大判断，引起社会极大反响。主要矛盾的变化将引起一系列政策、措施、理论的变化和

调整，但总书记明确表示虽然主要矛盾发生了改变，但我国社会主义初级阶段的国情没有变，发展中国家的国际地位没有变。“十八大”中的“三个没有变”其中一个发生了变化，为什么没有引起其他两个的变化呢？深入理解主要矛盾的变化，必须把握这“两个没有变”。

（一）主要矛盾转变没有改变我国社会主义初级阶段的基本国情

社会主义初级阶段的基本纲领是领导和团结全国各族人民，以经济建设为中心，坚持四项基本原则，坚持改革开放，自力更生，艰苦创业，为把我国建设成为富强、民主、文明、和谐、美丽的社会主义现代化强国而奋斗。实现这一目标才意味着社会主义初级阶段结束，进入社会主义发展的下一阶段。当前，尽管我国各方面发展都取得长足的进步，但经济建设仍然是我们的中心任务，人民生活水平也只是达到小康，谈不上富裕，距离民主、文明还有一段距离，和谐、美丽也是当前重点要解决的问题，社会主义现代化尚未实现，仍然处于社会主义初级阶段。

1. 解放发展生产力仍然是当前的根本任务

当前，我国社会的主要矛盾虽然发生变化，但解放和发展生产力仍然是当前的根本任务，我们的中心工作仍然是经济建设。主要矛盾虽然进行了调整，但也是围绕经济问题，由强调经济增长数量，转变为强调经济发展质量。这是经济发展总体量变中的阶段性质变，就目前经济的发展状况，还没有达到能够实现彻底质变的阶段。“十五大”说社会主要矛盾贯穿整个初级阶段，更多的是强调以经济为中心，解放发展生产力，经济水平和人们需要之间的矛盾贯穿整个初级阶段。前后两个社会主要矛盾都是经济发展和人们需要之间的矛盾，所以主要矛盾的变化不能说是对“十五大”判断的违背，而是对“十五大”判断的发展。只要经济建设仍然是我们的工作中心，无论主要矛盾如何变化，社会主义仍将处于初级阶段。

2. 社会主义现代化尚未实现

社会主义初级阶段的主要任务就是解放发展生产力，最终实现现代化。所以，是否实现社会主义现代化是判断社会主义初级阶段是否结束的重要标准。“十九大”对实现现代化明确分为“两步走”，第一步到 2035 年基本实现现代化，第二步到 2050 年建成社会主义现代化强国。当前，我国正在为全面建设小康社会而奋力冲刺，只有在 2020 年全面建成小康社会后，我们才会向现代化迈进，而当前距离实现现代化还有很长的一段路要走。虽然社会主要矛盾发生了变化，但主要矛盾改变与否不是现代化实现的标志，只是对当前社会主要矛盾的新判断，因而并不影响我国仍然处于社会主义初级阶段。

3. 共同富裕还有漫长的道路要走

社会主义初级阶段结束的重要标准之一，就是实现人民共同富裕。我国对人民生活水平的发展大致分为温饱、小康、富裕三个阶段，目前我国正努力在2020年建成全面小康。当前的人民生活水平还没有达到富裕，甚至有一部分人只是刚刚脱贫，还没达到小康，距离全体人民共同富裕任重而道远。而主要矛盾的改变就是为了改善和提高人民的生活水平，满足人民对美好生活的需要，为了全体人民都实现富裕。所以，社会主义初级阶段的基本国情并没有改变。

（二）主要矛盾转变没有改变我国发展中国家的国际地位

主要矛盾的转变并没有改变我国仍然是发展中国家的事实。国际上一般衡量发达国家和发展中国家的主要标准是看人均 GDP 水平、公民受教育水平、社会福利、第三产业占比、工业科技发展水平、市场化程度等多项指标。尽管我国在科技、教育等方面都取得了长足的进步，但在其他方面还存在很多问题，比如社会福利水平较低、教育发展不平等不均衡的状况等。重点从人均GDP、产业结构、福利水平三方面进行分析。

1. 人均 GDP 依然很低

人均 GDP 水平是衡量发达国家与否的最重要指标。当前，我国人口众多，约 13.8 亿，占全世界人口的 1/4。尽管我国 GDP 总量很高，世界排名第二，但人均 GDP 很低，只有 8800 美元，全球排名第 69 位，比较靠后。而排名第一的卢森堡人均 GDP 达到 10 万美元，第五的美国 57000 美元。发达国家的人均 GDP 均达到 3 万美元以上。就这一指标看来，我国距离发达国家的差距还很大，还有很长的路要走。人均 GDP 的水平决定我国现在以及未来很长一段时间都属于发展中国家的范畴。直至有一天我们跨越“中等收入”陷阱，迈入人均 3 万美元以上的行列，才能真正摆脱发展中国家地位。

2. 产业结构依旧不合理

一个国家的产业结构如何是评价这个国家经济发展健康与否的重要指标。其中，第三产业占比也是衡量国家是否发达的重要标准。纵观发达国家经济体，第三产业在国民经济中所占的比重最低 60%，平均超过 70%。2016 年，我国第三产业在国民经济中占比仅为 51.6%，与发达国家还有很大的差距。下一步要继续加强产业结构调整，扩大第三产业在国民经济中的比重，至少要达到 70% 以上，我们才算是摆脱发展中国家的地位逐步迈入发达国家行列。

3. 社会福利始终处于低水平

福利水平如何也是区分发达国家与发展中国家的标准之一。发达国家由于较高的国民收入、较发达的经济水平，所以整体福利状况都比较好。而我国由于人口较多，在福利问题上，虽然逐年进步，但仍然是谨慎前行。福利支出只占到财政支出的30%～40%，远远低于发达国家70%左右的水平。很多发达国家实行从“摇篮”到“坟墓”的福利政策，从小学到大学免学费或低学费，看病医疗费用全包，失业可以领救济金等。虽然有很多国家因此掉入“福利陷阱”，我国也早已表明根据国家能力发展社会福利，绝不盲目跟随西方福利水平，以免陷入“福利陷阱”。但不得不承认我国福利水平与发达国家相比仍然存在巨大差距，因此必须在结合国家实际经济状况和实际发展水平上大力发展福利事业，为人们提供更多的社会保障，但同时又量力而行，避免落入“福利陷阱”之中。

综上所述，尽管进入新时代，我国社会主要矛盾发生了变化，但仍然要清醒地认识到我国仍然处于社会主义初级阶段的实际情况，我国与发达国家还存在着巨大的差距，当前和未来很长一段时间仍然是发展中国家的事实。我们的各项措施和政策都要从这两个基本前提出发，不能因为主要矛盾改变就做出超越阶段和超越发展实际的判断。

三、主要矛盾变化带来的新变化

进入新时代，出现新矛盾，必然带来许多新变化，提出许多新要求。深入理解和把握新的主要矛盾，要对新矛盾带来的新变化、新要求有全面的认识，这些也将成为下一步工作的重心。

（一）经济发展由不平衡不充分向平衡充分转变

新矛盾明确指出当前我国社会主要矛盾是人们对美好生活的需要同经济发展不平衡不充分的矛盾。这就要求我们下一步发展的主要目标是解决经济发展不平衡和不充分的问题，下大力气进行经济结构调整，提高发展效率。

1. 经济结构由不合理向合理转变

我们始终重视经济结构调整，目的是通过经济结构调整解决发展不平衡问题，使经济能够实现健康、持续、快速、均衡发展，促进整个社会实现公平、正义、稳定、繁荣。

打破城乡二元结构，实现城乡平衡发展。加快实施城镇化战略，积极促进农村地区的繁荣和发展，大力提升农民收入，加强农村基础设施建设，增加对农业的投入力度，完善农村基本公共服务，打破制约农村发展的各种障碍和壁垒，减小城乡差距，促进城乡协调稳定均衡发展。

缩小地区发展差异，促进地区均衡发展。地区发展不平衡也是我国经济发展中难以破解的难题。要加大力度对欠发达地区的支持和投入力度，加强基础设施建设，鼓励先富地区带动后富地区，发挥地区优势，实现优势互补，促进欠发达地区尽早繁荣。

不断推进产业调整，优化产业结构。当前，我国产业结构不合理，没有达到最优状态。要进一步巩固第一产业的基础地位，提高农业的质量和效益。强化工业的支柱作用，实现工业优质健康发展。大力发展第三产业，扩大第三产业在国民经济中的比重。

深化供给侧改革，调整供求关系。在经济发展中，我国的供求矛盾越来越突出。继续推进供给侧改革，坚持去产能、去库存、去杠杆、降成本、补短板，根据需求市场的发展变化，调整行动，提供物美价廉优质产品，满足人们的需要。

2. 发展效率由低质向高效转变

新矛盾明确指出当前我国经济发展不充分。“不充分”表明已经取得一定的发展，但还不全面、不充分，还有上升进步的空间。要深入理解“不充分”的含义，下大力气解决经济发展中存在的问题。

完善市场经济，破除发展障碍，实现生产要素充分自由流通。继续深化社会主义市场经济体制改革，打破经济发展的体制机制障碍，促进各种经济要素自由流通，可以在市场引导下到达任何角落，繁荣市场经济。

大力发展科技，充分利用资源。当前生产领域普遍存在的问题是资源浪费或利用不充分。要强化科技发展，加强监督管理，促进经济发展资源得到充分的利用，提升投入产出率，提高全要素生产率。

拓宽经济领域，实现全面发展。拓展经济发展的范围和领域，促进生产体系完备，产品多元化发展。对于那些私人不愿投资的领域，而又是国计民生必需的生产领域，国家要加大投入扶持力度。促进市场丰富繁荣，生产多元多样，满足人们各个领域的需求。

坚持市场导向，防止生产浪费。坚持面向市场开展生产和投资，杜绝产能过剩带来的浪费问题。提升投入产出比，增强经济发展效率。强化产品质量，为人们提供优质产品，杜绝低端无用生产。

（二）人们的需要由单纯的数量向更高的质量转变

在物质文化需要得到基本满足后，人们有了更高层次的需求。现阶段，人们对公平正义的需求尤其强烈，希望拥有平等、公正的社会环境，希望自身权益得到有效保护，希望每个人都有发展进步的机会。大力维护实现社会公平正义是满足人们美好需要的关键问题。

1. 健全法治体系，向实现社会公平正义转变

美好生活需要包含着对公平正义的社会环境的需要。法律是维护社会公平正义的最有效手段。十九大报告指出："全面依法治国是中国特色社会主义的本质要求和重要保障。必须把党的领导贯彻落实到依法治国全过程和各方面，坚定不移走中国特色社会主义法治道路。"要全面落实依法治国方略，完备社会主义法律体系，建设社会主义法治国家。维护法律至高无上的权威，使法律成为人们内心坚定的信仰。健全社会主义法治体系，完善法律法规，做到有法可依；强化执法体系建设，做到严格高效有序执法，维护法律神圣；公正司法，坚持依法审判，依法定罪，依法量刑，让法律成为捍卫公平正义的最有效武器；加强普法教育，增强人们法治意识和法治观念，做到自觉守法杜绝违法，更要学会运用法律武器维护自身合法权益。

2. 实现脱贫减困，向共同富裕转变

十九大报告指出我国社会主要矛盾发生改变，这一判断意味着人们日益增长的物质文化需要同落后的社会生产之间的矛盾已经不是我国社会的主要矛盾。但并不意味着这个矛盾没有了消失了，它依然在一定范围一定地区存在，变成了次要矛盾。全面建成小康社会迫在眉睫，当前的关键任务就是解决落后的社会生产力，消灭贫穷。所以，我们要坚定共同富裕的发展目标，全面推进精准扶贫，促进贫困户真脱贫、脱真贫。加大产业扶持力度，对贫困地区和贫困人口给予政策上的支持和鼓励；加强教育引导，使贫困人口转变思想观念，主动要求脱贫减困，提高自身的生活水平和质量，积极参与到脱贫攻坚活动中来，而不是一味等待政府救济；完善社会保障体系，铸就脱贫攻坚的最底层保障网；等等。当然，脱贫不是最终目的，让贫困人口实现小康，最终达到富裕水平，实现全体人民共同富裕才是我们的终极目标。

3. 改善资源环境，向良好生态转变

十九大报告指出：我们要"坚定走生产发展、生活富裕、生态良好的文明发展道路，建设美丽中国，为人民创造良好生产生活环境，为全球生态安全做出贡献"[3]。近年来，由于发展方式的问题，我国对生态环境的破坏十分严

重，资源损耗过度，雾霾笼罩全国，水资源污染严重，多城市缺水。人们特别渴望能够拥有天蓝、地绿、水清的生活环境，对美好生态的需求十分迫切。所以，要继续加大生态环境的保护，防止进一步恶化，运用法律法规，对违反者实行重惩；下大力气对生态资源环境进行治理，加大人力、物力、财力的投入，实施生态修复工程；加强宣传普及教育，提高人们的生态意识和环保意识，坚持从身边小事做起，人人都对环保事业贡献自己的力量；通过制度保障，提高高能耗、高污染企业的市场准入，严格进行生产过程把关，实行全面监督，防止扩大污染；加快科技研发脚步，生产出低碳环保的可替代产品。相信多管齐下，全社会共同努力，一个天蓝、地绿、水清，资源实现可持续发展，生态良好的大美中国很快就会重现在人们眼前。

综上所述，根据实际情况的变化和现实条件的需要，确定我国社会主要矛盾发生了转变。但主要矛盾发生变化并不意味着对于其他重要的判断也会发生变化。同时，主要矛盾的变化也必然会引起一系列相关政策、措施、行为的变化。我们要在变与不变的统一中认识和理解主要矛盾的改变，坚持一切从实际出发来认识主要矛盾改变带来的变与不变，以利于科学高效调整我们下一步的工作重心。

参考文献

[1][2][3] 习近平. 决胜全面建成小康社会　夺取新时代中国特色社会主义伟大胜利——在中国共产党第十九次全国代表大会上的报告［N］. 人民日报，2017-10-19.

构建人类命运共同体，引领新型经济全球化

陈文力*

摘 要：当前，人类面临许多共同挑战，传统的由西方主导的经济全球化伴随着利益分配在国家、阶层之间的严重失衡，受到“反全球化”思潮的考验。习近平总书记在党的十九大报告中提出的坚持和平发展道路，推动构建人类命运共同体，将以“中国智慧”破解经济全球化难题，引导国际社会达到开放发展、合作共赢的新境界。

关键词：人类命运共同体　新型经济全球化　引领

当历史的车轮行进到20世纪的最后10年，整个世界呈现出一个不可阻挡的全球化发展态势，“全球化（globalization）”已成为各国政界、经济界、社会舆论界以及大学讲台上使用频率最高的一个词语。许多人用“全球化”来表达当今世界所发生的一切：经济全球化、政治全球化、文化全球化，甚至生活全球化，等等。而在几乎所有领域的“全球化”进程中，“经济全球化”始终走在最前面，成为其他领域全球化的基础。经济全球化已成为世界经济最主要的特征和发展趋势，它将各国和各地区的社会经济生活紧密联系起来，使不同社会制度、不同发展水平的国家都纳入统一的全球经济体系之中。经济全球化是当今时代的主流，是世界经济发展的主要趋势，也是人类社会有史以来经济领域中最深刻的变化之一。但是，经济全球化在促进经济增长和给人类带来利益的同时，也给世界经济发展带来了许多问题。

---

* 陈文力，女，51岁，北京外国语大学副教授，经济学硕士，chwlbw@ bfsu. edu. cn。本文为“北京高校中国特色社会主义理论研究协同创新中心（北京外国语大学）”项目阶段性成果。

一、经济全球化面临的问题

（一）经济全球化使世界经济波动风险加大

随着经济全球化，特别是金融全球化、自由化的深入发展，资本流动方式发生了巨大变化。金融工具不断创新，使国际资本流动规模增大，速度加快，投资色彩加重。新的金融衍生工具不断推出，网上交易等新手段层出不穷，使金融市场呈几何级数增长，金融活动相当程度上与生产、贸易等实际经济活动脱离，从而失去了相应的物质生产与产品的支撑，资本的虚拟成分加大。全球资本流动加快，投机加剧，对一些经济结构矛盾突出、宏观调控体系不健全、金融体制上有缺陷、监管力量不强、过早开放金融市场的国家或地区会造成严重冲击。

经济全球化下，经济危机的传染性和放大性也空前加强，使世界经济波动中不稳定因素的影响力和破坏力加大。因为经济全球化大大促进了生产、资金、技术在全球的扩散和发展，加强了各国之间在经济上、贸易上的相互依存性。任何一个国家内部的经济失衡都会很快影响到与其具有紧密贸易和投资联系的国家。例如，2008 年下半年源于美国的次贷危机向全球的蔓延，很快演变成为一场空前的全球性金融危机，使世界绝大多数国家的经济都遭受到了严重的冲击而导致衰退。

（二）经济全球化使全球范围内的两极分化越来越严重

经济全球化促进了世界经济的不断发展和世界经济总量的快速增长，但经济全球化的发展并没有使世界各国都普遍受益，世界发展中的不平衡现象更趋严重，南北差距不断拉大，全球财富分配不公更为严重。据联合国贸易与发展会议（UNCTAD）有关报告数据[1]，世界最富裕的 1% 人口，每人每天平均收入 290 美元，而世界最贫穷的 50% 人口，每人每天平均收入仅 7 美元；8.3 亿人口生活在每天收入 1.9 美元的特别贫困线下，18 亿人口生活在每天收入 2.5 美元的贫困线下。根据世界银行提供的统计数据[2]，2015 年，高收入国家人均国民收入 41366 美元，而低收入国家人均国民收入仅 620 美元，高收入国家的人均国民收入是低收入国家的近 67 倍；1998 年，瑞士人均国民收入 44960 美元，为世界首富，排名最后的埃塞俄比亚人均年收入只有 130 美元，前者是后者的 346 倍；2015 年人均国民收入最高的国家是挪威，为 93280 美元，排在最后的布隆迪仅为 260 美元，前者是后者的 359 倍。可见，世界各国之间的贫富悬殊问题不断恶化，世界各国间的贫富差距正在进一步拉大，两极分化现象越来越严重。

（三）经济全球化使全球环境和资源受到破坏

随着经济全球化进程的加快，发达国家对发展中国家的自由贸易和投资迅猛增长，从而导致污染性产品在全球范围内的转移和扩散问题更加严重。由于经济发展的落后，发展中国家为了争取发达国家的投资，遂将引进外资的限制条件不断降低，发达国家在对外投资中将污染严重的生产方式转移到发展中国家。虽然发达国家可以把污染程度高的产业搬迁到发展中国家，把垃圾、化学废弃物廉价转移到发展中国家，但是大气圈、水圈、自然风向的飘移是不以人们的意志为转移的，更不能被国界人为限定。同时，经济全球化引致的经济增长使经济活动增加，这种经济活动的增加是以经济系统消耗更多的原料和能源来实现投入与产出的平衡的，这将导致资源的枯竭和环境的恶化。伴随着经济全球化，环境问题也越来越引起世人的关注。

（四）经济全球化使发展中国家对发达国家的依附性继续增大

由于发达国家是经济全球化的主导者和推动者，占有资金、技术和人才等优势，而发展中国家是以所谓的“比较优势”参与全球经济的分工体系，这种“比较优势”说到底其实就是发展中国家的廉价资源，包括低廉的劳动力资源和自然资源。利用这种“比较优势”开展生产和获取收益，就只能处在国际分工体系的最底层，长期生产附加值低的产品。由于产业发展空间趋于狭窄，加上过分依赖海外市场，致使发展中国家内部产业严重失衡，从而在经济全球化进程中始终处于与发达国家无法相比的不利地位。同时，由于发展中国家本身经济基础不稳固，市场发育不完备，经济结构相对脆弱，资金匮乏，技术比较落后，很容易受到经济全球化的冲击而导致国内经济波动，受发达国家经济政策及经济状况的影响较大。

（五）经济全球化使国家经济安全受到了挑战

经济全球化使国家主权受到了冲击和削弱，国家经济安全受到了挑战，从而使国家的宏观调控出现了新的困难。经济全球化的开放性和渗透性与国家主权的排他性和经济安全性是相互矛盾甚至对立的。在经济全球化进程中，对国家主权构成挑战的力量主要来自三个方面。第一，国际经济的力量。由于经济全球化条件下世界范围内市场力量的加强，以及跨国公司的不断扩张，国家在经济事务中的权力相对减弱，特别是由于生产结构越来越具有全球性，国家实际上已很难完全控制本国的生产结构，这种情况显然与国家主权观念相悖。不仅如此，金融全球化、投资全球化、企业国际化和贸易自由化也对国家主权进行无情侵蚀，造成了国家经济的不安全。第二，国内经济的力量。由于资本的本性要求把一切能够纳入世界市场的因素都纳入进来，以便为资本的增值创造最有利的条件，许多国内的生产要素也要求参与生产要素的全球配置过程，以获得相应的经济全球化收益。国内企业的跨国经营、本国人员的跨国流动、本国资本的跨国转移和本国技术的国际扩散等，都对国家主权构成挑战。第三，国家权力和政府力量的分解。在经济全球化过程中，国家权力通过参与区域经济一体化而向上转移，而跨国公司对国家主权的渗透又使政府权力向下转移，这些都在不断地冲击着民族国家的根基和经济安全。

二、构建人类命运共同体的内涵及原则

构建人类命运共同体不是一个抽象和空洞的概念，而是有着现实基础、客观依据和丰富内涵要求的关于人类未来发展的中国方略。党的十八大以来，习近平同志深入分析世界发展大势，科学阐释了构建人类命运共同体的问题。

（一）构建人类命运共同体的内涵

十九大报告指出："我们呼吁，各国人民同心协力，构建人类命运共同体，建设持久和平、普遍安全、共同繁荣、开放包容、清洁美丽的世界。"从五个方面明确了构建人类命运共同体的内涵。

第一，持久和平。各国体量有大小、国力有强弱、发展有先后，但都是国际社会平等的一员，都有参与地区和国际事务的权利，要相互尊重、平等对话协商。

第二，普遍安全。当今世界，安全的内涵和外延更加丰富，时空领域更加宽广，各种因素更加错综复杂，传统安全威胁和非传统安全威胁相互交织，同时人类越来越利益交融、安危与共，没有哪个国家能够独自应对人类面临的各种挑战，在这种新形势下，冷战思维、军事同盟、追求自身绝对安全那一套已经行不通了，各方应树立共同、综合、合作、可持续的新安全观。

第三，共同繁荣。世界各国无论大小，都要在追求本国利益时兼顾他国合理关切，把本国利益同各国共同利益结合起来，努力扩大各方共同利益的汇合点，增进人类共同利益，同舟共济，合作共赢、共同发展。

第四，开放包容。当今世界，多样性的特点仍很突出，不同文明、不同民族、不同宗教汇聚交融，共同组成多彩多姿的国际大家庭。人类文明多样性是世界的基本特征，也是人类进步的源泉，多样带来交流，交流孕育融合，融合产

生进步。不同文明凝聚着不同民族的智慧和贡献，没有高低之别，更无优劣之分。文明差异不应该成为世界冲突的根源，而应该成为人类文明进步的动力。

第五，清洁美丽。人类可以利用自然、改造自然，但归根结底是自然的一部分。人类生活在同一个“地球村”，虽然发达国家可以把污染程度高的产业搬迁到发展中国家，把垃圾、化学废弃物廉价转移到发展中国家，但是大气圈、水圈、自然风向的飘移是不以人们的意志为转移的，更不能被国界人为限定。建设生态文明关乎人类未来，必须呵护自然，不能凌驾于自然之上。

（二）构建人类命运共同体的原则

第一，平等尊重原则。平等尊重，要义是主权平等，关键是互相尊重。“要相互尊重、平等协商，坚决摒弃冷战思维和强权政治，走对话而不对抗、结伴而不结盟的国与国交往新路。”[3] 遵循平等尊重原则就是要尊重各国人民自主选择发展道路的权利，维护国际公平正义，反对把自己的意志强加于人，反对干涉别国内政，反对以强凌弱。近年来，在应对气候变化、制定联合国2015 年后发展议程、打击恐怖主义等全球性问题和处理朝核、伊朗核等地区热点问题上，中国本着平等对话的原则，坚持客观公道，反对谋取私利，坚持政治解决，反对使用武力，发挥了一个负责任大国的应有作用。

第二，对话协商原则。对话协商的关键是以诚相待，真诚地相信对话可以解决问题，真诚地愿意为对话做出贡献。“要坚持以对话解决争端、以协商化解分歧，统筹应对传统和非传统安全威胁，反对一切形式的恐怖主义。”[4]

第三，同舟共济原则。人类命运共同体需要各国在明确自身定位基础上共同担当。国际格局和秩序不可能由哪一个国家独自掌握，很多世界性问题不可能是某个或某些国家自己能够解决的。“要同舟共济，促进贸易和投资自由化便利化，推动经济全球化朝着更加开放、包容、普惠、平衡、共赢的方向发展。”[5]

第四，交流互鉴共存原则。人类命运共同体倡导和而不同、兼收并蓄、互鉴融合的文明交流。文明的发展进步不仅不排斥多样性，反而是以此为前提的，缺乏交流的文明是单调的文明，缺少彼此欣赏、互相借鉴，不会增进不同文明间的和谐与友善，也难以铸就人类文明的光彩和辉煌，只有在多样中相互尊重、彼此借鉴、和谐共存，这个世界才能丰富多彩、欣欣向荣，“要尊重世界文明多样性，以文明交流超越文明隔阂、文明互鉴超越文明冲突、文明共存超越文明优越。”[6]

第五，环境友好原则。人类命运共同体离不开尊崇自然、绿色可持续的生态体系。“要坚持环境友好，合作应对气候变化，保护好人类赖以生存的地球家园。”[7]生态文明建设的成败关系到人类的未来走向，面对日趋严峻的全球生态问题，任何国家都难以独善其身，全球生态的可持续需要世界各国的持续合作，国际社会应该携手同行，共谋全球生态文明建设之路，牢固树立尊重自然、顺应自然、保护自然的意识，坚持走绿色、低碳、循环、可持续发展之路，努力实现经济发展和生态建设的双赢。

三、构建人类命运共同体，引领新型经济全球化

经济全球化是资本逐利的结果，也正是资本的贪婪与自私，才使人类陷入各种危机之中，并最终演化为深刻的生存危机，因而迫切需要矫正经济全球化的方向，发展新型经济全球化。

（一）树立人类命运共同体意识，解经济全球化困境

经济全球化只强调自己的利益优先，自己国家的利益优先，以牺牲别人利益与别的国家的利益来实现自己的利益与自己国家利益，诉诸一种你败我胜，零和博弈的思维方式，其最终的结果必然是谁都无法实现自己的优先。经济全球化的困境根源于资本追逐高额利润的本性及资本主义的实际主导和控制，通过合作共赢建立共同繁荣的世界经济体系，是摆脱经济全球化面临困境的根本方向。十九大报告指出：“我们生活的世界充满希望，也充满挑战。我们不能因现实复杂而放弃梦想，不能因理想遥远而放弃追求。没有哪个国家能够独自应对人类面临的各种挑战，也没有哪个国家能够退回到自我封闭的孤岛。”牢固树立人类命运共同体意识，构建人类命运共同体，有助于各国在共同深入分析经济全球化问题及原因的基础上，站在自身和全人类协调发展的高度，共担时代责任，在寻求结构平衡、机会均等、成果共享的发展路径和模式的过程中，共促全球发展，从而破解经济全球化困境。

（二）构建人类命运共同体，引领新型经济全球化

新的时代呼唤全新的理念，思想理念是一种历史的产物，它在不同的时代具有完全不同的形式，同时具有完全不同的内容。新型经济全球化就是走共同发展与合作共赢之路，使每一个国家与民族都能在经济全球化中获得发展，每一个社会成员都能分享到经济全球化带来的利益与好处。构建人类命运共同体提倡政治上，要相互尊重、平等协商；安全上，要坚持以对话解决争端、以协商化解分歧；经济上，要同舟共济，促进贸易和投资自由化便利化；文化上，要尊重世界文明多样性；生态上，要坚持环境友好，保护好人类赖以生存的地

球家园。可见，构建人类命运共同体正是从政治、经济、文化、安全、生态等多个方面进行着力，成为新型经济全球化的理论先导，引领新型经济全球化向纵深发展。

四、构建人类命运共同体的中国贡献

十九大报告强调“中国共产党始终把为人类做出新的更大的贡献作为自己的使命”，推动构建人类命运共同体，引领新型经济全球化，反映了一个开放进取的中国，将自身命运和前途同世界命运和前途紧密联系在一起的一种自我定位。

（一）积极推进现行全球经济治理体系的改革完善

现行全球经济治理体系的弊端，主要是占世界总人口七成以上的广大发展中国家的地位、权益和话语权没有得到充分体现和尊重。十九大报告指出：“中国秉持共商共建共享的全球治理观，倡导国际关系民主化，坚持国家不分大小、强弱、贫富一律平等，支持联合国发挥积极作用，支持扩大发展中国家在国际事务中的代表性和发言权。中国将继续发挥负责任大国作用，积极参与全球治理体系改革和建设，不断贡献中国智慧和力量。”这表明，从维护世界稳定和中国发展的大局出发，中国的选择坚定而明确：一方面要维护现行治理体系正常有效运转，而非推倒重建；另一方面要加快推进全球经济治理体系改革，公正合理地反映新兴市场国家和发展中国家的利益诉求。近些年来，中国积极通过 G20 平台推动国际货币基金组织和世界银行的份额改革，增加新兴市场国家和发展中国家的代表性和发言权；积极推动世界贸易组织谈判，维护全球多边贸易体系运行；积极推动全球多边发展机构改革与完善，重视和支持上合组织峰会、金砖国家峰会、APEC 领导人非正式会议、G20 峰会等新型全球治理平台建设，积极推进 G20 峰会实现从危机应对机制向长效治理机制转型，从侧重短期政策向短中长期政策并重转型。中国在积极参与全球经济治理过程中，始终把维护中国利益同维护广大发展中国家共同利益结合起来，加强同发展中国家在国际和多边机制内的协调与配合，共同推动全球治理规则民主化、法治化，努力使全球治理体制更加平衡地反映大多数国家意愿和利益，为发展中国家争取更多权利。

（二）向世界提供完善全球经济治理的公共品

全球经济治理体系变革是一个长期而复杂的过程，旧体系的主导者和受益者都不会自动退出历史舞台，新机制和新引领者短期内尚难以主导世界经济治理。在这样一个新旧转换的长期过程中，世界迫切需要新的全球经济治理公共品，来弥补现有治理体系的缺陷和不足。中国近年来陆续倡议、主导和参与诸如金砖银行、金砖国家应急储备安排，亚洲基础设施投资银行，丝路基金等全球性公共产品供给，有效弥补了现有国际金融体系和机构支持发展中国家发展的能力不足等缺陷，为促进广大发展中国家发展做出了世人瞩目的贡献。G20杭州峰会把发展问题置于全球宏观政策框架突出位置，就落实联合国 2030 年可持续发展议程制订行动计划，同意推动《巴黎协定》尽早生效，发起《二十国集团支持非洲和最不发达国家工业化倡议》和《全球基础设施互联互通联盟倡议》，将为发展中国家人民带来实实在在的好处，为全人类共同发展贡献力量。

（三）为人类命运共同体的发展提供新平台

建构人类命运共同体需要经过一代又一代的不懈努力，应该从现在做起，积极搭建通向人类命运共同体的新平台。“一带一路”建设就是这样的新平台，就是通向人类命运共同体之路。通过“一带一路”建设，可以增强我国同其他国家的经济协作和人文交流，可以使沿线国家搭上中国发展的“顺风车”，实现中国发展同其他国家发展的相互补充、相互促进。由于“一带一路”建设体现着开放、共建、共享的精神，因而具有很强的吸引力和凝聚力，得到国际上的广泛认同和积极参与，成为连接各国的一条重要的纽带。十九大报告强调：“中国坚持对外开放的基本国策，坚持打开国门搞建设，积极促进‘一带一路’国际合作，努力实现政策沟通、设施联通、贸易畅通、资金融通、民心相通，打造国际合作新平台，增添共同发展新动力。加大对发展中国家特别是最不发达国家援助力度，促进缩小南北发展差距。中国支持多边贸易体制，促进自由贸易区建设，推动建设开放型世界经济。”这向世界表明了中国作为负责任大国的担当，开放的中国在拓展发展空间的同时，也将为世界注入共同发展的新动力。

参考文献

[1] United Nations Conference on Trade and Development. Development and Globalization, Facts and Figures 2016 [EB/OL]. 2016: 3-5.

[2] 数据来源于世界银行数据库.

[3] [4] [5] [6] [7] 习近平. 决胜全面建成小康社会 夺取新时代中国特色社会主义伟大胜利 [M]. 北京：人民出版社，2017.

构建人类命运共同体，引领世界走向美好未来

郭　靖*

摘　要：习近平总书记在十九大报告中提出，坚持和平发展道路，推动构建人类命运共同体。人类命运共同体意识超越种族、文化、国家与意识形态的界限，为思考人类未来提供了全新的视角，为推动世界和平发展给出了一个理性可行的行动方案。本文通过对人类命运共同体的内涵、构建人类命运共同体可行性的研究论证了全球化下构建人类命运共同体的路径。

关键词：人类命运共同体　内涵　可行性　路径

引　言

2017年10月18日，习近平总书记在十九大报告中提出，坚持和平发展道路，推动构建人类命运共同体。中国共产党始终把为人类做出新的更大的贡献作为自己的使命。中国将高举和平、发展、合作、共赢的旗帜，恪守维护世界和平、促进共同发展的外交政策宗旨，坚定不移在和平共处五项原则基础上发展同各国的友好合作，推动建设相互尊重、公平正义、合作共赢的新型国际关系。在《携手建设更加美好的世界——在中国共产党与世界政党高层对话会上的主旨讲话》中讲到“人类命运共同体，顾名思义，就是每个民族、每个国家的前途命运都紧紧联系在一起，应该风雨同舟，荣辱与共，努力把我们生于斯、长于斯的这个星球建成一个和睦的大家庭，把世界各国人民对美好生活的向往变成现实”[1]。

“命运共同体”是近年来中国政府反复强调的关于人类社会的新理念。

---

* 郭靖，女，北京外国语大学马克思主义学院副教授，jguo@ bfsu. edu. cn。本文系“北京高校中国特色社会主义理论研究协同创新中心（北京外国语大学）”项目阶段性成果。

2011 年《中国的和平发展》白皮书提出，要以“命运共同体”的新视角，寻求人类共同利益和共同价值的新内涵。有人将地球比作一艘大船，190 多个国家就是这艘大船的一个个船舱。世界各国只有相互尊重、平等相待、合作共赢、共同发展，实现共同、综合、合作、可持续的安全，坚持不同文明兼容并蓄、交流互鉴，承载着全人类共同命运的“地球号”才能乘风破浪，平稳前行[2]。

当前人类处于世界多极化、经济全球化、文化多样化和社会信息化的国际形势中，全球有关政治经济以及军事、粮食安全、资源短缺、气候变化、网络攻击、人口爆炸、环境污染、疾病流行、跨国犯罪等传统和非传统安全问题不断涌现，对国际秩序和人类生存都构成了严峻挑战。不论人们国籍、信仰、是否情愿，实际上已经处在一个命运共同体中。如何应对人类共同挑战这一课题已经出现在我们面前，这就要求人类共同承担责任，构建人类命运共同体。

一、人类命运共同体的内涵

国际权力观、共同利益观、可持续发展观和全球治理观，为建设人类命运共同体提供了基本的价值观基础。

1. 国际权力观

自从有了人类社会，不同国家和国家集团之间为争夺国际权力发生了数不清的战争与冲突。但是随着经济全球化深入发展，资本、技术、信息、人员跨国流动不断增强，国家之间处于一种相互依存的状态，一国经济目标能否实现与其他国家的经济波动有重大关联。各国在相互依存中形成了一种利益纽带，即现行的国际秩序。国家之间的权力分配和资源分配关系可以通过国际体系与机制来维持和规范，从而维护共同利益。在经济全球化背景下，一国发生的危机通过全球化机制的传导，可以迅速波及全球，危及国际社会整体。面对这些危机，国际社会只能“同舟共济”“共克时艰”。可以设想，如果国家之间互不合作、以邻为壑、危机外嫁，这些危机完全可能像 20 世纪二三十年代的危机一样，引发冲突甚至战争，给人类社会带来严重灾难。

2. 共同利益观

“共同利益”的概念并非从来就有。进入 20 世纪，国际社会的利益关系曾被描述为一种排他的零和关系，因此利益争夺引发战争是无法避免的。经济全球化促使人们对传统的国家利益观进行反思。瞬间万里、天涯咫尺的全球化传导机制把人类居住的星球变成了“地球村”，各国利益的高度交融使不同国家成为一个共同利益链条上的一环。任何一环出现问题，都可能导致全球利益链中断。粮食安全问题、难民潮问题、互联网安全问题、气候变化问题、资源能源短缺问题和环境污染问题，这些都是威胁着整个人类生存和发展的重大问题。面对越来越多的全球性问题，任何国家都不可能独善其身，在这样的背景下，人们对共同利益也有了新的认识。既然人类已经处在“地球村”中，那么各国公民同时也就是地球公民，全球的利益同时也就是自己的利益，一个国家采取有利于全球利益的举措，也就同时服务了自身利益。

3. 可持续发展观

工业革命以后，人类开发和利用自然资源的能力得到了极大提高，但接踵而来的环境污染和极端事故也给人类造成巨大灾难。造成大面积污染和大量民众伤病死亡。这些事故引起了人们的思考。1972 年，以研究环境和发展问题著称的“罗马俱乐部”发表了《增长的极限》，联合国在斯德哥尔摩召开人类环境研讨会，会上首次提出“可持续发展”的概念；1983 年，联合国成立“世界环境与发展委员会”；1987 年发表《我们共同的未来》的报告；1992 年，联合国在巴西首都里约热内卢召开“环境与发展大会”，通过了以可持续发展为核心的《里约环境与发展宣言》等文件，被称为《地球宪章》；2002 年，联合国又在南非召开“可持续发展问题世界首脑会议”，通过了《约翰内斯堡执行计划》；2012 年，联合国可持续发展大会峰会，重申各国对可持续发展的承诺，探讨在此方面的成就与不足，发表了《我们憧憬的未来》成果文件。

4. 全球治理观

20 世纪 90 年代，联合国支持成立了由 28 位国际知名人士组成的“全球治理委员会”，该委员会于联合国成立 50 周年之际发表《我们天涯成比邻》报告，其对全球治理概念的定义被国际社会广泛接受。全球治理理论的核心观点是，由于全球化导致国际行为主体多元化，全球性问题的解决成为一个由政府、政府间组织、非政府组织、跨国公司等共同参与和互动的过程，这一过程的重要途径是强化国际规范和国际机制，以形成一个具有机制约束力和道德规范力的、能够解决全球问题的“全球机制”。目前国际上各种协调磋商机制非常活跃，推动国际社会朝着更加制度化和规范化的方向前进。

二、全球化时代与构建“人类命运共同体”的可行性

“人类命运共同体”理念产生于 21 世纪第一个十年，正如习近平总书记

所说，这是过去几百年来国际社会沧海桑田巨大变化的结果，不仅是“和平、发展”而且“合作、共赢”成为时代潮流的结果。各国相互联系、相互依存的程度空前加深，人类空前意识到生活在同一个地球村的结果。

1. 2008 年的金融危机使各国产生了强烈的患难与共、同舟共济意识

2008 年的金融危机后西方中心主义的 G7 国际组织转变为有新兴国家参加的 G20 国际组织。在 5 月 14 日开幕的“一带一路”国际合作高峰论坛上，习近平进一步指出：“从历史维度看，人类社会正处在一个大发展大变革大调整时代。世界多极化、经济全球化、社会信息化、文化多样化深入发展，和平发展的大势日益强劲，变革创新的步伐持续向前。各国之间的联系从来没有像今天这样紧密，世界人民对美好生活的向往从来没有像今天这样强烈，人类战胜困难的手段从来没有像今天这样丰富。从现实维度看，我们正处在一个挑战频发的世界。世界经济增长需要新动力，发展需要更加普惠平衡，贫富差距鸿沟有待弥合。地区热点持续动荡，恐怖主义蔓延肆虐。和平赤字、发展赤字、治理赤字，是摆在全人类面前的严峻挑战。”[3] 这就清楚地表明，我们必须从当今人类生存处境历史起点问题着手，共同面对全球化下所面临的各种挑战。

2.“和平”与“发展”是人类共同的主题

100 多年来人类经历了热战、冷战和近 30 年的和平发展，“这 100 多年全人类的共同愿望，就是和平与发展”[4]。由于各国相互联系、相互依存，全球命运与共、休戚相关，和平力量的上升远远超过战争因素的增长，也就是说，和平、发展、合作、共赢已经成为时代大趋势，这就为进一步提出人类未来走向命运共同体奠定了现实基础。当今世界虽然有 2500 多个民族，有 200 多个国家和地区，有 6000 多种语言和不同文化，各民族有不同的肤色、习俗和发展水平，但作为人类的一分子，每个人必然遇到共同的生存问题，如和平与战争问题、可持续发展问题、贫富不均问题、社会公平正义问题、气候变暖问题、毒品问题、恐怖主义问题、自然灾难和疾病问题、文化或文明多样性问题、人类共同治理的秩序和制度问题、人类真正自由解放问题等。

3. 摆脱当今世界所面临的经济全球化的困境的需要

习近平在瑞士发表的两次演讲以着重论述全球化问题为特色，他指出，要解决“世界怎么了”这个困惑，首先要找准问题的根源，而根源就在于如何认识和解决当今全球化时代的困境。他引用英国作家狄更斯的名言，认为全球化时代既是“最好的时代”又是“最坏的时代”。他肯定了近 40 多年来（1975 年至 2016 年）建立在以信息化互联网为特征的第三次新技术革命基础上的第三次全球化对人类发展和进步所起的巨大作用，指出，正是因为经济全

球化，人类创造财富的潜能、潜力得到更巨大开发，全世界贫困人口大大降低。但同时由于西方资本主义主导的全球化在理念、机制上的根本弊病，又使人类社会的不平等、不公正更加突出。这样从 20 世纪末期开始出现全球性的"反全球化"或"逆全球化"浪潮，2017 年更进入"全球化不确定时期"，从而使民族主义、孤立主义、民粹主义、极端主义、贸易保护主义等甚嚣尘上。在这样的背景下，习近平明确宣示：全球化是需要的，孤立主义、民粹主义、闭关自守是错误的。应促使全球化成为一种更好的全球化。

4. 中国道路的成功经验

中国人民的梦想同各国人民的梦想息息相通，实现中国梦离不开和平的国际环境和稳定的国际秩序。中国坚持推动构建人类命运共同体，统筹国内国际两个大局，始终不渝走和平发展道路，奉行互利共赢的开放战略，坚持正确义利观，树立共同、综合、合作、可持续的新安全观，谋求开放创新、包容互惠的发展前景，促进和而不同、兼收并蓄的文明交流，构筑尊崇自然、绿色发展的生态体系，始终做世界和平的建设者、全球发展的贡献者、国际秩序的维护者。中国今天高举全球化大旗，以自己的和平发展与崛起，以自己参与全球化的实际经历，以提出新的全球化话语体系和中国方案，来为世界提供更为积极乐观的信息，显示出中国消解全球化负面影响的决心和诚意。将参与全球化所得的红利不仅与中国全体人民共享，而且愿意惠及全人类，让各国搭中国发展的便车。中国能做到的是至少给世界指出一个方向。中国提出走出全球化困境的路径，提出共商共建共享的"人类命运共同体"理念及"一带一路"等公共产品与平台，就是力图挽救全球化，避免世界发生"颠覆性的错误"。

5. 改善全球治理体系和"包容"性发展的需要

当今世界全球化困局将全球治理理念、治理体系和治理能力的现代化提上了日程。2017 年达沃斯世界经济论坛上，习近平代表中国所做的主旨演讲以及第二天在日内瓦的专题演讲，为完善全球治理、充分发挥中国智慧、提出中国方案做出了表率。特别是 2017 年 5 月 14 至 15 日召开的"一带一路"国际合作高峰论坛，更从理论到实践较详尽地呈现了这一中国方案。2008 年国际金融危机的爆发，更深刻暴露了现行全球治理体制的弊端，表明改革现有全球治理体制已迫在眉睫。改善全球治理，在于治理体系的变革，而全球治理体系的变革离不开理念的引领。2015 年 10 月，习近平在主持中央政治局第二十七次学习时明确指出："要推动全球治理理念创新发展，积极发掘中华文化中积极的处世之道和治理理念同当今时代的共鸣点，继续丰富打造人类命运共同体等主张，弘扬共商共建共享的全球治理理念。"[5]以共商、共建、共享为全球治理特征，是中国推进全球治理体制变革的关键理念。

三、构建人类命运共同体的路径

新时代人类命运共同体的构建，需要探索出一条构建人类命运共同体的正确路径，各国应该寻求适合本国的特殊发展道路，形成和而不同的世界发展格局，建立国际经济政治新秩序，搭建人类命运共同体的新平台，树立新的文明观。

1. 各国应着力寻求适合本国的特殊发展道路

当前，世界各国已经不同程度地融入了全球化、信息化的潮流，由于各国的国情不同，因此，选择适合本国的特殊发展道路至关重要。只有承认不同国家发展道路的差异性、特殊性、多样性，才能打破支配—依赖的旧世界格局，才能建构丰富多彩、和而不同的人类命运共同体。习总书记指出："世界格局在变，发展格局在变，各个政党都要顺应时代发展潮流、把握人类进步大势、顺应人民共同期待，把自身发展同国家、民族、人类的发展紧密结合在一起。我们应该志存高远、敢于担当，着眼本国和世界，着眼全局和长远，自觉担负起时代使命。我们应该深入体察民情，把民众需求转化为政党的理念、宗旨、目标，制订符合实际的实施方案。构建人类命运共同体，需要世界各国人民普遍参与。我们应该凝聚不同民族、不同信仰、不同文化、不同地域人民的共识，共襄构建人类命运共同体的伟业。不同国家应该增进互信、加强沟通、密切协作，探索在新型国际关系的基础上建立求同存异、相互尊重、互学互鉴的关系，搭建多种形式、多种层次的国际交流合作网络，汇聚构建人类命运共同体的强大力量。"

2. 努力建设一个远离贫困、共同繁荣的世界

今天的世界，物质技术水平已经发展到古人难以想象的地步，但发展不平衡不充分问题仍然普遍存在，南北发展差距依然巨大，贫困和饥饿依然严重，新的数字鸿沟正在形成，世界上还有很多国家的民众生活在困境之中。如果奉行你输我赢、赢者通吃的老一套逻辑，如果采取尔虞我诈、以邻为壑的老一套办法，结果必然是封上了别人的门，也堵上了自己的路，侵蚀的是自己发展的根基，损害的是全人类的未来。我们应该坚持你好我好大家好的理念，推进开放、包容、普惠、平衡、共赢的经济全球化，创造全人类共同发展的良好条件，共同推动世界各国发展繁荣，共同消除许多国家民众依然面临的贫穷落后，让发展成果惠及世界各国，让人人享有富足安康。

3. 搭建通向人类命运共同体的新平台

要承认各国平等的主权地位和平等的发展机会，使各国平等参与国际事务，平等参与制定新的国际经济政治规则和规范，形成公平正义的国际经济政治新秩序。“新形势下，我们要坚持主权平等，推动各国权利平等、机会平等、规则平等。”[6]建构人类命运共同体需要经过一代又一代的不懈努力，我们应该从现在做起，积极搭建通向人类命运共同体的新平台。“一带一路”建设就是这样的新平台，就是通向人类命运共同体之路。通过“一带一路”建设，可以增强我国同其他国家的经济协作和人文交流，可以使沿线国家搭上中国发展的“顺风车”，实现中国发展同其他国家发展的相互补充、相互促进。由于“一带一路”建设体现着开放、共建、共享的精神，因而具有很强的吸引力和凝聚力，得到国际上的广泛认同和积极参与，成为连接各国的一条重要的纽带。

4. 努力建设一个远离封闭、开放包容的世界

中国有句古话：“万物并育而不相害，道并行而不相悖。”文明的繁盛、人类的进步，离不开求同存异、开放包容，离不开文明交流、互学互鉴。历史呼唤着人类文明同放异彩，不同文明应该和谐共生、相得益彰，共同为人类发展提供精神力量。我们应该坚持世界是丰富多彩的、文明是多样的理念，让人类创造的各种文明交相辉映，编织出斑斓绚丽的图画，共同消除现实生活中的文化壁垒，共同抵制妨碍人类心灵互动的观念纰缪，共同打破阻碍人类交往的精神隔阂，让各种文明和谐共存，让人人享有文化滋养。

5. 构建新的文明观，最大限度地凝聚共识

人类命运共同体理念是一种基于现实的维护国际公平正义的价值观，是对新型国际关系本质和发展趋势的把握。它倡导新的文明观，批判固守旧文明观的僵化思想和偏见。由于不同国家面临共同的挑战、共同的命运，因此，各国应该搁置各方在制度和意识形态方面的意见分歧，最大限度地凝聚共识，为建构人类命运共同体而共同创造条件。超越征服型文明，建构合作共赢的文明。建构世界各国平等相待、合作共赢的新型国际关系。消除心理偏见和隔阂，加强各国之间的思想文化交流。各国人民通过相互交往、互学互鉴，会形成新的社会交往关系，促进各国人民的文明素质和人文精神的提高，使人类文明发展到新的境界和水平。在国际交往中，要破除文明等级观念，批判文明优越论。对不同国家的特殊发展道路和价值观念采取包容的态度，使不同文明形式相互尊重，多样化发展。增强求同意识和大局观念，增进认同感。世界的兴旺发达离不开脚踏实地的实干，只有通过改造世界的实际行动，才能走向世界的共同繁荣。

6. 努力建设一个山清水秀、清洁美丽的世界

地球是人类的共同家园，也是人类到目前为止唯一的家园。我们应该共同呵护好地球家园，为了我们自己，也为了子孙后代。我们应该坚持人与自然共生共存的理念，像对待生命一样对待生态环境，对自然心存敬畏，尊重自然、顺应自然、保护自然，共同保护不可替代的地球家园，共同医治生态环境的累累伤痕，共同营造和谐宜居的人类家园，让自然生态休养生息，让人人都享有绿水青山。人与自然是生命共同体，人类必须尊重自然、顺应自然、保护自然。人类只有遵循自然规律才能有效防止在开发利用自然上走弯路，人类对大自然的伤害最终会伤及人类自身，这是无法抗拒的规律。我们要建设的现代化是人与自然和谐共生的现代化，既要创造更多物质财富和精神财富以满足人民日益增长的美好生活需要，也要提供更多优质生态产品以满足人民日益增长的优美生态环境需要。必须坚持节约优先、保护优先、自然恢复为主的方针，形成节约资源和保护环境的空间格局、产业结构、生产方式、生活方式，还自然以宁静、和谐、美丽。

结　语

在人类发展的历程中，总会遇到关键的节点和关口，需要人类做出抉择。人类历史证明，人类选择的道路不同，命运就会不同。在全球化、信息化深入发展的当代，建构人类命运共同体合乎人类的共同利益，合乎历史的潮流。各国人民要同心协力，建设持久和平、普遍安全、共同繁荣、开放包容、清洁美丽的世界。要相互尊重、平等协商，坚决摒弃冷战思维和强权政治，走对话而不对抗、结伴而不结盟的国与国交往新路。推动经济全球化朝着更加开放、包容、普惠、平衡、共赢的方向发展。要尊重世界文明多样性，以文明交流超越文明隔阂、文明互鉴超越文明冲突、文明共存超越文明优越。要坚持环境友好，合作应对气候变化，保护好人类赖以生存的地球家园。世界命运握在各国人民手中，人类前途系于各国人民的抉择。中国人民愿同各国人民一道，推动人类命运共同体建设，共同创造人类的美好未来。

参考文献

[1] 携手建设更加美好的世界——在中国共产党与世界政党高层对话会上的主旨讲话［EB/OL］. 中国政府网 - http：//www.gov.cn/xinwen/2017 - 12/01/content_5243852.htm.［2017 - 12 - 01］.

[2] 习近平. 命运共同体：对人类未来的理性思考 [EB/OL]. http：//news. xinhuanet. com/2015 – 05/19/c_1115339391. htm. [2015 – 05 – 19].
[3] 习近平在“一带一路”国际合作高峰论坛开幕式上的演讲 [N]. 人民日报，2017 – 05 – 15.
[4] 陈须隆. “人类命运共同体”必然赢得认可 [N]. 人民日报（海外版），2017 – 07 – 09.
[5] 积极有为，推进全球治理体制变革——解读习近平在中共中央政治局第二十七次集体学习时的讲话 [EB/OL]. 新华网 – http：//news. xinhuanet. com/politics/2015 – 10/14/c_128318652. htm.
[6] 习近平. 共同构建人类命运共同体——2017 年 1 月 18 日在联合国日内瓦总部的演讲 [EB/OL]. 人民网 – http：//politics. people. com. cn/n1/2017/0119/c1001 – 29033860. html.

加强文化自信，深入认识新矛盾，用供给侧改革推动文化产业繁荣

宫玉选*

摘　要：本文从对文化自信的理解出发，针对新时代中国特色社会主义新矛盾中文化需求与文化供给的矛盾现状和问题进行了初步分析，指出目前低层次文化产品和服务供给过剩，并存在错位现象（并分析了原因）。另外，因为严重忽视国际文化需求和消费市场，使得我国文化产品无法向世界传播。然后提出了文化产业供给侧改革的基本思路和具体建议。

关键词：文化自信　新矛盾　人民的文化需求　文化产业供给侧改革

任何一个人无论物质上富有还是贫穷，对精神的需求永远存在。任何一个民族和国家都是这样。习近平在十九大报告中提出，要坚定文化自信，推动社会主义文化繁荣兴盛。“文化兴国运兴，文化强民族强。没有高度的文化自信，没有文化的繁荣兴盛，就没有中华民族伟大复兴。要坚持中国特色社会主义文化发展道路，激发全民族文化创新创造活力，建设社会主义文化强国。”这一点非常重要，需要在全党全国人民中深入理解并达成高度共识。本文从对文化自信的理解出发，试图针对新时代中国特色社会主义新矛盾中文化需求与文化供给的矛盾现状和问题进行初步分析，并在此基础上提出文化产业供给侧改革的基本思路和具体建议。

一、文化自信就是民族自信，来自文化自觉和文化实践

文化自信一般是指人类对自己文化的高度认同。在人类漫漫长河发展中，文化始终伴随在我们左右。一个民族、一个国家对自己文化的认识、认知，正

---

* 宫玉选，男，北京外国语大学副教授，硕士。本文系“北京高校中国特色社会主义理论研究协同创新中心（北京外国语大学）”项目阶段性成果，项目编号：YXL2016ZD021。

如费孝通先生提出的“文化自觉”，也就是生活在一定文化中的人对其文化要有自知之明。所以文化的自信首先源于我们对自身文化的了解，其次源于在实践中不断优化而得到认同。正如习总书记在十九大报告中提出的，“中国特色社会主义文化，源自于中华民族五千多年文明历史所孕育的中华优秀传统文化，熔铸于党领导人民在革命、建设、改革中创造的革命文化和社会主义先进文化，植根于中国特色社会主义伟大实践。”之所以有文化自信，就是因为我国这些年来中华文化和社会主义核心价值观逐步深入人心，比如儒家文化所倡导的仁义礼智信、温良恭俭让等道德准则，中国人艰苦奋斗，勤劳善良的品质，能够很好地帮助我们实现对新事物、新技术、新文化的接受、学习与消化吸收，并创造性地转换为自己的东西。比如社会主义核心价值观中的许多理念帮助我们共同战胜了汶川大地震、非典型肺炎等灾害，并取得了很多辉煌的成就。同时，随着经济实力不断增强和文化产业的蓬勃发展，我国推出了许多优秀文化作品和“走出去”的文化产品，我们已经拥有了相对强大的文化产品生产能力和产业经营能力。中国生产的优秀影视作品、游戏产品、互联网应用等已经进入世界市场，在一些地区市场已经拥有了比较强大的竞争力，具备与世界上其他文化强国平等对话的条件，初步体现了我国的文化软实力。有了这种软实力，我们才更加有文化自信。我们对自己的历史传承、精神特质，以及改革开放以来波澜壮阔的生产生活实践有着充分的自信和强烈的自豪感，在这个基础上，我们才会理直气壮地推出反映中华民族自信的优秀文化产品。

同时，也应该指出，在这些实践中我们还要对中国传统文化进行去粗取精，比如对男尊女卑、官本位等不平等的封建观念要坚决抛弃；对外来文化的精华进行吸收，比如要把自由、平等、契约精神等思想精华融入我们的核心价值观中；对外来文化中的糟粕，比如“金钱至上”等腐朽思想要坚决抵制。

二、从新时代的新矛盾角度来分析文化供给和文化需求的矛盾

习近平在十九大报告中指出，经过长期努力，中国特色社会主义进入新时代，“我国社会主要矛盾已经转化为人民日益增长的美好生活需要和不平衡不充分的发展之间的矛盾”。精神文化需求自始至终是人民日益增长的美好生活需要的重要组成部分，甚至可以说是衣食富足后更重要的需求、最根本的需求，社会主要矛盾的新表述并没有否定之前表述中的人民物质需要和精神文化需要，而是根据新时代新需求做出更加准确的表述。党的十九大报告还指出，“满足人民过上美好生活的新期待，必须提供丰富的精神食粮。”这就对我们推动文化事业和文化产业发展提出了时代要求，即坚持以人民为中心，坚持把

社会效益放在首位、社会效益和经济效益相统一，繁荣社会主义文艺，为人民提供思想精深、艺术精湛、制作精良的文艺精品，不断满足人民日益增长的精神文化需求。

用经济学方法来分析新时代的新矛盾，就要分析文化供给和需求的结构是否合理。从文化产品供给的现状来看，当前我国看似产能过剩，但从文化内涵与文化品牌这个角度来看，又不得不承认，高质量、高品质的产品仍然相当匮乏。

首先，低层次文化产品和服务供给过剩，并存在错位现象。一方面，在国内文化市场上，文化产品供给和服务“有数量缺质量、有高原缺高峰”（习近平语）。更有一些作品，脱离人民群众，戏弄历史，亵渎祖先、亵渎经典、亵渎英雄；用无端的想象去描写历史，使历史虚无化；急功近利，一味标新立异、追求怪诞，急功近利、粗制滥造；当市场的奴隶，炫富竞奢，低俗媚俗，见利忘义；格调不高，做徘徊边缘的观望者、讥谗社会的抱怨者、无病呻吟的悲观者；让廉价的笑声、无底线的娱乐、无节操的垃圾淹没我们的生活。仅以电影制作为例，近两年来中国故事片年均产量在700部以上，能够上映的不足一半，而在上映的影片中有不少也是亏本的，不少电影在院线“一日游”即遭下线。中国电影类型仍显单一，质的差距依旧明显。很多时候，观影者并没有什么选择的机会。另一方面，国内人民群众的文化消费潜力并未得到有效释放，启迪心智、陶冶心性、满足消费者较高层次精神追求和情感体验的发展型文化消费品，无论是供给数量还是供给质量都明显不足。文化产品的创新性存在短板，因此购买国外版权进行模仿的产品（诸如《中国好声音》《爸爸去哪儿》《跑男》等节目）仍然占据大众传媒的主要阵地。上述问题的产生，既有文化企业内部的原因，也有文化企业外部的原因。其文化企业内部的原因是大部分私营文化企业以营利为第一动力，缺乏社会责任，而国有文化企业生产的主旋律作品又缺乏精品力作，很多过于政治化，老百姓不买账。而企业外部原因就是行业内部各产业链利益分配格局不合理，譬如拍摄电影的不如放映电影的分得多，投拍电视剧的不如播放电视剧的分得多，从而打击了创意供给方的积极性。这也不符合文化产品和服务供应链关系的国际惯例。这就需要进一步深化改革行业规制，从而更有效地激发创意供给方的动力和活力。

其次，严重忽视国际文化需求和消费市场。除个别类型产品（如游戏）外，文化产品和服务的国际贸易一直处于逆差状态。中国电视剧海外销售总额仅占全部销售总额的5%左右，且售价与美剧、日韩剧相比要低廉得多。在北美地区放映中国电影时，非华裔观众的比例只有15%左右。近年来，我国图书版权输出的种类虽然增加了，但发行的数量和效益未见显著提升。《哈利·波特与混血王子》在中国的销售超过1000万元，而被认为最成功的海外营销案例的《狼图腾》英文版权仅仅卖了10万美元。2015年，中国国产影片的国内票房达271.36亿元，海外销售收入仅27.7亿元。当年的票房冠军《捉妖记》，在北美上映的票房只有3.2万美元。2016年《美人鱼》加冕华语电影票房冠军之后，也开始出征海外，由索尼发行在北美上映。但是，此片在北美被定为R级，排片量也就很低，只有35家电影院放映。虽然国外影评人和媒体对《美人鱼》的评价都不错，但票房上不容乐观。好在华人文化浓厚的东南亚国家还比较受欢迎。在新加坡收获83.7万美元的票房。2017年《战狼2》国内票房达到新纪录56亿元，但海外票房并不理想，总额不足300万美元。之所以出现上述情况，其核心原因是我国的文化产品经营模式是非国际化的。比较普遍的做法是，以中国市场而非以国际市场为对象开发产品，而美国、欧洲、日本、韩国等国早已主攻国际市场。“先在中国卖，然后再出口”的思路和模式，注定了我国的文化产品在世界市场上的占有份额大打折扣，不尽如人意。

三、思路：在了解人民美好精神需求的基础上进行供给侧改革政策设计

解决新时代中国特色社会主义阶段文化供给和需求矛盾的目的是如何将文化事业和文化产业不断创新和创造，给人们带来更多新的精神消费和体验。其中很重要的是把中华优秀传统文化和社会主义核心价值观更好地活化、转化，让中国老百姓和外国老百姓更容易理解和认同，更深刻地认识到中国先进文化的精髓，为人民提供精神指引。我们认为，随着新技术、新设备的不断更新，创意、创作、创造、创新的空间和手段日益丰富，文化工作者应该可以通过更具特色的手段、更加新颖的款型、更富创意的内容，创新创作出符合中国先进文化理念的文化精品和服务，满足人民群众日益增长的美好生活需要。但是，这样做的前提是：在了解当前人民美好精神需求的基础上进行供给侧改革。

解决上述文化产品供给侧结构不平衡问题，既要从需求侧进行发力，更要对供给侧进行改革，但关键是让两者配合起来。根据十九大精神，我们应该首先要了解人民群众的多层次文化需求，然后才能够生产出能满足人民当前文化需求的文化产品。但对于客观存在的低端需要（如三俗产品或服务）也不能做市场的奴隶，真正好的作品是能够创造出新的文化需求，以满足人民的潜在需求。这就需要下大功夫了解和研究当前需求和潜在需求。

1. 在了解本国人民当前文化需求方面，通过互联网和新媒体等平台和渠道建立需求反应和反馈机制是有效的方法。一方面，及时有效地、立体化地反

映和呈现人民群众的文化需求信息；另一方面，对这些信息进行科学分析、筛选、处理、反馈，并遵循时效性、公平性等原则，同时向供给者和需求者输送信息。事实证明，像《琅琊榜》《人民的名义》《战狼 2》等优秀影视作品的成功都说明广大人民迫切需要正能量价值观的作品。

2. 着力培育文化消费需求，譬如艺术欣赏教育可以拉动对艺术品市场的需求，戏剧欣赏教育可以拉动对戏剧服务的消费。同时，改善文化消费条件，譬如可以尝试文化消费补贴等形式吸引新的文化消费者，加速释放人们的文化消费需求，从而构建扩大和引导文化消费的长效机制。

3. 加强国外文化消费市场研究，根据国际市场的要求和运行规律开发文化产品。文化企业可充分利用互联网和专业咨询机构的信息，并进行深入的调查研究、分析论证，从中凝练出各国文化需求的异同点，韩国电视剧《大长今》的实践已经证明，从文化需求的相同点出发（各国职场妇女的共同）进行创作就容易获得巨大的成功。

就供给侧而言，与一般产业的最大区别，就是文化创意产业以创意故事为手段推动文化价值观的传播。而优越的供给管理机制是其中的关键动力。以电影为例，进入 21 世纪，随着科技的迅猛发展，用影像展现意蕴、叙述故事已经成为许多导演和制片人创意翻新的动力，由于供给机制的优越性，好莱坞电影始终雄踞着世界电影的霸主地位。而中国电影一方面在制作技术手段上与西方电影尚存在较大差距，另一方面在核心理念的表达方式上还不够纯熟，而这无疑也成为中国电影在海外市场上遭到冷遇的重要原因。倘若我们在影像驾驭上也能够达到如《泰坦尼克号》《侏罗纪公园》《阿凡达》那样的水准，中国电影将不会在领略过无数视觉奇观的西方观众面前满盘皆输，对此，张艺谋的《英雄》和《十面埋伏》，李安的《卧虎藏龙》都已经在海外市场上为我们做出了有效的探索。如何才能达到上述效果？关键在于如何调动参与人的积极性和创造性来创造出前所未有的新奇体验，这就需要通过供给侧改革优化体制机制，比如调整供给方面各个产业链，提高原创产业链的利益分配比例，充分引导和调动社会力量用心创造的积极性，激发社会创意群体创业、创新、创富能力，做优做强创意产品，才能创造品牌影响力，延长产业链，提升文化创意产品的吸引力，从而扩大有效供给。

四、具体建议：以文化创新为核心，多层次共同探索供给侧改革之途径

1. 构建核心文化产业精准创新规划，打造一批国际文化精品，弥补我国

高端文化产品供给不足的缺陷，这是当前文化建设的核心任务。为此，要全面实施文化企业的国际化策略。文化企业应充分利用全球化背景下的各种资源，在调研、研发、制作、发行、衍生产品、售后服务、资本运作、品牌经营等方面同时发力，构建国际化产业链，拓展在国内和国际市场上的发展空间。

2. 改革文化产业链条各环节之间存在的不合理利益分配格局，专家学者、政府、行业协会重新设计行业规制，从而使创意供给方（主要是研发、制作单位）葆有更大且持久的动力。比如调整电影制作部门和发行部门的票房分配比例，制作方要占到51%以上，电视剧（或电视节目）制作方与电视台的利益分配比例也要相应调整，为鼓励制作的创造积极性，应该提倡制作方与电视台共享广告利益（占50%以上）。游戏运营平台的利益分配不应超过游戏总收入的50%。

3. 构建小微文化企业创新发展策略。由于文化创意产业与其他产业不同，核心竞争的关键不在于规模，而在于优质的内容创新和创造，实践证明许多好的作品都来自小型公司。所以我们应该鼓励小微文化企业走“专、精、特、新”的路子，重点是支持有核心竞争力和发展潜力的小微文化企业进入创业板上市融资，逐步做大做强。同时在工商、税务、出口管理等方面给中小企业多一些实际的帮助。

4. 不断改进和完善人才培养模式，以适应供给侧改革。目前，我国文化产业人才培养模式存在着分科细、实践性差等欠缺，阻碍着文化产品有效供给的发展。人才处于供给侧的最前端。在人才培养中，要注重综合性、实践性，开辟和强化模拟课堂、校外课堂；要注重多学科性、跨学科性，通过开设包括创业、财务、资本运作等在内的相关课程，培养文化管理人才；要注重国际视野和多元思维，开启国际合作教学模式，借鉴世界上最新的成功案例，培养跨文化交流和资源整合的能力。

5. 加强文化行业组织建设，不断优化各行业内部产业链关系。文化行业组织是行业内部管理的主要承担者，也是政府联系市场主体的桥梁，因此必须充分发挥其提供服务、反映诉求、规范行为的作用。坚持培育发展和管理监督并重，加强各类文化行业协会等行业组织建设，健全行业规范，完善行业管理，更好地履行协调、监督、服务、维权等职能，从而建立健全现代文化市场供求体系。

6. 正确认识和处理政府与市场的关系，更好发挥政府的引导和服务功能。一方面，发挥政府的引导和主导作用，改进政府管理社会文化的职责，做好监督和裁判工作，使高端供给大量增加，抵制低端供给；另一方面，由文化市场对文化产品和服务的供给结构和需求结构进行匹配、调整。同时，政府应改进文化产业促进政策，比如调整主要对国有文化创意企业进行资助的做法，加大对创意能力较强、产品一流的民营文化创意企业扶持、资助的力度。针对许多文化创意企业“走出去”市场信息闭塞、联系渠道狭窄、前期推广宣传费用高以及对国际文化市场调研不够等实际问题，政府还应联合专业智库设立更多的对外交流与合作信息平台，如建立国内文化企业和产品资源库、国外文化贸易渠道信息库等，构建完整有效的投资信息和文化贸易统计分析系统，为企业拓展海外市场提供更强大的助力，最终提高中国文化创意产品的国际影响力。

参考文献

[1] 黄会林，李雅琪，马琛，等. 中国电影在周边国家的传播现状与文化形象构建——2016年度中国电影国际传播调研报告[J]. 现代传播，2017（1）：19-29.

[2] 荣开明. “文化自信”四题[J]. 观察与思考，2017（8）：5-15.

[3] 宫玉选. 如何正确认识“文化自信”和“文化繁荣”[J]. 北京教育（德育），2017（10）：9-10.

第三编

价值追求

要论提示：

1. 深邃的历史思维，是习近平中国特色社会主义观的显著特征。只有以历史的思维，在历史的坐标中，才能真正把握中国特色社会主义新时代的意义。

2. 习近平新时代中国特色社会主义思想适应时代的变化和要求，提出以人民为中心的新发展理念，彰显以人民为中心的价值取向。“新时代”以人民为中心具有新的内容和新的特点：直接以“人民的美好生活”“人民的幸福”“中国人的梦想”实现为目标，既有雄心壮志，又坚持实事求是，体现了朴素又崇高的价值追求。

3. 习近平同志党风廉政建设思想的核心战略目标是确保在党领导下实现中华民族伟大复兴中国梦，实现这一战略核心的两大战略支柱是继续深化改革和坚持推进依法治国。

在历史坐标中深入把握中国特色社会主义新时代的重大意义

马进甫*

摘　要：深邃的历史思维，是习近平中国特色社会主义观的显著特征。只有以历史的思维，在历史的坐标中，才能真正把握中国特色社会主义新时代的意义。中国特色社会主义新时代是一个人民主体性充分体现的时代，是一个中华人民共和国“辉煌的光焰普照大地”的时代；中国特色社会主义新时代是一个中华民族彰显民族精神、引领时代发展“光复旧物”的时代；中国特色社会主义新时代，标志着在世界范围内社会主义的发展将由“工具意义”认可进入“目的意义”彰显的新阶段；在中国特色社会主义新时代，当代中国的实践将为人类社会发展描绘出一条新路，人类社会发展将在世界人民一道共筑人类命运共同体中展示出光明的前景。

关键词：历史坐标　中国特色社会主义新时代　重大意义

习近平总书记在十九大报告中做出了“经过长期努力，中国特色社会主义进入了新时代，这是我国发展新的历史方位”的重大政治判断。在报告中习近平明确指出：“中国特色社会主义进入新时代，在中华人民共和国发展史上、中华民族发展史上具有重大意义，在世界社会主义发展史上、人类社会发展史上也具有重大意义。”在历史坐标中深入把握中国特色社会主义新时代的重大意义，是“坚定信心，奋发有为，让中国特色社会主义展现出更加强大的生命力”的“必修课”。

一、深邃的历史思维，是习近平中国特色社会主义观的显著特征

在关于什么是中国特色社会主义这一重大理论问题的回答中，习近平从历

---

* 马进甫，男，北京第二外国语学院马克思主义学院，副教授，majinfu@ bisu. edu. cn。本文系教育部中国特色社会主义专项课题“习近平的历史观研究”（项目号16JD710014）的阶段性项目成果。

史的视角提出了一系列重大论断，形成了科学的思想体系。深邃的历史思维，是习近平中国特色社会主义观的显著特征。在历史的坐标中确立中国特色社会主义新时代的意义，是习近平中国特色社会主义观的新内容。

（一）在世界社会主义五百年发展中把握中国特色社会主义

中国特色社会主义有着深远的思想源头和广阔的实践背景。2013 年 1 月 5 日，习近平在新进中央委员会的委员、候补委员学习贯彻党的十八大精神研讨班上的重要讲话中，对社会主义从无到有、从空想到科学、从理论到实践、从外国到中国进行了系统回顾，深刻阐明了世界社会主义五百年发展的曲折历史，阐明了中国特色社会主义发展的历史，说明了在党的奋斗进程中，马克思主义、社会主义道路的历史选择性和中国特色社会主义道路的历史开创性。并强调要通过学习了解社会主义发展史，“更加坚定理想信念，坚持以邓小平理论、‘三个代表’重要思想、科学发展观为指导，做到倍加珍惜、始终坚持、不断发展中国特色社会主义道路、中国特色社会主义理论体系、中国特色社会主义制度。”[1]

（二）在中国社会发展历史逻辑中把握中国特色社会主义

中国特色社会主义不是思想上的“飞来峰”，而是中国社会历史发展的产物。对此，习近平提出了一系列重大的科学论断：“中国特色社会主义，是科学社会主义理论逻辑和中国社会发展历史逻辑的辩证统一，是根植于中国大地、反映中国人民意愿、适应中国和时代发展进步要求的科学社会主义，是全面建成小康社会、加快推进社会主义现代化、实现中华民族伟大复兴的必由之路。”[2]“中国特色社会主义是改革开放新时期开创的，也是建立在我们党长期奋斗基础上的，是由我们党的几代中央领导集体团结全党全国人民历经千辛万苦、付出各种代价、接力探索取得的。”[3]“中国特色社会主义是社会主义而不是其他什么主义，科学社会主义基本原则不能丢，丢了就不是社会主义。一个国家实行什么样的主义，关键要看这个主义能否解决这个国家面临的历史性课题。”[4]

二、走向历史，把握中国特色社会主义新时代的重大意义

把握中国特色社会主义新时代的意义，就是全面而深刻地认识中国特色社会主义新时代的时代特征，从中坚定信心，以奋发有为的新形象融入中国特色社会主义新时代。“历史是最好的教科书”“历史是最好的老师”“历史是最好

的清醒剂”，只有以历史的思维，在历史的坐标中，才能真正把握中国特色社会主义新时代的意义。

（一）只有在历史坐标中，才能全面而深刻地认识中国特色社会主义新时代的时代特征

“历史、现实、未来是相通的。历史是过去的现实，现实是未来的历史。”[5]这体现着习近平的“大历史观”，即把现实的把握同历史逻辑的反思、未来发展的预测作为一个整体和统一过程的观点。遵循习近平的“大历史观”，对中国特色社会主义新时代的认识，必须与改革开放以来党的长期努力，特别是，在十八大以来的5年中，党领导人民所取得的全方位的、开创性的成就和由此所发生的深层次的、根本性的变革联系起来，必须与“三个意味着”中国社会未来发展联系起来。脱离了党的长期努力，中国特色社会主义新时代就是空洞的；看不到中国社会未来发展的前景，中国特色社会主义新时代就显现不出其应有的生机活力。

（二）只有在历史坐标中，才能坚定推进中国特色社会主义新时代的前进定力

中国特色社会主义道路来之不易，“它是在改革开放30多年的伟大实践中走出来的，是在中华人民共和国成立60多年的持续探索中走出来的，是在对近代以来170多年中华民族发展历程的深刻总结中走出来的，是在对中华民族5000多年悠久文明的传承中走出来的，具有深厚的历史渊源和广泛的现实基础。”中国特色社会主义的成就壮丽辉煌，“从那时以来，我们党团结带领全国各族人民不懈奋斗，推动我国经济实力、科技实力、国防实力、综合国力进入世界前列，推动我国国际地位实现前所未有的提升，党的面貌、国家的面貌、人民的面貌、军队的面貌、中华民族的面貌发生了前所未有的变化，中华民族正以崭新姿态屹立于世界的东方。”中国特色社会主义新时代前景广阔，它“意味着近代以来久经磨难的中华民族迎来了从站起来、富起来到强起来的伟大飞跃，迎来了实现中华民族伟大复兴的光明前景；意味着科学社会主义在二十一世纪的中国焕发出强大生机活力，在世界上高高举起了中国特色社会主义伟大旗帜；意味着中国特色社会主义道路、理论、制度、文化不断发展，拓展了发展中国家走向现代化的途径，给世界上那些既希望加快发展又希望保持自身独立性的国家和民族提供了全新选择，为解决人类问题贡献了中国智慧和中国方案”。中国特色社会主义新时代有着无比深厚的历史底蕴，有着无比强大的前进定力，有着无比宏阔的生机活力。在中国特色社会主义新时代，每

一个中国人都应该坚定自信心，充满自豪感。

（三）只有在历史坐标中，才能明确中国特色社会主义新时代的时代要求

“我们从哪里来？我们走向何方？中国走到今天，我无时无刻不提醒自己，要有这样一种历史感。”[6]“为中国人民谋幸福，为中华民族谋复兴”的初心和使命是激励中国共产党人不断前进的根本动力；紧紧依靠人民接续奋斗是中国共产党人不断前进的基本路径；结合新的实践不断做出新的理论创造，以新的理论引领事业的发展是中国共产党人不断前进的基本经验，“我们党之所以能够历经考验磨难无往而不胜，关键就在于不断进行实践创新和理论创新。”[7]在中国特色社会主义新时代，我们必须高举习近平新时代中国特色社会主义思想伟大旗帜，不忘初心和使命，紧紧依靠人民，开创中国特色社会主义发展的新境界，使21世纪马克思主义焕发出璀璨的时代光芒。

三、历史坐标中的中国特色社会主义新时代

历史的多维性为全面把握现实提供了条件。习近平提出的“中华人民共和国发展史”“中华民族发展史”“世界社会主义发展史”“人类社会发展史”四个重大的历史维度，为全面而深刻地把握中国特色社会主义新时代提供了思想指南。

（一）从中华人民共和国发展史上看中国特色社会主义新时代

中华人民共和国是新民主主义革命的产物，新民主主义革命是一场在中国共产党领导下人民思想觉醒、力量凝聚、走向历史舞台中心的革命，同时是党的政治信念“人民，只有人民才是世界历史发展的动力”在革命实践中确立的革命。新民主主义革命的性质和历史成果决定了中华人民共和国的人民主体性的性质和实现人民主体地位的发展方向。正如毛泽东指出的：“中国人民将会看见，中国的命运一经操在人民自己的手里，中国就将如太阳升起在东方那样，以自己的辉煌的光焰普照大地，迅速地荡涤反动政府留下来的污泥浊水，治好战争的创伤，建设起一个崭新的强盛的名副其实的人民共和国。”[8]中华人民共和国成立后，中国共产党始终紧紧依靠人民，建立了崭新的社会主义制度，开展了具有中国特点的社会主义建设的初步探索，在改革开放中开辟了中国特色社会主义道路，使13亿多人口大国解决了人民的温饱问题，使人民总体上过上了小康生活。十八大以来，以习近平为核心的党中央坚持“人民对

美好生活的向往，就是我们的奋斗目标”的政治理念，提出并贯彻“以人民为中心的发展思想”，取得了中国特色社会主义全方位、开创性的伟大成就，形成了深层次的、根本性的变革。这一历史性变革使社会主义初级阶段的主要矛盾由人们日益增长的物质文化需要同落后的社会生产之间的矛盾转化为人民日益增长的美好生活需要和不平衡不充分的发展之间的矛盾。“人们日益增长的美好生活的需要”是人民自主的、全面的、发展的，即“立体的”需要，“不平衡不充分的发展”的克服体现着引领时代的社会发展趋势。新的社会矛盾的解决必然预示着，中国特色社会主义新时代将是一个人民主体性充分体现的时代，是一个中华人民共和国“辉煌的光焰普照大地”的时代。

（二）从中华民族发展史上看中国特色社会主义新时代

在东方的中国，通过“同质”的，即生产生活样式统一的民族、民族部落的征伐、兼并迈过了文明的门槛，呈现出了统治与被统治的阶级关系与自然的血缘关系并存的文明模式，从中演化出了“天”“君”“民”循环论证的社会思想和文化样式。在长期的历史进程中，这种循环论证的社会思想和文化样式孕育了“和”哲学思想和“民本”政治思想，培育了中华民族特有的“包容”与“超越”相统一的民族文化心理特征和“天下兴亡，匹夫有责”的自强不息的民族品格。这构成了延续不断中国五千年的文明史和辉煌灿烂的中华文明形成的坚实的文化心理基础。

近代以来，西方列强的侵略、奴役，使神州陆沉。但面对内忧外患的现实，中华民众自强精神未息，众志成城，燃起中华民族复兴的“中国梦”。正如毛泽东指出的：“我们中华民族有同自己的敌人血战到底的气概，有在自力更生的基础上光复旧物的决心，有自立于世界民族之林的能力。”[9]马克思主义在中国的传播，中国共产党的成立，“从此，中国人民谋求民族独立、人民解放和国家富强、人民幸福的斗争就有了主心骨，中国人民就从精神上由被动转为主动。”在党领导人民长期的奋斗进程中，无论是革命，还是建设、改革，始终坚持走自己的路，迎来了中国特色社会主义新时代。“中国特色社会主义进入新时代，意味着近代以来久经磨难的中华民族迎来了从站起来、富起来到强起来的伟大飞跃，迎来了实现中华民族伟大复兴的光明前景。”

在中国特色社会主义新时代，我国日益走向世界舞台的中央，中国智慧将赋予人类社会的进步以厚重的力量，中国方案将给予世界的发展以全新的选择，中国话语将为国际社会增添新的强劲旋律。伴随着中国的国际影响力、感召力、塑造力的提升，中国特色社会主义新时代必将是一个中华民族彰显民族精神、引领时代发展“光复旧物”的时代。

（三）从世界社会主义发展史看中国特色社会主义新时代

社会主义作为资本主义的对立物、替代物、继承物、创新物，已有500多年的发展史。世界社会主义发展经历了一个从空想社会的思潮到科学理论创立、从理论到实践、从单一模式到各种具体实现模式转变的历程。中国特色社会主义，体现了科学社会主义理论逻辑和中国社会发展历史逻辑的辩证统一，充分彰显了社会主义的优势和活力；中国特色社会主义事业取得了举世瞩目的伟大成就，从实践上终结了“历史终结论”，为20世纪80年代末90年代初经历重大曲折的世界社会主义开辟了光明的发展前景。

在中国特色社会主义新时代，我国社会主要矛盾已经转化为人民日益增长的美好生活需要和不平衡不充分发展之间的矛盾。人民对美好生活的需要是全面的、自主的，不平衡不充分的问题是发展的深层次、根本性问题。中国特色社会主义新时代是一个人民的主体性充分实现的时代，是一个人的全面发展、社会全面进步的时代，是一个马克思主义经典作家关于未来社会构想——自由人联合体轮廓呈现的时代。在世界社会主义发展史上，由于现实的社会主义都形成于贫穷落后的国家，实现民族独立、赶上时代的步伐，是这些国家首先要完成的历史任务。在很大程度上，在世界范围内，人们普遍在“工具意义”上考量社会主义的价值，即便在中国特色社会主义取得历史性成就的背景下，国际社会对“中国模式”成功经验的讨论仍停留于“集中力量办大事”的范围之内。中国特色社会主义新时代，标志着在世界范围内社会主义的发展将由工具意义的认可进入“目的意义”彰显的新阶段。

（四）从人类社会发展史上看中国特色社会主义新时代

西方文艺复兴以来，经历“去神”“立人”文化革命，以“抽象人”立论，建立了资产阶级思想体系，开辟了资本主义新时代。马克思、恩格斯从“现实中的个人”出发，创立了唯物史观，揭示了人类社会发展的一般规律，找到了实现人的全面而自由发展的现实途径，开启了科学社会主义发展的进程。近代以来，特别是马克思、恩格斯创立科学社会主义以来，两种截然对立的发展思想和实践之间的“交锋”“对抗”成了世界历史发展的一条主线。当今世界，西方国家面对“民主失败”、经济危机、社会“碎片化”、价值观扭曲等社会问题不能自拔；广大发展中国家深陷现代化“泥坑”，难寻出路；效仿“英美模式”的广大发展中国家绝大多数陷入“中等收入陷阱”，举步维艰；冷战结束以来，在西方价值观念鼓捣下，一些国家被折腾得不成样子了，有的四分五裂，有的战火纷飞，有的整天乱哄哄的。当今国际社会，在战后美国主导的国际经济政治秩序下，南北差距加大，发展中国家边缘化，发达国家“去全球化”，国际合作举步维艰；在国际意识形态领域，“文明冲突论”“零和博弈”“修昔底德陷阱”像梦魇一样禁锢着人们的头脑。总之，人类社会的发展似乎进入“无解”的时代，整个世界在沉思。

从根本上说，这种人类社会发展的“无解”困境源于世界人民始终游离于发展事业之外，解困之道在于世界人民真正参与世界发展的进程。在中国特色社会主义新时代，“以人民为中心的发展思想”指导下的当代中国的实践将为人类社会发展描绘出一条新路，人类社会发展将在世界人民一道共筑人类命运共同体中展示出光明的前景。

中国特色社会主义新时代具有多重属性，既有民族的、国家的属性，又有社会主义的、人类社会进步的属性。只有在多重属性的历史坐标中，才能深刻而全面地把握中国特色社会主义新时代的意义。全面把握中国特色社会主义新时代的意义，有助于理解、领会习近平新时代中国特色社会主义思想的精神实质；有助于进一步提升“四个自信”的思想高度；有助于以新的精神状态迎接中国特色社会主义新时代。

参考文献

[1] 中共中央宣传部理论局．世界社会主义五百年（党员干部读本）[M]．北京：党建读物出版社，2014：1.

[2] [3] [4] 习近平治国理政 [M]．北京：外文出版社，2014.

[5] 习近平谈思想方法和工作方法 [EB/OL]．http：//cpc. people. com. cn/n/2014/0827/c164113 -25550679. html. [2014 -08 -27].

[6] 阔步走在中华民族伟大复兴的历史征程上——记以习近平同志为总书记的党中央推进全方位外交的成功实践 [N]．人民日报，2016 -01 -05 (6).

[7] 习近平在七大会址论党的实践创新和理论创新：永无止境 [EB/OL]．http：//news. xinhuanet. com/2015 -02/15/c_1114372592. htm. [2015 -02 -15].

[8] 毛泽东选集（第4卷）[M]．北京：人民出版社，1991：1467.

[9] 毛泽东选集（第1卷）[M]．北京：人民出版社，1991：161.

浅析“人类命运共同体”之“新”

朱 倩*

摘 要：本文对十九大提出的“人类命运共同体”这一思想中体现出的“新意”展开浅析：这一理念回应了新的时代、提出了新的要求、树立了新的价值。它具有时代性、代表性和先进性，顺应了世界的发展潮流，是中国民族复兴的理论支持，是和平发展的思想源泉以及中国国际治理的引导力量。

关键词：人类命运共同体 中国外交

2017年，中国共产党第十九次全国代表大会报告系统地阐述了“人类命运共同体”这一指导中国外交与国际关系的重要思想。习近平总书记所做的党的十九大报告中指出：“我们呼吁，各国人民同心协力，构建人类命运共同体，建设持久和平、普遍安全、共同繁荣、开放包容、清洁美丽的世界。要相互尊重、平等协商，坚决摒弃冷战思维和强权政治，走对话而不对抗、结伴而不结盟的国与国交往新路。要坚持以对话解决争端、以协商化解分歧，统筹应对传统和非传统安全威胁，反对一切形式的恐怖主义。要同舟共济，促进贸易和投资自由化便利化，推动经济全球化朝着更加开放、包容、普惠、平衡、共赢的方向发展。要尊重世界文明多样性，以文明交流超越文明隔阂、文明互鉴超越文明冲突、文明共存超越文明优越。要坚持环境友好，合作应对气候变化，保护好人类赖以生存的地球家园。”[1] “人类命运共同体”的重要思想是习近平新时代中国特色社会主义思想的重要组成部分，是当代中国对世界的重要思想和理论贡献，它展现出中国进入新的发展阶段之后对国家外交与世界发展所秉持的新的态度与理念。本文试对这一思想中的“新意”进行浅析。

首先，人类命运共同体这一思想的构建具有鲜明的时代性，它是中国发展进入新阶段和新时代的产物，积极地回应了人类社会发展进入21世纪以来的新的时代特征，是中国实现21世纪伟大复兴理论的重要组成部分。回顾历史，

---

* 朱倩，女，北京工商大学马克思主义学院讲师，硕士研究生。

任何一个大国在崛起的过程中都有先进的理念引领，那些历史上曾经崛起的大国都曾敏锐地把握了时代的脉搏，提出了先进的理念，引领了世界的发展潮流。

党的十九大报告指出：“世界正处于大发展大变革大调整时期，和平与发展仍然是时代主题。世界多极化、经济全球化、社会信息化、文化多样化深入发展，全球治理体系和国际秩序变革加速推进，各国相互联系和依存日益加深，国际力量对比更趋平衡，和平发展大势不可逆转。”[2]冷战结束以来人类社会因为技术进步和经济全球化的深入发展，联系日益密切，已经形成了一个高度相互依存、命运休戚与共的整体。正如习近平总书记所言：“各国相互联系、相互依存的程度空前加深，人类生活在同一个地球村里，生活在历史和现实交汇的一个时空里，越来越成为你中有我、我中有你的命运共同体。”[3]在这个高度互联的时代，无论是传统军事安全，还是诸如恐怖主义、网络安全、重大传染性疾病、气候变化等非传统安全，都不再局限于一国一地，而成为全人类面临的共同问题；人类因此需要秉持同舟共济的精神，共同面对和解决这些问题，从而促进世界的和平与发展。

进入21世纪以来，世界多极化趋势进一步发展。2008年美国金融危机之后，尤其在经济发展方面，世界见证了西方国家的相对衰落和新兴国家的迅速崛起。国际力量的发展变化导致了国际关系的结构调整，“二战”结束以来全球的经济、政治、社会发展重心正在从“大西洋中心”转向“太平洋中心”，国际格局发生变化，并在日益重塑国际关系的理论与实践。以西方国家为中心的国际规则和治理理念在面对和平与发展领域的很多问题时都显得力不从心甚至治理失灵，多方原因导致西方国家引领全球治理的能力下降、意愿减弱，缺乏思想创新。因此国际社会迫切需要新兴领导力量和新兴国家更多地参与，平衡完善现有的治理合作机制，构建新的发展框架，以应对全球治理的新形势。

中国正在成为新兴国家中的代表。中华人民共和国成立以来，中国经历了一条从站起来、到富起来、再到强起来的崛起之路。中国经济在1978年之前完成了准备成长期之后，1978年之后进入迅速成长期，到2020年，中国经济将进入发展的强胜期。中国所走过的道路，就是一条通过自身的努力和创新实现现代化的富国强民之路，它给那些和中国一样怀抱在独立自主基础上追求现代化的国家提供了新的思路与新的选择，贡献了中国方案与中国智慧。中国的发展成果全世界有目共睹，它获得了世界的认可。本着做一个“负责任的大国”的态度，中国积极参与全球治理，推动现有全球治理体系改革，构建新型国际关系。

正是这样一个世界格局发展变化的时期，是中国提出构建人类命运共同体这一思想的时代背景。这一理念敏锐地把握了世界发展的脉搏，回应了新的时代特征，为新时代中华民族的伟大复兴提供了理论的支持和理念的引领。

其次，构建人类命运共同体是中国外交的新发展，它是我们在新时期和平发展的力量源泉。“和平发展”是中国对外交往的名片，中国一向奉行独立自主的和平外交政策，秉持相互尊重、公平正义、合作共赢的外交理念。之所以强调和平，是因为中国的发展需要一个和平的国际环境，同时这也符合全人类的共同利益，因而具有很强的代表性。从“和平共处五项原则”，到和平与发展的时代观，到“互信、互利、平等、合作”，再到“和谐世界”，中国的对外政策和外交理念始终围绕着与邻为善、推动世界和平发展这一核心理念。人类命运共同体的新理念依然秉承这一传统。

在新的历史条件下，人类命运共同体依然延续了和平发展的主基调，但同时有了进一步的发展与创新。首先是理念的创新。中国作为一个不断融入世界的发展中国家，改革开放以来一直以“韬光养晦，有所作为”作为外交政策的战略指导，更注重修炼内功、发展自身，在此基础之上，尽量为自身的发展赢得一个和平的国际发展环境，在国际上呼吁和平与发展。人类命运共同体这一理念相比之前更为积极，它不但提出了中国对世界发展和国际秩序的美好愿望，并且提出了实现这种愿望的具体方式。自党的十八大以来，中国愈发活跃于国际舞台，积极参与各类国际框架，深入参与全球治理。从十八大以来中国提出的“一带一路”这一国际倡议就可以看出这种参与国际治理、完善改变国际秩序的积极进取的态度。中国不但要做好自己的事情，还希望中国的发展能够令世界其他发展中国家从中受益，从而平衡长久以来失衡的国际发展状况，真正建立一个合作、互利、共赢的人类命运共同体。作为世界上发展速度最快的发展中国家，中国在新时期已经不能再奉行独善其身的外交理念，而应该有所作为，承担起相应的责任，为推动和平与发展贡献中国智慧与中国方案。

在人类命运共同体这一理念的指导之下，将国内政治、安全、经济、文化、生态文明这“五位一体”的发展模式推广至国际社会。也就是说，在政治上，要奉行主权平等的原则，国家无论大小贫富一律平等，国家之间奉行多边主义原则，平等相待，互商互谅，推动国际关系的民主化；在安全上，主张协商对话解决分歧和冲突，建立共同安全的机制；在经济上，推进全球化的进一步发展，主张开放创新、包容互惠，反对设置壁垒，自我封闭；在文化上，主张和而不同，文化之间交流沟通，兼收并蓄；在生态上，主张可持续发展，尊重自然、构建绿色发展的生态体系。[4] 这五个方面体现出人类命运共同体思想的丰富内涵，也为这一思想的具体实践提供了总体布局和实施框架。

在创新理念的基础之上，中国的外交实践也在进一步创新。党的十八大以来中国外交在这一理念的指导之下，积极参与各类多边框架，不断完善外交布局，打造全球伙伴关系网络。“一带一路”倡议就是中国第一次尝试以自身为主导向世界治理提供的公共产品，为构建以合作共赢为核心的新型国际关系所建立的机制与合作模式。由此可见，人类命运共同体已经成为新时期中国外交与国际战略和平发展的思想源泉。

最后，人类命运共同体这一理念具有先进性，它发展和超越了现有的国际关系范式，是我们参与国际治理、引导人类社会进步和推动全球治理深入发展的新思想和新理念。

中国是基于自身的独特历史经验与身份提出这一建构新型国际关系的主张的。中国是一个发展中国家，近代以来饱受磨难，对不平等的国际经济政治旧秩序格外敏感，也因此对独立自主与和平发展格外珍视。近现代以来形成的国际格局与国际经济政治秩序，虽然树立了主权国家的核心地位以及由此衍生出的国际法治、自由贸易、共同安全等国际普遍适用的共处原则，但是现有的国际秩序长期以来以发达的西方国家为主流和核心，本质上是相对的单一霸主国家（如英国、美国）主导国际秩序，它们所主导的国际公共品所提供的传统的全球治理模式，并没有广泛代表世界各国的共同意志和平等利益。随着世界经济的进一步发展，推动世界发展的贡献者进一步呈现多元化的发展，同时由于技术的推动，非传统安全问题进一步凸显，传统的治理方式问题丛生、积弊难改，探索新的全球治理模式成为必然。

中国作为“二战”的战胜国，是目前世界秩序的积极参与国，因此，在中国主张的人类命运共同体这一新型国际关系理念当中，有很大一部分保留了业已存在的国际秩序规则和治理模式中的合理部分。比如主权平等原则、不干涉他国内政原则、集体安全原则、相互依存原则等。中国倡导的新型国际关系理念并没有突破“二战”后确立的国际关系体系框架，这一框架经历了长期的发展演变，是人类社会在过去几百年间对国际关系的不懈探索的产物。就像习近平主席 2017 年 1 月 18 日在联合国日内瓦总部的演讲中指出的，“从 360 多年前《威斯特伐利亚和约》确立的平等和主权原则，到 150 多年前日内瓦公约确立的国际人道主义精神；从 70 多年前《联合国宪章》明确的四大宗旨和七项原则，到 60 多年前万隆会议倡导的和平共处五项原则，国际关系演变积累了一系列公认的原则。这些原则应该成为构建人类命运共同体的基本遵循”。[5] 中国新型国际关系很大程度上是对现有国际关系框架的完善与强化。有学者指出人类命运共同体思想中与西方国际关系理论的相关之处：如国家主权原则在国际关系中的运用，国家之间权力分配对于体系稳定的意义，相互依赖对国家间冲突或合作的影响，全球治理的主要价值指向和基本途径，国际社会之所以优于国际体系的重要根源，以及多元安全共同体对共同体意识的强调等。[6]

同时，人类命运共同体思想绝非西方国际关系理论的复刻版。它吸收了那些理论之中合理的成分，同时又超越和扬弃了其中不合理的部分。比如，它否定了“人权高于主权”这一原则，强调在构建人类命运共同体过程中国家主权的重要性。人类命运共同体反对类似“霸权稳定论”“均势论”等西方国际关系理论中体现出的丛林法则和强者通吃的霸权逻辑，强调国家无论大小都是人类命运共同体的成员，在构建合作共赢的新型国际关系当中都占有位置、负有责任、享有权利。此外，人类命运共同体思想虽然承认我们处在一个高度相互依存的时代，但是并不认为这一趋势会自然地导致国家之间的冲突或者和平，而是强调国家的主观能动性，强调主权国家必须积极行动、促进合作与良性竞争，从而实现互惠共赢。[7]

这种对西方国家关系理论和现有国际治理观念的扬弃来自于中国独特的身份与历史经验，这塑造了“中国特色”，形成了中国作为一个发展中的社会主义大国的独特关切。中国作为一个发展中国家，近代以来因为落后遭受种种国际社会的不公正对待，因此格外强调主权的独立与自主。中国作为一个在20世纪后半叶因为改革开放迅速发展起来的发展中国家，更能体会发展中国家在实现民族独立和国家发展过程中的种种艰辛不易，因此也更代表发展中国家追求平等对待和尊重、公平发展机会的呼声。中国的发展需要世界、需要和平的环境，因此对于开放的国际贸易环境、公正的国际制度与规则格外强调。中国是经济全球化的受益国，因此对于当今世界高度的相互依存状态有更为深刻的理解。中国作为一个文明古国，对于世界文化的多元化发展有着更为包容的心态，在与强势的西方文化交流的过程中更加强调“和而不同”，既强调保有自身文化传统的重要性，也不主张自我封闭，而是希望文化之间交流融合，消除隔阂。这些“中国特色”实际上也与现有的一些国际关系理念和框架不谋而合，强调这些，是希望现有国际关系准则中的合理部分能够真正落到实处。

因此，人类命运共同体理论强调要在“共商”“共建”的基础上建立一个“共享”的世界新秩序，因此在价值目标上是对全球治理理论的升华。[8]它强调和而不同，多极化、多元化发展的时代，人类更加需要一种共同体的意识，用和平协商的方式解决分歧和问题，共建一种良性的合作竞争关系。

构建人类命运共同体这一思想，具有时代性、代表性和先进性，它顺应了世界的发展潮流，是中国民族复兴的理论支持，是和平发展的思想源泉以及中国参与国际治理的引导力量。这一理念回应了新的时代、提出了新的要求、树立了新的价值；将中国的发展与命运和世界的发展与命运结合在一起，真正关切当前国际关系中的不平等和不公正现象，推动中国外交以切实的规划和实践来践行新型国际关系的构建。随着中国在新时期的发展，以及中国“一带一路”倡议的推进，人类命运共同体这一理念将会赢得更多的支持，焕发出强大的生命力。

参考文献

[1][2] 习近平. 决胜全面建成小康社会　夺取新时代中国特色社会主义伟大胜利［M］. 北京：人民出版社，2017.

[3] 习近平. 在莫斯科国际关系学院的演讲［EB/OL］. 中国共产党新闻网—http：//theory. people. com. cn/n/2015/1123/c40531 – 27843728 – 3. html.［2015 – 11 – 23］.

[4] 杨洁篪. 推动构建人类命运共同体［EB/OL］. 光明网 – http：//politics. gmw. cn/2017 – 11/19/content_26829671. htm，2017 – 11 – 19.

[5] 习近平在联合国日内瓦总部的演讲［EB/OL］. 新华网 – http：//news. xinhuanet. com/world/2017 – 01/19/c_1120340081. htm.［2017 – 01 – 19］.

[6][7][8] 蒋昌建，潘钟岐. 人类命运共同体理论对西方国际关系理论的扬弃［J］. 浙江学刊，2017（4）：11 – 20.

习近平城乡统筹发展思想研究

宗成峰*

摘　要：习近平在党的十九大报告中指出，“实施乡村振兴战略，农业、农村、农民问题是关系国计民生的根本性问题，必须把解决好“三农”问题作为全党工作重中之重。”党的十八大以来，习近平围绕推进城乡统筹发展发表了一系列重要论述。习近平城乡统筹发展思想不仅是对新的历史条件下“三农”问题攻坚克难的现实回应，更是新时代指引中国“三农”新发展的行动指南。

关键词：习近平　城乡统筹发展　城乡一体化

城乡关系健康发展事关国家稳定和民族未来，是党和政府在推进改革开放和社会主义现代化建设事业进程中必须要认真处理好的重要问题。自中华人民共和国成立以来，我们党在充分钻研马克思主义城乡关系理论的基础上，结合不同时期的实践探索和认真总结，逐渐形成了一套与我国国情相适应的城乡建设思想体系。这些思想和理论不仅进一步丰富了马克思主义城乡关系理论，而且对我国城乡的经济、政治、文化、社会和生态文明等各方面建设都产生了积极影响。习近平城乡统筹发展思想是在充分吸收和借鉴党的前四代中央领导集体城乡建设经验的基础上，通过充分的实践探索而总结形成的具有中国特色的城乡关系理论。为了重点解决“三农”问题突出和城乡差距不断扩大等问题，以习近平为总书记的中央领导集体自上任以来一直坚持实施统筹城乡经济社会发展的战略，积极推动我国的城乡治理结构由二元向一体化转化。研究习近平城乡统筹发展思想，对推进我国城乡建设实践改革，早日实现城乡一体化目标具有重要的指导意义。作为新时期我国城乡改革发展的重要理念，习近平城乡统筹发展思想不仅包含着对现实的深刻把握，还有对未来发展的长远规划。审

---

* 宗成峰，男，中国农业大学马克思主义学院副教授，博士，zcf@ cau. edu. cn。本研究得到 2015 年度教育部人文社会科学研究青年基金项目（项目名称：马克思恩格斯城乡统筹发展思想及对我国城乡发展一体化的启示，项目批准号：15YJC710086）和中央高校基本科研业务费专项资金项目资助。

视当下也须把握未来，深入研究习近平城乡统筹发展思想中所蕴含的未来发展思路，有助于实现我国城乡建设政策制度的连贯性，使一体化战略平稳运行，目标是逐步实现城乡居民基本权益均等化、城乡公共服务均等化、城乡居民收入均衡化、城乡要素配置合理化，以及城乡产业发展融合。

一、推进城乡统筹发展是解决我国“三农”问题的根本途径

习近平在党的十九大报告中指出，“实施乡村振兴战略，农业农村农民问题是关系国计民生的根本性问题，必须把解决好‘三农’问题作为全党工作重中之重。”[1]推进城乡统筹发展是一个伟大而长期的历史任务，推进城乡发展一体化进程、建立城乡融合的体制机制，真正实现发展现代农业、建设新农村与工业化、新型城镇化进程协调发展、互惠一体，仍需要经过几十年的艰苦努力。2015 年 7 月 16 日至 18 日，习近平在吉林省调研时的讲话中指出，“任何时候都不能忽视农业、忘记农民、淡漠农村。必须始终坚持强农惠农富农政策不减弱、推进农村全面小康不松劲，在认识的高度、重视的程度、投入的力度上保持好势头。”习近平总书记从治国理政的战略视野来看待“三农”工作的基础性战略地位，党中央坚持把解决好“三农”问题作为全党工作的重中之重，不断加大强农惠农富农政策力度，这事关全面建成小康社会和中国现代化大局。统筹城乡发展，农业基础地位得到显著加强，农村社会事业得到明显改善，城乡关系调整取得重大进展，同时由于欠账过多，基础薄弱，我国城乡发展不平衡不协调的矛盾依然比较突出，加快推进城乡统筹发展意义更加凸显，要求更加紧迫。

推进城乡统筹发展，将促进城乡互动、区域联动，优势互补。十八大以后，习近平同志总结自己在福建特别是浙江工作时期的实践经验，从全局高度使统筹城乡发展的思想达到了一个全新的高度，形成了两个新的特点。一是对统筹城乡发展的认识更深刻，通过实现城乡一体化促进城乡均衡发展，推进城乡发展一体化要坚持从国情出发，从我国城乡发展不平衡不协调和二元结构的现实出发，从我国的自然禀赋、历史文化传统、制度体制出发，既要遵循普遍规律，又不能墨守成规；既要借鉴国际先进经验，又不能照抄照搬。二是对统筹城乡发展的要求更高，通过完善城乡发展一体化体制机制推动城乡统筹发展。习近平同志对统筹城乡发展提出了更多更全面的要求，包括建立完善新型农业经营体系，赋予农民更多财产权利，实现城乡要素平等交换和公共资源均衡配置等。

推进城乡统筹发展，可以促进我国农村消费和投资需求，是促进经济转型

的重要抓手。近年来，我国经济增长的内部消费需求，拉动因素相对偏弱，增长主要靠城市工商业投资和出口拉动。而且投资越多，所积累和形成的产能越大，对出口的依赖也越大。随着城乡统筹发展持续推进，我国农民收入水平将不断提高，农民消费需求不断扩大，这会刺激我国扩大内需和促进经济转型。另外，推进城乡统筹发展还可以促进农村投资需求。我国农村基础设施建设还比较落后，农业现代化装备水平还比较低下。推进城乡发展一体化，就必须在水、电、路、网等方面加大投入，在新农村建设方面加大投入，在发展现代农业方面加大投入。

二、坚持让农民增收和生活富裕，是习近平城乡统筹发展思想的核心

让农民过上富裕幸福的日子是党的庄严承诺，促进农民增收是党的农村政策的根本方向。习近平在十九大报告中指出“坚持以人民为中心，把党的群众路线贯彻到治国理政全部活动之中，把人民对美好生活的向往作为奋斗目标，依靠人民创造历史伟业”[2]。2013 年 7 月 22 日，习近平在湖北省武汉市考察时的讲话中指出，“深化农村改革，完善农村基本经营制度，要好好研究农村土地所有权、承包权、经营权三者之间的关系，土地流转要尊重农民意愿、保障基本农田和粮食安全，要有利于增加农民收入。”2013 年 12 月 23 日至 24 日，习近平在中央农村工作会议上的讲话中强调“农村土地制度改革是个大事，涉及的主体、包含的利益关系十分复杂，必须审慎稳妥推进。不管怎么改，不能把农村土地集体所有制改垮了，不能把耕地改少了，不能把粮食产量改下去了，不能把农民利益损害了”。

努力实现农村全面建成小康社会的目标，小康社会是人类是对殷实幸福生活的向往和追求，也是中国共产党人孜孜不倦追求和奋斗的目标。我国到 2020 年全面建成小康社会是当下中国的头等大事，农村小康社会又是全面建成小康社会的重要组成部分，因此，习近平十分重视农村全面建成小康社会，尤其关注民族地区（贫困地区）发展。2012 年 12 月 29 日至 30 日，习近平到河北省阜平县考察扶贫开发工作时的讲话指出，“全面建成小康社会，最艰巨最繁重的任务在农村特别是在贫困地区。没有农村的小康，特别是没有贫困地区的小康，就没有全面建成小康社会。中央对扶贫开发工作高度重视。各级党委和政府要增强做好扶贫开发工作的责任感和使命感，做到有计划、有资金、有目标、有措施、有检查，大家一起来努力，让乡亲们都能快点脱贫致富奔小康。”他强调，消除贫困、改善民生，逐步实现全体人民共同富裕是社会主义

的本质要求。[3]习近平尤其注重精准的造血式扶贫，认为由“粗放漫灌”到“精确滴灌”的跨越是扶贫攻坚战成败的关键。习近平说，扶贫工作，贵在精准，重在精准，成败之举在于精准。[4] 2015 年 6 月 18 日，习近平在贵州召开部分省区市党委主要负责同志座谈会上的讲话中指出，“各地都要在扶持对象精准、项目安排精准、资金使用精准、措施到户精准、因村派人（第一书记）精准、脱贫成效精准上想办法、出实招、见真效。”

我国农村教育文化、卫生、体育等社会事业以及基础设施建设远远落后于城市，农民的收入水平、生活水平和质量与城市居民的差距还在扩大。如果不解决好“三农”问题，不仅全面建设小康社会的目标任务无法实现，而且会陷入经济停滞、社会动荡、有增长无发展的“中等收入陷阱”。城乡发展不平衡不协调，是我国经济社会发展存在的突出矛盾，是全面建成小康社会，加快推进社会主义现代化必须解决的重大问题。习近平指出，“必须推进城乡发展一体化，形成以工促农、以城带乡、工农互惠、城乡一体的新型工农城乡关系，让广大农民平等参与现代化进程，共同分享现代化成果。”[5]

推进城乡统筹发展，目标要缩小城乡收入的差距。要缩小城乡收入的差距必须缩小城乡公共服务的差距，包括养老、教育、医疗、交通、供水、供电、环境等，农村都明显落后于城市。原因在于长期以来公共服务事业投入重点在城市，城市越来越漂亮，即使中西部地区的城市与沿海地区相比也毫不逊色。但是，农村特别是中西部地区的农村公共服务投入严重不足，导致农村居民不能像城里人一样享受到大体均等的公共服务。由于公共服务的落后，制约了农村经济发展。改变中西部农村公共服务落后状况，政府要把农村作为公共服务投入的重点，通过城乡人均公共财政支出的均等化实现城乡基本公共服务的均等化，尽快弥补农村公共服务投入的欠账。近期应当把教育、医疗、交通、环保、养老作为农村公共服务发展的重点。要运用政府与企业合作的模式来发展农村公共服务业。沿海地区农村公共服务比较好，主要在于通过发展乡镇企业，很快富裕起来。富裕起来的农村，主要通过自己增加投入，再加上地方政府的帮助，把公共服务完善起来，中西部农村也必须走这条路子。

三、坚持农村改革和制度创新，推进城乡一体化

2013 年 11 月 24 日至 28 日，习近平在山东省考察时的讲话中指出，“农业出路在现代化，农业现代化关键在科技进步。我们必须比以往任何时候都更加重视和依靠农业科技进步，走内涵式发展道路。”习近平提出要努力走出一条大农业的市场竞争力强、经营规模适度、生态发展、技术先进的中国特色的

农业现代化道路。坚持农村改革，推进农村发展、农业现代化。要坚持以改革为动力，不断破解城乡二元结构，要完善规划体制，通盘考虑城乡发展规划编制，一体设计，多规合一，切实解决规划上城乡脱节，重城市轻农村的问题。要加强农业基础地位，走中国特色农业现代化道路。2014 年 12 月 13 日至 14 日，习近平在江苏省调研时的讲话中强调，“没有农业现代化，没有农村繁荣富强，没有农民安居乐业，国家现代化是不完整、不全面、不牢固的。发达地区在这方面一定要带好头、领好向，把工业化、信息化、城镇化、农业现代化同步发展真正落到实处。”

要加强城乡社会管理制度创新，推进城乡统筹发展。中共十八届三中全会提出全面深化改革的总目标是完善和发展中国特色社会主义制度，推进国家治理体系和治理能力现代化。这一目标体现在推进城乡统筹发展的进程中也包括城乡社会管理制度创新。中共十八届三中全会提出，要紧紧围绕更好保障和改善民生，促进社会公平正义，深化社会体制改革，改革收入分配制度，促进共同富裕，推进社会领域制度创新，推进基本公共服务均等化，加快形成科学有效的社会治理体制，确保社会既充满活力又和谐有序。具体任务是要推进农业转移人口市民化，稳步推进城镇基本公共服务常住人口全覆盖，从严合理供给城市建设用地，提高城市土地利用率等，这些都是对城乡社会管理一体化的具体要求。习近平在党的十九大报告中提出，“提高保障和改善民生水平，加强创新社会治理；推动城乡义务教育一体化发展，高度重视农村义务教育；完善统一的城乡居民基本保险制度和大病保险制度；统筹城乡社会救助体系，完善最低生活保障制度。”[6]

2013 年 11 月 9 日，习近平就《中共中央关于全面深化改革若干重大问题的决定（讨论稿）》向全会所做的说明中指出，“城乡发展不平衡不协调，是我国经济社会发展存在的突出矛盾，是全面建成小康社会、加快推进社会主义现代化必须解决的重大问题。改革开放以来，我国农村面貌发生了翻天覆地的变化。但是，城乡二元结构没有根本改变，城乡发展差距不断拉大趋势没有根本扭转。根本解决这些问题，必须推进城乡发展一体化。”

推进城乡统筹发展，要破除城乡二元结构。2015 年 4 月 30 日，习近平在中共中央政治局第二十二次集体学习时的讲话中指出，“推进城乡发展一体化要坚持从国情出发，从我国城乡发展不平衡不协调和二元结构的现实出发，从我国的自然禀赋、历史文化传统、制度体制出发，既要遵循普遍规律，又不能墨守成规，既要借鉴国际先进经验，又不能照抄照搬。”新型城镇化和农业现代化的协调推进、互惠一体就是要把工业和农业、城市和乡村作为一个整体统筹谋划，促进城乡在规划布局、要素配置、产业发展、公共服务、生态保护等方面相互融合和共同发展。新型城镇化和新农村建设的双轮驱动是破除城乡二元结构的必要动力，习近平指出，我们既要有工业化、信息化、城镇化，也要有农业现代化和新农村建设两个方面要同步发展，要破除城乡二元结构，推进城乡发展一体化，把广大农村建设成农民幸福生活的美好家园。习近平在十九大报告中指出，“促进农村第一、二、三产业融合发展，支持和鼓励农民就业创业，拓宽增收渠道。”[7]新型城镇化还是从根本上解决“三农”问题的重要途径，农业与第二、三产业，城市与农村存在着非常密切的依存关系，要一手抓工业化、城市化、市场化的健康推进，一手抓统筹城乡发展，充分发挥“三化”对“三农”的带动作用，实践表明工业化、城市化、市场化和农业农村现代化的互促共进，是城乡一体化发展、共同繁荣的康庄大道。

四、推进城乡统筹发展要和生态文明建设结合起来

中共十八大把生态文明建设纳入中国特色社会主义事业“五位一体”总体布局，明确提出大力推进生态文明建设，努力建设美丽中国，实现中华民族永续发展，标志着中国共产党对中国特色社会主义规律认识的进一步深化，体现了中国共产党领导人民加强生态文明建设的坚定意志和坚强决心，也体现了推进城乡统筹发展的新任务、新要求。习近平一向重视生态建设，2013 年 12 月 23 日至 24 日，习近平在中央农村工作会议上的讲话中指出，“中国要强，农业必须强；中国要美，农村必须美；中国要富，农民必须富。农业基础稳固，农村和谐稳定，农民安居乐业，整个大局就有保障，各项工作都会比较主动。”美丽乡村要的是农民生活的环境好、居住的房子好、卫生条件好、公共服务好等，这是一个涉及环境、文化和物的综合性理念，习近平把美丽乡村建设与农村生态环境、人文环境，公共服务建设以及农民的幸福感、获得感紧密联系在一起，强调协调发展。建设生态文明是关系人民福祉、关乎民族未来的大计，是实现中国梦的重要内容。习近平在纳扎尔巴耶夫大学回答学生问题时指出：“我们既要绿水青山，也要金山银山。宁要绿水青山，不要金山银山，而且绿水青山就是金山银山。”2015 年 1 月 19 日至 21 日，习近平在云南省考察工作时的讲话中指出，“新农村建设一定要走符合农村实际的路子，遵循乡村自身发展规律，充分体现农村特点，注意乡土味道，保留乡村风貌，留得住青山绿水，记得住乡愁。”

中共中央政治局就大力推进生态文明建设进行第六次集体学习时，习近平在主持学习时系统论述了生态文明建设的重大意义、指导思想、方针原则和目标任务，回答了什么是生态文明，怎样建设生态文明的一系列重大理论和实践

问题，这些论述与推进城乡发展密切相关。推进城乡统筹发展要和生态文明建设结合起来，城乡统筹发展就是要“紧紧抓住生态文明的主线”，坚决走生态文明和城乡一体化两者结合的路径，实现城乡经济、社会的可持续发展。

习近平在党的十九大报告中指出：“中国特色社会主义进入新时代，我国社会主要矛盾已经转化为人民日益增长的美好生活需要和不平衡不充分发展之间的矛盾；人民美好生活需要日益广泛，不仅对物质文化生活提出了更高要求，而且在民主、法制、公平、正义、安全、环境等方面的要求日益增长。”[8]生态环境保护是功在当代、利在千秋的事业。要清醒认识保护生态环境、治理环境污染的紧迫性和艰巨性，清醒认识加强生态文明建设的重要性和必要性，以对人民群众、对子孙后代高度负责的态度和责任，为人民创造良好生产生活环境。习近平在党的十九大报告中指出：“着力解决突出环境问题；强化土壤污染控制和修复，加强农业面源污染防治，开展农村人居环境整治行动。”[9]要统筹城乡生态环境保护，改善人居环境；要改善城乡生态环境，打造宜居城市和美丽乡村；创建生态文明示范城镇，改善城镇人居环境；大力推进“森林城乡、绿色通道”工程建设，逐步建设生态宜居的新型城市群；加大工业废气治理和扬尘污染防控力度，加强城市饮用水源地保护、备用水源地建设和乡村饮用水源地环境综合整治；统筹城乡发展与生态环境保护，实现劳动就业和社会保障一体化、公共社会服务一体化，让人民群众过上和谐美好的生活。

参考文献

[1] [2] [6] [7] [8] [9] 习近平．决胜全面建成小康社会　夺取新时代中国特色社会主义伟大胜利——在中国共产党第十九次全国代表大会上的报告 [M]. 北京：人民出版社，2017.

[3] 习近平在首个扶贫日之际作出重要批示——强调全党全社会继续共同努力形成扶贫开发工作强大合力 [N]. 人民日报，2014-10-18 (1).

[4] 中央经济工作会议在北京举行　习近平李克强作重要讲话 [N]. 人民日报，2013-12-16 (1).

[5] 习近平．关于中共中央关于全面深化改革若干重大问题的决定的说明 [N]. 人民日报，2013-11-16 (1).

与法同行构建人类生命共同体

——新时代马克思主义生态法治理念中国化思想探析

蓝　菲*

摘　要： 当今时代，无论中国还是世界都面临建设一个什么样的生态环境以及如何建设生态环境这一严峻课题。十九大报告中指出人与自然是生命共同体，人类必须尊重自然、顺应自然、保护自然。习近平总书记尤其强调改革生态环境监管体制的重要意义，正是对马克思主义的生态观和法律思想在新时代的创新性发展与实践。本文即以马克思恩格斯创立的辩证唯物主义与历史唯物主义为基础，结合其生态与法治思想的理念，使用动态静态相结合、法理联系实践等方法，对马克思主义生态法治理念中国化的最新成果进行分析和探究。

关键词： 生命共同体　生态　法治　新环保法

当今世界，无论中国还是全世界都面临着如何保护生态环境，平衡生态保护人类发展之间的矛盾。如何科学合理地处理自然和人类的关系，这是一个社会文明发展进步的重要标志。习近平总书记对于生态保护极为重视，在致生态文明国际论坛年会的贺信中他曾表示：走向生态文明新时代，建设美丽中国，是实现中华民族伟大复兴的中国梦的重要内容。中国将按照尊重自然、顺应自然、保护自然的理念，贯彻节约资源和保护环境的基本国策……为子孙后代留下天蓝、地绿、水清的生产生活环境。❶ 在十九大报告中他又专列第九大部分对此进行阐述，由此可见其重要意义。那么如何行之有效地做到这一点，我们必须立足马克思主义历史唯物主义的理论基础，以其科学的研究方法与批判精神，在法治理念的框架下，创造切实可行的条件，促进环境法功能的有效运行，从而确保人与自然的和谐相处、共同可持续发展。

---

* 蓝菲，女，中国人民公安大学博士，讲师。

❶ 尚阳. 建设美丽中国 实现复兴中国梦 [EB/OL]. 中国网 - http: //guoqing. china. com. cn/2015 - 08/10/content_36268025. htm。

一、马克思主义生态理念发展脉络及其对当今中国的影响

马克思虽然生活在19世纪的欧洲，但随着工业革命如火如荼的发展，生态问题已经出现。虽然马克思本人并没有就现代意义上的生态文明进行详细深入地探讨，但是他却有预见性地探讨了人与自然这个生态文明的核心问题，并指出了其中已经出现的异化现象。马克思、恩格斯认为人与自然具有内在统一性，人就是自然界的一部分。❶ 虽然从文艺复兴时期就开始的“人类为万物灵长，宇宙精华”的理论还很有市场，但是恩格斯已经充分认识到：“我们不要过分陶醉于我们人类对自然界的胜利。对于每一次这样的胜利，自然界都报复了我们。……我们对自然界的全部统治力量，就在于我们比其他一切生物强，能够认识和正确运用自然规律。”❷ 人与自然之间的媒介是劳动，然而在资本主义社会这种劳动关系已经异化。“人的依赖性”被“物的依赖性”所代替，人和自然的关系已经被扭曲，自然界变为了人类掠夺的对象。随着资源的日益减少，人和人之间的关系也发生了异化，就如卡夫卡、奥康纳等人所描绘的那般。只有等进入到共产主义社会这一切才能够得到解决，人和自然才可以进入到一个完美的状态。正像马克思所说的“这种复归是完全的复归，是自觉实现并在以往发展的全部财富的范围内实现的复归。这种共产主义，作为完成了的自然主义，等于人道主义，而作为完成了的人道主义，等于自然主义，它是人和自然界之间、人和人之间的矛盾的真正解决，是存在和本质、对象化和自我确证、自由和必然、个体和类之间的斗争的真正解决”❸。

此后的马克思主义学者逐渐加深了对上述理论的探究，通过更加深入细致地研究，日渐发展形成了生态马克思主义思想流派，他们认为环境危机出现的根本原因应归结为资本主义制度下科学技术的盲目使用，异化的人与自然的关系以及资本主义的生产方式。❹ 到20世纪波兰的哲学家沙夫、德国哲学家巴

---

❶ 马克思，恩格斯．马克思恩格斯选集（第3卷）［M］．北京：人民出版社，1995：374－375．恩格斯明确指出“人本身是自然界的产物，是在自己所处的环境中并且和这个环境一起发展起来的”。并在第42卷167页又再次强调“现实的、有形的、站在稳固的地球上呼吸一切自然力的人”是“自然界的一部分”。

❷ 马克思，恩格斯．马克思恩格斯选集（第4卷）［M］．北京：人民出版社，1995：383－384．

❸ 马克思恩格斯文集（第1卷）［M］．北京：人民出版社，2009：185．

❹ 例如法兰克福学派（该学派是西方马克思主义中最大、最主要的学派，其成员主要来自于法兰克福大学，故而以此为名）就是持这种观点，他们致力于将西方一些学派，如叔本华、F. W. 尼采和W. 狄尔泰的非理性思想，新康德主义、M. 韦伯的“文化批判”，借用K. 马克思早期著作中的异化概念和G. 卢卡奇的“物化”思想，结合政治学、经济学、哲学和社会学等学科理论，提出和建构了一套独特的理论来对西方发达工业社会进行研究和批判，并形成一套以否定主义为特征的批判理论。

罗开始谋求“红色”（共产主义运动）与“绿色”（生态运动）相结合❶。进入20世纪80年代，随着绿党在世界各国的纷纷涌现，在世界范围内有了越来越大的影响力。该派学者以阿格尔和高兹为代表，他们在继承马克思异化理论的基础上，重视马克思主义与生态学相结合，并努力用生态危机理论来补充和完善马克思主义的经济危机理论。❷ 无论是马克思主义经典理论，还是其后续的发展，都认为近代社会的主要生态问题是工业文明发展的必然结果。资本主义框架下的生产逻辑使得资本家为了攫取更高的利润而不断扩大生产规模、刺激人们的“虚假消费”，这就必然会造成其对资源的需求越来越大，贪婪的欲望无限膨胀，最终导致严重的生态危机。当前国际上是“生态破坏、资源短缺、能源匮乏、环境污染、人口爆炸、粮食危机等把世界推向了崩溃的边缘”。❸

中国在近几十年确实取得了世人瞩目的经济建设成就，但同时也付出了极大的代价，遑论我国人口数量庞大，人均资源极度匮乏的情况。所以想要更好地解决人与自然的异化关系，在当前的历史语境下，我们必须借助一定的工具或者手段才能在两者之间尽可能取得平衡，这个最有效的工具就是法律。我国关于环境治理的理念、法规及政策正是在吸收上述理论的科学合理成分进行高屋建瓴总结分析后获得的成果。党的十八大以来，党中央把生态文明建设作为全面推进“五位一体”和“四个全面”的重要内容，环境治理力度明显加大，环境状况得到了极大的改善。这些理念还在随着改革进程的推进不断走向细化和纵深，尤其是十九大报告中提出的推进绿色发展，着力解决突出的环境问题，加大生态系统保护力度、改革生态环境环境监管体制等都是对马克思主义思想体系的创新性阐释和科学的实践发展，成为马克思主义中国化新的重要组成部分。

二、马克思主义法治思想之于当代中国环境治理的意义

马克思本人就出身于法学世家，不仅其父祖皆为有名的律师，就是他的外祖父母也是精通犹太法律的法学家。马克思从小就受到法学的熏陶，此后更是

---

❶ 沙夫及巴罗代表作《从红到绿》，基于环保问题及人类未来走向的分析判断，提出了无论是资本主义还是社会主义终将被一种人道生态主义所取代的观点。

❷ 该派代表人物高兹认为应该变革现有的社会制度，莱斯主张传统的改造自然的理念应该消除等。比较全面地探讨了生态危机出现的原因以及理论上、制度上可以解决问题的方略，并且在此基础上提出了生态社会主义的理念。

❸ 刘海霞，王宗礼．习近平生态思想探析［J］．贵州社会科学，2015（3）：29－33.

在波恩大学法律系接受了严格的法学训练，并在转入柏林大学后，更加发奋研究，试图创立一套新的法学体系。经统计："《马克思恩格斯全集》中有将近一半的著作涉及法律问题，有数十篇关于法学的专论和主要论述法律的著作。尤其是第一卷，在收集马克思的16篇论文中，便有7篇是法学专论。"❶ 马克思特别强调了人的法律地位和作用对社会发展的意义，这正是解决现实问题的重要武器。

法律作为最行之有效地解决社会矛盾和调整社会关系的方式，其产生的社会关系和社会基础都是特定的。21世纪的人类社会，将经历一场广泛而深入的变革。无数的事实和经验也都告诉我们，必须要把马克思主义的法学原理和原则根据时代特点、本国国情紧密结合起来，创新性地运用，才能解决实际的问题，并通过这个过程积累新的经验来充实马克思主义理论体系的内容。而作为当前中国发展重大问题之一的生态环境的治理同样不能缺少法律的介入和干预。

作为马克思主义中国化的重要组成部分，中国的几代领导集体非常重视法制化建设，并通过不断的努力实践和探索将马克思主义法学推向了一个全新的发展阶段，不断将其运用到社会治理的各个方面。党的十五大提出可持续发展战略，十六大中央制定发展循环经济，建立资源节约型、环境友好型社会，十七大上升为建设生态文明，十八大提出了构建美丽中国的美好愿景，十九大则要求达到构建生命共同体的高度。这一切的发展和推动都离不开法律的监管和守护。

中国化的马克思主义法学，尤其是生态法学的发展是一个重要的内容，也是当前中国面临的挑战之一。如果该问题可以得到良好的解决无论对于我党的执政实践还是理论的丰富都有莫大益处。正如有学者所言，"判断一个国家的法学是否成熟，关键在于该国的法学是否是独特的，这种独特性不仅能使该国法学在解释、指导本国的法律实践上游刃有余，而且也给整个世界法学带来启迪；成熟的法学不可能是脱离本国法律实践的法学，也不可能是翻译法学、移植法学或国外法学在国内的翻版。"❷ 故而，中国共产党领导集体做出的关于保护生态环境、设立法律制定规则等举动都是马克思主义理论体系中的一部分。习总书记关于生态、法律思想更是对马克思、恩格斯辩证唯物主义自然观、法律观精华理念的继承。

---

❶ 李龙. 坚持马克思主义法学，发展马克思主义法学——评"马克思主义法学否定论"[J]. 法学评论，1989 (6)：1-8.

❷ 季涛. 法学方法论的更新与中国法学的发展 [J]. 浙江社会科学，2000 (5)：55-72.

三、马克思主义生态法治理念中国化的新理念

当今中国大气污染、土地荒漠化、水污染、生物多样性破坏等问题已经相当严重，甚至影响到了人民群众的生活以及社会经济的可持续发展。正如白居易曾言："天育物有时，地生财有限，而人之欲无极。"经济发展与自然环境的保护之间是对立统一的关系，必须在发展经济的同时注重环境的保护，在保护环境的同时也不能忽视经济发展。但是在实际操作层面，二者兼顾却很难。根据拉维洛克提出的"盖娅假说"：地球是一个容量有限的球体，随着环境的破坏，地区物质循环和自我调节功能正在崩溃。在当前生产力条件下，经济增长对资源的需求是没有止境的，而资源是有限的，平衡两者的关系需要极大的智慧，而作为当前马克思主义生态法治理念中国化的最新成果——习总书记提出的生态文明思想正是破解我国现代化进程中生态问题的良方。

党的十八大首提"美丽中国"、将生态文明纳入"五位一体"总体布局以来，习总书记多次在讲话中论述建设生态文明，提出了一系列新思想和新论断。[1] 十九大报告中更是将其作为一个专项大问题进行阐述。其中都特别强调了要以立法为依据，以执法为保障，以守法为基点，建立一个合理的生态环境法治保护体系的思想。而作为调整有关环境资源的开发、利用、保护和改善社会关系的法律规范的现行环境法就是这种思想和理念的最佳体现。它开篇明义：为保护和改善环境，防治污染和其他公害，保障公众健康，推进生态文明建设，促进经济社会可持续发展，制定本法。其根本目的就是希望在调整人与自然之间的关系和人与人之间的关系时达到目标或预期的效果。自从 1979 年《中华人民共和国环境保护法》（试行）颁布以来的 30 余年中，我国进行了大量的国家环境基本法和单行法的创制活动。总体来看，我国环境法对于主要的环境问题的涵盖已经较为全面和完善了。当前使用的环境法是 2014 年 4 月 24 日第十二届全国人民代表大会常务委员会第八次会议修订，2015 年 1 月 1 日起正式实施的，其中又增加了很多适应当前社会发展的理念与法条。在这些新的法律规条中有很多都体现了中国新时代生态文明思想与法学精神相契合的理念。

---

[1] 陈二厚，等. 十八大以来习近平 60 多次谈生态文明［EB/OL］. 新华网 - http：//jjckb. xinhuanet. com/2015 - 03 - 10/content_ 540349. htm.

（一）贯彻生态法律底线思维

习总书记在中共中央政治局第二十四次集体学习时的讲话时提到：对违规违纪、破坏法规制度踩“红线”、越“底线”、闯“雷区”的，要坚决严肃查处，不以权势大而破规，不以问题小而姑息，不以违者众而放任，不留“暗门”、不开“天窗”，坚决防止“破窗效应”。❶ 这种底线思维不仅体现在党建领域，同样适用于生态保护。如《环保法》第三章第二十九条就明确规定：国家在重点生态功能区、生态环境敏感区和脆弱区等区域划定生态保护红线，实行严格保护。并对严格禁止的范围进行了详细而明确的规定。如具有代表性的各种类型的自然生态系统区域，珍稀、濒危的野生动植物自然分布区域，重要的水源涵养区域，具有重大科学文化价值的地质构造、著名溶洞和化石分布区、冰川、火山、温泉等自然遗迹，以及人文遗迹、古树名木等。

这是首次将生态保护的底线原则清晰明确地写入了法律条文中，这是新修订的环保法的一个突出亮点，也是我国环境保护制度的重要创新。其目的是建立到目前为止，最严格的生态保护机制，运用法律的武器对自然资源的使用、生态系统安全、环境功能保障等各个方面提出更严格的监管要求。这种红线的划定有助于增强经济社会可持续发展能力，可以引导人口分布、经济布局与资源环境承载能力相适应，促进各类资源集约节约利用，对于增强我国经济社会可持续发展的生态支持能力具有极为重要的意义。❷

习总书记多次强调：要坚持底线思维，不回避矛盾，不掩盖问题，凡事从坏处准备，努力争取最好的结果，做到有备无患、遇事不慌，牢牢把握主动权。生态保护的红线就是一道不可逾越的底线，一旦突破，不仅我国自然环境的根基会被动摇，还会严重影响决胜全面建成小康社会的重大任务以及人民的利益；更有甚者连国家安全都会受到威胁。从立法层面进行的严格规定，有利于从法律制度上保障生态安全，在一定程度上给未来的发展预留空间，从而保证我国社会经济的可持续不断向好向优发展。

（二）贯彻依法从严治理的理念

首先，在明确底线的同时当然就会涉及另一个问题，一旦触及底线该做何种惩罚。“缓刑弛禁”之说已很难适应当前的情况，尤其对生态违法难以进行

---

❶ 习近平．习近平主持中共中央政治局第四次集体学习［EB/OL］．http：//cpc. people. com. cn/n/2013 - 02 - 25/c64094 - 20583750. html.

❷ 李干杰．“生态保护红线”——确保国家生态安全的生命线［J］．求是，2014（2）：44 - 46.

有效的管控。新修订的环保法给出了答案：加大违法成本、严格法律责任。首先按日处罚，且处罚无上限。第五十九条规定，企业事业单位和其他生产经营者违法排放污染物，受到罚款处罚，被责令改正，拒不改正的，依法做出处罚决定的行政机关可以自责令改正之日的次日起，按照原处罚数额按日连续处罚。针对很多人诟病的违法成本低、守法成本高的问题，在本次修订后就确定了可以按原处分额按日连续处罚的原则。无论是黑心企业的极端行为，还是地方上的袒护包庇，一个重要的原因就是没有善用法律的武器，如今法律有度，明确了各方的权利与义务，以法治平衡利益，这正是良法对于当前社会经济理性公正向前发展的重要推动。

其次，可以采取行政拘留的方式。新环保法第六十三条规定，企业事业单位和其他生产经营者有下列行为，尚不构成犯罪的，除依照有关法律法规规定予以处罚外，由县级以上人民政府环境保护主管部门或者其他有关部门将案件移送公安机关，对其直接负责的主管人员和其他直接责任人员，处十日以上十五日以下拘留；情节较轻的，处五日以上十日以下拘留。行政拘留属于行政处罚的一种，是对尚未构成犯罪的一般违法行为给予的一种最为严厉的制裁。新增加的行政拘留的法律责任，实质上加重了对这些行为的处罚。而这其中的证据认定只需要达到“实质性的证据”或“清楚、令人明白、信服的标准”即可对相关对象进行惩罚，而不必达到“排除一切合理怀疑”的标准。如有更严重的行为出现，构成犯罪的，依法追究刑事责任。由此足见本次修订案的惩罚力度确实是有史以来最大的一次。

最后，加大环保部门的执法权限，提高相关部门的执法力度。其一，企业事业单位和其他生产经营者违反法律法规规定排放污染物，造成或者可能造成严重污染的，县级以上人民政府环境保护主管部门和其他负有环境保护监督管理职责的部门，可以查封、扣押造成污染物排放的设施、设备。其二，可以与相关部门协同作战，比如公安机关、城管部门。很多地区还出台了如《关于加强环境保护与公安部门执法衔接配合工作的意见》，则要求各地环保和公安机关建立完善三个制度、四个机制——联动执法联席会议制度、联动执法联络员制度、重大案件会商督办制度；案件移送机制、紧急案件联合调查机制、案件信息共享机制、奖惩机制。[1] 其三，可以依法公开环境信息。对违规企业事业单位和其他生产经营者的相关违法信息记入社会诚信档案，及时向社会公布违法者名单，提请社会各界注意与警惕。

---

[1] 福州公安局. 解读《关于加强环境保护与公安部门执法衔接配合工作的意见》[EB/OL]. http://www.fzga.gov.cn/jhtml/ct/ct_714_76696.

（三）贯彻全民动员公众监督的方案

环境保护靠政府的思想从表面上看似乎是强化了政府的环境保护责任，但事实上却是限制了个体合法利用环境资源的主动性与可能性，从而也增加了剥夺个体的环境利益的可能性，并且会进一步否定个体利用环境资源获得他种利益的可能性。❶ 环境法的目的设定、功能运行对整个社会乃至每一个人的生存状态都会产生重大的影响。从某种意义上讲，社会公众对环境法的认识、接受程度以及日常实践对于我国当前环境的改变也有着至关重要的作用。

在民主公正的生态社会主义国家中，“工人民主地参与管理和决策，反对在资本主义生产过程中形成的官僚管理体制，使个人真正成为劳动过程的主人，从而体会到劳动创造的欢乐，进而摆脱异化消费。”❷ 这是实现生态马克思主义理念的重要举措。正如十九大报告中指出的要统一行使全民所有自然资源资产所有者的职责。新修订的环保法总则中也有明文规定：“一切单位和个人都有保护环境的义务”“公民应当增强环保意识，采取低碳、节俭的生活方式，自觉履行环境保护的义务”。此外还在多条法规中强调了公民、法人的获取环境信息以及监督、举报的权利义务。从信息透明公开为起点，到环境执法，再到相关诉讼，这些法条的目的是要充分保证公众的知情权、监督权和参与权，将所有人都纳入大的环保体系当中，每个公民都是主体，都是利益相关者。只有这样，才能在很大程度上避免“越罚越排”“罚得越多污染得越多”情况的出现。这也才是通过法律手段使得“全民治污”的环保理念得以真正体现的最佳状态。若能将其落到实处，必然将会拉开环保治理工作的新帷幕。

在这个庞大的工程当中，单靠政府和个人亦不足够，还应该动员全社会的力量，动员政府、非政府组织、企业、民间团体以及公民个人等都参与到生态保护中来，才能取得更佳的成果。因此，正如日本专家原田尚彦所言：环境法最终的课题是通过公民的参加，提供民主地选择环境价值的实现与其他的基本人权的调和的法律结构，创造出能够把环境价值考虑进来的谋求国民最大福利的社会制度。❸

当今中国正在从工商文明跃迁至生态文明，从“后工业社会”进入“前生态社会”。“后工业社会”，应是社会利益多元共享，而非“互相斗争，难以相容”；“前生态社会”，应是绿色共享成为主题，而非“人类中心，无视其

---

❶ 钭晓东．论环境法功能之进化［M］．北京：科学出版社，2008：282－283.

❷ 王振亚．生态社会主义价值观的多维透视［J］．马克思主义研究，2003（1）：85－90.

❸ 原田尚彦．环境法［M］．于敏译．北京：法律出版社，1999：69.

他”。一场伴随信息化、全球化而来的生态运动，一种高尚、健康、低碳、可持续幸福而富有尊严的生活方式正在全中国范围内悄然兴起，正像习总书记所指出的中国特色社会主义进入新时代，我国社会主要矛盾已经转化为人民日益增长的美好生活需要和不平衡不充分的发展之间的矛盾。新时代人民的呼声是——“保持人类主要需求的资源与自然的生命支持循环圈和生命支持系统之间的动态平衡”。而要实现这个目标法律武器是不可或缺的重要保证，只有与法同行、与法相伴才能真正做到“万物并育而不相害，大道并行而不相悖”！

共同富裕

——新时代中国特色社会主义的中心课题

汪琼枝*

摘　要： 共同富裕在社会主义不同发展阶段有着不同的特性，其实现也是一个历史的过程，表现为“先富—后富—更高水平的先富—更高水平的共富……”的动态发展过程。进入新时代，实现共同富裕成为中国特色社会主义的中心课题。党的十九大报告提出分三步走，基本实现全体人民共同富裕的战略安排，体现了我党坚持实事求是的一贯原则和人民主体地位的价值取向，深化了对共同富裕内涵的认识。

关键词： 共同富裕　新时代　中国特色社会主义　中心课题

党的十九大报告做出了中国特色社会主义进入了新时代的重大判断，并指出新时代重要特点之一就是全国各族人民团结奋斗、不断创造美好生活、逐步实现全体人民共同富裕的时代，从而正式宣告了新时代的中心课题就是实现全体人民的共同富裕。

一、共同富裕是新时代中国特色社会主义的价值目标

作为资本主义的对立物，社会主义思潮产生于对资本主义两极分化的深刻批判之中。空想社会主义基于对资本主义剥削现象的深恶痛绝，从理性原则出发提出了社会主义社会的基本原则，包括生产资料的公有制、人人劳动和非剥削的分配方式等（按需分配、平均分配和“按能力计报酬，按工效定能力”等）。圣西门首次明确提出“生产的目的是满足人们的需要”，而非资本家的利润。这些社会主义的鼻祖关于生产目的和分配方式的天才设想无疑具有共同富裕思想的萌芽。

马克思没有明确提出“共同富裕”的概念，但在批判地继承空想社会主义

---

* 汪琼枝，女，北京建筑大学副教授，哲学博士。

关于社会主义社会基本原则的基础上，提出了社会主义条件下，生产将以“所有人的富裕”为目的的思想，并宣称“我们的目的是要建立社会主义制度……给所有的人提供真正的充分的自由”[1]。显然，马克思认为未来社会的真正价值就在于“为所有人提供真正的充分的自由”，揭示了未来社会人们享有自由的两个相互联系的属性：其一，未来社会享有自由主体的共同性，即“所有人”，而不是部分人，更不是少数人；其二，未来社会人们享有自由内容的充分性或富裕性，既包括物质的自由，也包括精神的自由。由此，马克思事实上揭示了未来社会的价值就在于共同富裕。

毛泽东首次明确提出“共同富裕”的概念。指出农业生产合作社的目的是“使农民能够逐步完全摆脱贫困的状况而取得共同富裕和普遍繁荣的生活”。[2]然而，由于忽视了生产力对共同富裕的决定性和基础性作用，并对“共同性”原则做了平均主义的曲解，实践中的共同富裕演变为事实上的共同贫穷。

邓小平在领导拨乱反正和推进改革开放进程中，重新思考“什么是社会主义，怎样建设社会主义”这一基本理论问题，并最终提出了“解放生产力，发展生产力，消灭剥削，消除两极分化，最终达到共同富裕”的著名论断，在生产力目标和价值目标统一的基础上明确将共同富裕作为社会主义的本质提出。自此，社会主义的价值目标在于共同富裕成为共识。然而，学术界对于共同富裕的标准以及什么时候实现共同富裕等重要问题并没有取得一致的认识，回到马克思主义的原典有助于我们获得对于以上问题的灵感。

马克思提出未来社会的终极价值在于“所有人的真正的充分的自由”，但是，他并不认为这一共同富裕的目标可以一蹴而就，而是提出可以分阶段完成的思想。在《哥达纲领批判》中，马克思提出未来社会可以分为共产主义第一阶段和共产主义的高级阶段。在共产主义的第一阶段即社会主义社会，物质财富还没有充分涌流，只能实行按劳分配的原则，人们根据这一分配原则获得对消费资料的平等占有。[3]根据这一设想，社会主义社会的共同富裕表现为“消费资料的平等占有”。显然，这种共同富裕与“所有人的真正的充分的自由”相比无论是共同性还是富裕性的实现程度上都有显著的差别，“消费资料的平等占有”还具有“资产阶级平等权利的痕迹”；只有到了共产主义的高级阶段，物质财富极大涌流，实行“各尽所能，按需分配”，此时“所有人的真正的充分的自由”才得以实现，共同富裕价值也才能得到充分体现。

马克思关于共同富裕可以分阶段完成的思想，揭示了共同富裕的历史性和共同富裕标准在不同阶段的差别性，表明共同富裕是由低级到高级的不断推进过程。

马克思关于共产主义第一阶段共同富裕实现程度的设想是建立在发达资本主义生产力基础上的。在他看来，由于已经有了资本主义发达生产力的基础，社会主义社会条件下只要实行生产资料公有制和按劳分配，就能够消除两极分化，实现“消费资料的平等占有”意义上的共同富裕。然而，众所周知，我国进入社会主义的历史条件是生产力和商品经济都极不发达的半殖民地半封建社会，该前提决定了我国现在处于并将长期处于社会主义初级阶段，表现为基本经济制度上的公有制为主体，多种所有制经济共同发展、分配制度上的按劳分配为主体，多种分配方式并存，以及由此社会经济结构决定的社会文化发展水平。“权利绝不能超出社会的经济结构以及由经济结构制约的社会的文化发展”[4]。以上种种决定了我国共同富裕的富裕性和共同性的实现程度与经典作家的设想都有较大的差距。社会主义阶段实现“消费资料的平等占有”的共同富裕目标本身也是一个历史的发展过程，新时代我国现阶段的共同富裕只能是中国特色共同富裕或初级共同富裕。

二、新时代推进共同富裕的现实条件

共同富裕既是社会主义的价值目标，也是现实的运动，理应成为贯穿社会主义建设始终的红线和原则。坚持共同富裕的发展道路并不意味着同步和同等程度的富裕。当邓小平在生产力目标和价值目标统一的基础上提出社会主义本质新论断的时候，他也在动态中向我们展示了共同富裕波浪式的发展和实现过程，即“先富—共富—更高水平的先富—更高水平的共富……”的运动过程。共同富裕的波浪式发展是由生产力目标与价值目标之间的矛盾关系决定的。从长远来看，生产力目标和价值目标是统一的：生产力目标是价值目标实现的前提，生产力目标的实现以遵循价值目标为条件。然而，从具体生动的社会实践来看，二者的冲突是常态，不可能同时同等程度地兼顾。实践中在某一个特定的阶段和时期，必须以其中一个目标为重点。作为共同富裕的决定性和基础性条件，生产力目标应该处于逻辑的起点，只有生产力发展到了一定程度，共同富裕才能具备充足的物质条件，故在共同富裕实现过程中先富成为发展过程的起点。当生产力发展到一定程度，一部分人一部分地区先富起来后积累的社会公平问题将日益突出，此时就应该着力解决共同富裕问题。当共同富裕的目标实现后，人们对更高水平的生产力提出要求，此时应再度重点解决更高水平的先富问题，如此循环往复。

中华人民共和国成立后直到改革开放前，鉴于我国生产力极不发达和很不平衡的现状，我国实施了均衡发展战略。这一战略实施的结果一方面显著改善了我国生产力分布不平衡的格局，另一方面却以牺牲整体效率为代价。改革开放之初，邓小平提出“允许一部分、一部分地区先富起来，先富带动后富”的“大政策”，认为“这是加速发展，达到共同富裕的捷径”。实践证明，“大政策”的实施极大促进了我国社会主义事业的发展和进步，人民生活得到极大的改善。改革开放不到10年的时间，我们就解决了温饱问题，并提前实现总体小康，中国特色社会主义进入新时代。

在取得巨大成就的同时，贫富差距越来越大，社会公平正义问题凸显，共同富裕问题日益提上日程。在改革开放进程中，邓小平多次强调共同富裕的原则和大方向，“共同致富，我们从改革一开始就讲，将来终有一天要成为中心课题。”提出将来总有一天将共同富裕作为中心课题，[5]并设想在21世纪末达到小康水平的时候，就要突出地提出和解决这个问题[6]。

由于历史局限，邓小平关于把共同富裕作为中心课题的起始时间的设想有待实践检验，然而其对于实现小康后开始考虑共同富裕中心课题的想法却给予我们极大的启示，特别是关于先富之后如何才能带动和帮助后富的思想为我们提供了巨大的思考空间。一部分人、一部分地区先富后如何带动和帮助其他人共富成为解决共同富裕中心课题的关键性问题。显然，仅仅通过示范效应不足以达到共同富裕的效果，寄希望于先富者多交税收也有悖于社会主义市场经济的交换原则。实现共同富裕不仅要有较为发达的社会生产力的物质基础，还需要建立相应的经济政治制度，特别是完善的互利共赢的社会主义市场经济体制，以及有助于实现共同富裕的社会文化环境，包括命运共同体的价值观念、公平正义的社会环境等。

按照邓小平的设想，20世纪末我国实现小康时，可以考虑共同富裕的问题。实践中，20世纪末我国虽然实现了总体小康，但是我国的小康还具有低水平、不全面、发展很不平衡等特点。总体小康时我们刚刚进入中等收入国家的行列，还有3000万人的温饱问题没有得到解决，尤其是部分已经达到小康水平的家庭，还存在因病致贫、因灾致贫等重新堕入贫困的风险，社会主义市场经济体制和各项制度尚有不完善和不健全之处，社会文明程度还有待提高。一言以蔽之，社会的主要矛盾仍然是人民日益增长的物质文化需要同落后的社会生产之间的矛盾，还不具备实现共同富裕的物质文化条件。

经过21世纪近20年的发展，我国的发展出现了阶段性质变，进入全面建成小康社会的决胜阶段。2016年我国GDP达到112300亿美元，稳居世界第二，对世界经济增长贡献率超过30%，人均国民总收入（GNI）达到8260美元，达到中高收入国家平均水平，我国迎来了从站起来、富起来到强起来的新时代。同时，政治、文化、社会、生态等领域都取得长足的进步，特别是社会主义市场经济体制日趋完善，命运共同体理念、社会主义核心价值观等深入人心，为共同富裕营造了良好的制度和社会文化环境。可以预见，到2020年全面建成小康社会时，我国将基本具备全面推进共同富裕的物质文化条件。

另外，先富带来的城乡、地区、阶层之间的收入差别持续存在。基尼系数是用于衡量居民收入差距的常用指标，数值越大，说明收入差距越大。按照国际一般标准，0.4以上表示收入差距较大，当基尼系数达到0.6时，则表示收入悬殊。根据国家统计局的数据，我国基尼系数1994年首次超过0.4，除了1999年回落至0.4以下之外，其他年份都保持在0.4以上，2008年达到峰值0.491，之后总体上呈现缩小趋势，但仍然保持在0.46以上的高位。如此大的收入差距严重影响人民的幸福感和获得感，人民共享发展成果的愿望越来越强烈。十九大报告正是在充分把握人民需要变化的基础上，做出了我国进入了中国特色社会主义新时代的历史判断，并指出我国社会主要矛盾已经转化为人民日益增长的美好生活需要和不平衡不充分的发展之间的矛盾，从而吹响了全面推进共同富裕这一中心课题的号角。

三、新时代实现共同富裕的战略步骤

党的十九大报告首次将共同富裕作为中心课题和战略目标提出，并做出分三步走，基本实现全体人民共同富裕的战略安排。第一步，从现在到2020年，决胜全面小康，使全面小康得到人民认可、经得起历史检验，为全面推进共同富裕打好坚实的基础；第二步，从2020年到2035年，在全面建成小康社会的基础上，再奋斗十五年，基本实现社会主义现代化，政治、经济、文化、社会、生态等领域取得全面进步，全体人民共同富裕迈出坚实步伐；第三步，从2035年到21世纪中叶，在基本实现现代化的基础上，再奋斗十五年，把我国建成富强民主文明和谐美丽的社会主义现代化强国，全体人民共同富裕基本实现，我国人民将享有更加幸福安康的生活。

新“三步走”战略安排最显著的变化是将基本实现现代化这一战略目标提前了15年，体现了我党坚持实事求是的一贯原则。按照邓小平的设想，我国到2050年中华人民共和国成立一百周年时，达到中等发达国家水平，基本实现现代化，人民过上了比较富裕的生活。邓小平关于基本实现现代化的标准和时间是根据20世纪80年代国际计算标准和我国的发展速度与水平而确立的。进入21世纪以来，国际国内形势都发生了深刻的变化，特别是2008年金融危机以来，世界经济进入整体的衰退期，经济增长乏力，而我国抓住经济全球化提供的发展机遇，趋利避害，一枝独秀，保持了较高的增长速度，2010

年即进入中等偏上收入国家行列，人均国民收入目前也已接近中等偏上收入国家的平均值，并将在2025年左右进入高收入国家行列，有望在2035年提前达到中等发达国家水平，基本实现现代化，全体人民共同富裕将迈出坚实的步伐。

新“三步走”战略安排紧紧围绕全体人民共同富裕这一中心课题展开，体现了人民主体地位。第二步和第三步的战略目标都包括了国家发展和全体人民共同富裕两大指标体系，前者从“五位一体”总体布局出发，分别提出经济、政治、文化、社会、生态五个领域的发展目标；后者从人民生活角度提出共同富裕的实现程度。前者为后者服务；后者是发展的核心和目的。

新“三步走”战略安排体现了共同富裕内涵的丰富性。邓小平提出“三步走”发展战略的每一步都体现了经济目标与人民生活目标的统一，反映了社会主义经济增长以提高人民生活水平为目的，揭示了共同富裕主要内涵是经济生活的宽裕。十九大报告提出的新“三步走”在继承这一基本思想的同时，将发展由经济增长扩展为经济、政治、文化、社会、生态“五位一体”的全面发展，共同富裕也表现为人的全面发展，体现了人民美好生活需要的丰富性。第二步战略目标实现时，全体人民富裕的程度将得到显著提升，享有财富主体的范围也将显著扩大，所有人均等享有基本公共服务；收入分配更加公平，城乡之间、地区之间、阶层之间的差距显著缩小；政治权利特别是平等参与政治生活、平等的发展权利得到充分保障。第三步战略目标实现时，物质文明、政治文明、精神文明、社会文明、生态文明将全面提升，全体人民共同富裕基本实现，人民享有更加幸福安康的生活。

结　语

共同富裕是社会主义的本质规定，社会主义现代化建设中必须牢牢把握这一基本原则。共同富裕不是同步同等程度的富裕，其实现表现为波浪式推进的发展过程。在经历了近40年的以先富为中心的发展后，中国特色社会主义进入新时代，开始了全面推进全体人民共同富裕的新征程。相信按照党的十九大报告提出的新“三步走”发展战略安排，21世纪中叶我国必将建成社会主义现代化强国，基本实现全体人民的共同富裕，中国特色社会主义事业也必将走向更高发展阶段。

参考文献

[1] 马克思恩格斯选集（第21卷）[M]. 北京：人民出版社，1972：570.
[2] 新中国成立以来重要文献选编：第4册 [M]. 北京：中央文献出版社，1993：661.
[3] 马克思恩格斯选集（第3卷）[M]. 北京：人民出版社，1995：305.
[4] 马克思恩格斯文集 [C]. 北京：人民出版社，2009（3）：435.
[5] 邓小平. 邓小平文选（第3卷）[M]. 北京：人民出版社，1993：111.
[6] 邓小平. 邓小平文选（第3卷）[M]. 北京：人民出版社，1993：216.

构建人类命运共同体

——全球治理中的中国方案

胡艳华*

摘　要： 十八大以来，以习近平同志为核心的党中央，面对不断发展变化的世界，提出了构建人类命运共同体的外交新理念。党的十九大报告又将构建人类命运共同体作为新时代习近平特色社会主义思想的基本方略之一，并将其作为新时代中国特色大国外交的总体目标。正确认识构建人类命运共同体理念具有重要意义。

关键词： 构建人类命运共同体　中国外交　十九大

当今世界正处于大发展大变革时期，和平与发展是时代主题，但不稳定性、不确定性是当下国际局势不可忽视的特征。面对世界多极化、经济全球化、文化多样化、社会信息化的深入发展，以及全球治理体系和国际秩序变革的加速推进，中国该如何应对国际社会的发展变化与挑战？新时代中国特色大国外交指明了中国外交追求的总体目标：坚持和平发展道路，推动构建人类命运共同体。中国正以面向未来的战略抉择，为解决人类问题贡献独特中国智慧和方案。

一、构建人类命运共同体理念的提出及背景

十八大以来，以习近平同志为核心的党中央，针对世界面临的大发展大变革大调整，就世界前途与人类命运提出了历史性、开创性的中国方案。推动构建人类命运共同体，不仅成为习近平新时代中国特色社会主义思想的有机组成部分，也是新时代中国外交的核心理念，还是新时代中国特色大国外交的重要使命。

---

* 胡艳华，女，首都师范大学马克思主义学院副教授。

关于人类命运共同体，第一次在党的文件中出现，是在2012年11月，中共十八大报告，提出“合作共赢，就是要倡导人类命运共同体意识，在追求本国利益时兼顾他国合理关切，在谋求本国发展中促进各国共同发展，建立更加平等均衡的新型全球发展伙伴关系，同舟共济，权责共担，增进人类共同利益”。

2013年3月，习近平在莫斯科国际关系学院的演讲，第一次向世界传递了这一理念：“这个世界，各国相互联系、相互依存的程度空前加深，人类生活在同一个地球村里，生活在历史和现实交汇的同一个时空里，越来越成为你中有我、我中有你的命运共同体。”

5年来，习近平先后在多个双边和多边重要外交场合、多次演讲以及政要会面中，几十次提到人类命运共同体，如提出共建中国—东盟命运共同体、亚洲命运共同体、网络安全命运共同体、中拉命运共同体、中非命运共同体等。这是中国向世界发出的真诚呼吁，更是中国为世界发展举起的一面旗帜。

首先，在中国特色社会主义进入新时代的今天，我们在谋求自身发展的同时也在谋求共同发展，要为人类发展做出更大贡献。要在促进全球治理体系变革中，最终实现建设繁荣和平的人类命运共同体。中国现在是世界第二大经济体和第一大外汇储备国，对世界经济增长的贡献超过了30%。在基础设施建设等很多方面，中国已走在了世界的前列。中华民族迎来了从站起来、富起来到强起来的伟大飞跃，今日中国是一个有能力、有担当的大国。提出构建人类命运共同体是基于中国自身实力发展的现实，中国已经具有能力倡导构建人类命运共同体。

改革开放近40年来，中国的综合国力不断增强，国际地位稳步提升，与此同时，国际舆论环境中的“中国威胁论”“中国责任论”也从未间断。一方面，我们认识深刻到“中国的发展离不开世界，世界的发展也离不开中国”；但另一方面，如何处理好与世界各国的关系，塑造怎样的中国国际形象，如何在推动世界和平发展与促进人类文明进步这些重要使命中，更好地贡献中国智慧，体现中国担当，这也是今天我们提出构建人类命运共同体的一个重要原因。

其次，十九大报告旗帜鲜明地提出倡导构建人类命运共同体这一宏伟目标是同新时代国际社会大背景相适应的。随着经济全球化的深入发展，经济全球化让各国利益相互交融，世界各国的利益和命运更加紧密地联系在一起，构建人类命运共同体，给了70亿人走向共同发展的可能。当今世界，全球商品总出口额已经达到20万亿美元规模。美国的波音公司在全球145个国家都有分支机构，生产一架波音747客机需要来自中国、新加坡、韩国等国家的众多生产商的1万多个零部件。世界经济早已走出一国垄断，成为无法割裂的整体。构建人类命运共同体，正是为了找到利益支点，以共同发展让更多人共享美好未来。与此同时，世界多极化让国家关系兴衰相伴，构建人类命运共同体，正是为了找到平衡点，在新的时代达成政治互信、和谐共存。

但2008年国际金融危机后，贸易保护主义抬头，反全球化的呼声不时涌动，世界一些地区出现了越来越强烈的保守主义思潮。因此在当前的历史条件下中国旗帜鲜明地提出了这个新目标，就是要反对贸易保护主义，继续推动经济全球化的深度发展，强调构建以平等公正、合作共赢为核心的国际新秩序，为国际秩序的革新完善提供了新的话语体系和路径选择，为全球治理贡献中国智慧和中国方案。推动人类命运共同体建设不仅符合了中国的发展需要，更重要的是符合了国际社会的共同利益。

最后，倡导构建人类命运共同体的又一重大现实基础就是当今人类面临着很多共同的安全威胁和发展问题。构建人类命运共同体是与国际社会现实发展的基础联系在一起的。例如气候变化问题，它会影响到所有的国家。比如防止核武器扩散问题，因为这些武器一旦落到恐怖组织、犯罪团体手里，就可能对整个人类构成巨大的威胁。恐怖主义，在目前的互联时代，恐怖主义的组织形式、宣传手段与以前相比发生了非常大的变化，它们能够灵活运用互联网，其资金流动很难控制，反恐难度加大。还有疾病疫情问题，当前大规模的疫情暴发有可能会摧毁一个国家。在这种情况下，人类必须在情报、信息、执法各方面联动起来，这样才能够防止出现大规模的人类灾难事件。所以，人类必须要有共同体的意识。人类在经济全球化、信息全球化、交通全球化的环境下所带来的繁荣收益是巨大的，但风险也是巨大的，这是构建人类命运共同体的一个重大现实因素。

人类命运共同体理念有它独特的生成土壤，其中最关键的就是“全球化”，“全球化”最基本最内核的便是经济全球化，借由这种经济上的全球化，政治上的交往更加密切频繁细微，文化上更是相互影响、不断交融。随着全球化的不断推进和日益深入，各个国家之间接触更加频繁，由于历史及现实的种种原因，各国之间事务性的和理念性的矛盾都进一步凸显，全球范围内的公共治理问题也日益突出，这些都是催生“命运共同体”理念的现实因素。

人类命运共同体是底蕴深厚、内涵逐步丰富的一个外交理念。人类命运共同体理念既是对过往人类文明历程的总结、反思和升华，又是对世界未来趋势的科学判断和美好期待。它是马克思恩格斯关于人类文明发展交往的世界历史理论、中华传统文化中关于“天下情怀、社会理想”的理论在现今时代的表达，也来源于中国特色社会主义理论与实践。

二、构建人类命运共同体的内涵与途径

十九大报告对人类命运共同体的深刻内涵做了明确阐述，即建设“持久和平、普遍安全、共同繁荣、开放包容、清洁美丽”的世界。“五位一体”国际社会的理想，回答了事关人类社会命运前途的重大命题，为解决国际社会面临的各种全球性挑战提出了中国方案。

所谓命运共同体，是指存在着诸多差异的国家、民族所组成的命运攸关、利益相连、相互依存的集合体。2014 年 3 月，习近平在联合国教科文组织总部演进时指出：“当今世界，人类生活在不同文化、种族、肤色、宗教和不同社会制度所组成的世界里，各国人民形成了你中有我、我中有你的命运共同体。”构建人类命运共同体，是一种价值观的体现，包含着丰富的内容。

2015 年 3 月，习近平在博鳌论坛的演讲中，以“四个坚持”为实现人类命运共同体指明了现实路径：必须坚持各国相互尊重、平等相待，必须坚持合作共赢、共同发展，必须坚持实现共同、综合、合作、可持续的安全，必须坚持不同文明兼容并蓄、交流互鉴。从政治到经济，从文化到安全的阐述，向世界宣示了中国立场、展示了中国方案。

2015 年，联合国讲台上，习近平再次为打造人类命运共同体提出：建立平等相待、互商互谅的伙伴关系，营造公道正义、共建共享的安全格局，谋求开放创新、包容互惠的发展前景，促进和而不同、兼收并蓄的文明交流，构筑尊崇自然、绿色发展的生态体系，明确提出了构建人类命运共同体的目标和方略。这一目标和方略被写进十九大报告之中。中国特色大国外交推动构建人类命运共同体的目标就是，建设持久和平、普遍安全、共同繁荣、开放包容、清洁美丽的世界。

构建人类命运共同体，政治上，要相互尊重、平等协商，尊重各国自主选择的社会制度和发展道路，尊重彼此核心利益和重大关切；要坚决摒弃冷战思维和强权政治，求同存异，走对话而不对抗、结伴而不结盟的国与国交往新路。国家无论大小强弱，涉及大家的事情要共同商量。大国意味着对地区和世界和平与发展的更大责任，而不是对地区和国际事务的更大垄断。

经济上，要同舟共济、互利共赢。通过合作共赢，在共同发展中寻求各方利益的交融点，促进贸易和投资自由化便利化，构建开放型世界经济，推动经济全球化朝着更加开放、包容、普惠、平衡、共赢的方向发展，共同应对世界经济中的风险和挑战。

文化上，要取长补短、共同进步，尊重世界文明多样性。“文明相处需要

和而不同的精神。只有在多样中相互尊重、彼此借鉴、和谐共存，这个世界才能丰富多彩、欣欣向荣。”不同文明没有优劣之分，只有特色之别。文明的对话是平等相待而不是居高临下，是相互欣赏而不是相互贬损，是彼此包容而不是相互排斥。在竞争比较中取长补短，在交流互鉴中共同发展。

安全上，要共建共享，树立共同、综合、合作、可持续的安全观，坚持以对话解决争端、以协商化解分歧，统筹应对传统和非传统安全威胁。当今世界安全问题极为复杂，既有热点敏感问题、民族宗教矛盾等导致的军事冲突，又有恐怖主义、跨国犯罪、环境安全、网络安全、能源资源安全、重大自然灾害等带来的挑战，传统安全威胁和非传统安全威胁相互交织。没有一个国家能实现脱离世界安全的自身绝对安全，或是牺牲别国安全谋求自身安全，也没有一个国家可以从别国的动荡中收获稳定。要以合作谋和平、以合作促安全，反对诉诸武力或者以武力威胁；要以可持续发展促进可持续安全，用发展消除安全隐患滋生的土壤。

生态上，国际社会应该携手同行，共谋全球生态文明建设之路，牢固树立尊重自然、顺应自然、保护自然的意识，坚持走绿色、低碳、循环、可持续发展之路。要遵循天人合一、道法自然的理念，坚持环境友好，合作应对气候变化，构筑尊崇自然、绿色发展的生态体系，保护好人类赖以生存的地球家园。

人类只有一个地球，各国共处一个世界。构建人类命运共同体，是着眼于整个人类的文明进步，是以和平、发展、合作、共赢的理念来超越不同国家、民族和宗教之间的隔阂、纷争和冲突，强调彼此之间要弘义融利、风雨同舟、命运共担。

命运共同体说到底是利益共同体，也就是说，世界各国之所以能成为命运共同体，关键在于各国之间具有共同利益、整体利益。习近平总书记就明确指出：“一个强劲增长的世界经济来源于各国共同增长。各国要树立命运共同体意识，真正认清‘一荣俱荣、一损俱损’的连带效应，在竞争中合作，在合作中共赢。在追求本国利益时兼顾别国利益，在寻求自身发展时兼顾别国发展。”

正由于世界各国之间具有共同利益，因而各国才需要共同发展、和平发展。而“共同发展”的理念和主张，是人类命运共同体思想中的重要内容。所谓共同发展的主张，用习近平总书记的话说，就是既要让自己过得好，也要让别人过得好的一种共荣、共进的理念。

人类命运共同体思想是一种新的国际观，是我们把握和认识当今国际社会重要而精准的视角。

人类命运共同体思想是指导中国进行国际交往、处理国际事务、建构国际新秩序的基本主张。

三、积极构建人类命运共同体的实践与世界意义

人类命运共同体是基于对21世纪世界发展中各种新要素的思考，本着回答“人类向何处去”这一哲学和历史命题的担当，从改革和完善国际秩序的角度，针对世界格局和全球治理的发展变迁提出的愿景。党的十八大以来，以习近平同志为核心的党中央统筹国内国际两个大局，以积极进取的姿态开展中国特色大国外交，提出了一系列新的主张和理念，努力构建人类命运共同体，在世界舞台的中心，展现中国负责任的大国形象，在重大国际事务面前，积极发挥建设性的引领作用。

习近平2015年9月在第七十届联合国大会一般性辩论时发表题为《携手构建合作共赢新伙伴 同心打造人类命运共同体》的讲话，2017年1月在联合国日内瓦总部发表题为《共同构建人类命运共同体》的演讲，向全世界发出强烈呼吁，有力地传播了构建人类命运共同体的理念。中国是构建人类命运共同体的倡导者，也是积极践行者。推动建设人类命运共同体，是新时期中国特色大国外交的生动实践。

一是通过用“合作共赢”构建人类命运共同体。2013年，习近平正式提出“一带一路”倡议，中国着力推动互联互通，为国际社会特别是广大亚欧发展中国家提供了重要的新型公共产品。以和平合作、开放包容、互学互鉴、互利共赢为核心的丝路精神，共商、共建、共享“一带一路”建设。习近平在2017年“一带一路”国际合作高峰论坛开幕式的主旨演讲指出，我们推进“一带一路”建设不会重复地缘博弈的老套路，而将开创合作共赢的新模式；不会形成破坏稳定的小集团，而将建设和谐共存的大家庭。这充分表明，“一带一路”建设是沿线各国共同构建人类命运共同体的重要探索与实践。中国将合作共赢理念运用到经济、政治、安全、文化、生态等各领域和陆、海、空、网等各疆域，贯彻到双边、区域及全球各层面，全方位推动建立相互尊重、公平正义、合作共赢的新型国际关系，让命运共同体到处落地生根。

二是以“结伴而不结盟”的“伙伴关系”新方式，构筑遍及全球的伙伴关系网络，为构建人类命运共同体提供政治保障。5年来，习近平主席乘坐专机，完成28次出访，飞行里程约57万千米，累计时长193天，足迹遍及五大洲、56个国家以及主要国际和区域组织，实现了对全球各大地区的全覆盖。

三是以打造周边命运共同体为重心，造福周边。2013年10月，在周边外交工作座谈会上，习近平总书记用“亲、诚、惠、容”四个字来定调新时期

周边外交理念，他要求“多做得人心、暖人心的事，增强亲和力、感召力、影响力”“让命运共同体意识在周边国家落地生根”。

中国—巴基斯坦，“打造成为中国同周边国家构建命运共同体的典范”；中国—越南，“不仅仅是山水相连的友好邻邦，更是利益相融、目标相同的命运共同体”；中国—老挝，“携手打造牢不可破的中老命运共同体”；中国—柬埔寨，“继续做高度互信的好朋友、肝胆相照的好伙伴、休戚相关的命运共同体”……

中国与周边国家试图建设的命运共同体，既是经济合作不断加深的关系，也是成员国在安全问题上互相谅解、相互提供支持，在发展与合作的过程中提升所有国家的安全水平的关系；同时，它更为中国与周边国家的关系提供一种精神上的联系。

四是通过联合国讲台、达沃斯世界经济论坛等重要多边舞台积极宣介构建人类命运共同体重大倡议，引导好经济全球化走向，打造富有活力的增长模式、开放共赢的合作模式、公正合理的治理模式、平衡普惠的发展模式，倡导共同担当、同舟共济、共促全球发展。发起创办亚洲基础设施投资银行，设立丝路基金，举办首届“一带一路”国际合作高峰论坛、亚太经合组织领导人非正式会议、二十国集团领导人杭州峰会、金砖国家领导人厦门会晤、亚信峰会。构建人类命运共同体倡议收获了越来越多的共识。2017 年 2 月 10 日，联合国社会发展委员会第五十五届会议上协商一致通过“非洲发展新伙伴关系的社会层面”决议，“构建人类命运共同体”理念首次被写入联合国决议。3 月 17 日，构建人类命运共同体理念首次载入联合国安理会决议。2017 年 11 月，中国关于“构建人类命运共同体”的理念又写入了第七十二届联大负责裁军和国际安全事务第一委员会会议通过的“防止外空军备竞赛进一步切实措施”和“不首先在外空放置武器”两份安全决议。这也是人类命运共同体理念在党的十九大胜利闭幕后首次写入联合国决议，意义非同寻常。这体现了国际社会对中国理念的广泛支持，也展现了中国的大国担当。

总体来看，中国全方位、多领域、各疆域、诸层面地推动构建人类命运共同体，形成全方位、多层次、立体化的外交布局，已经并将继续为人类社会做出实实在在的中国贡献。

“坚持推动构建人类命运共同体”列入新时代坚持和发展中国特色社会主义的基本方略，顺应了当今世界潮流与历史大势，体现了中国在国际事务中的责任担当，积极参与和引领全球治理进程，为改革完善全球治理体系、推动建立更加公正合理的国际秩序贡献中国智慧和方案，极大地提升了中国在国际上的影响力、感召力、塑造力。

中国特色社会主义进入新时代，中国正前所未有地走近世界舞台的中心，在同世界各国一道打造人类命运共同体中发挥着举足轻重的作用。“中国共产党始终把为人类做出新的更大的贡献作为自己的使命。”

“我们生活的世界充满希望，也充满挑战。我们不能因现实复杂而放弃梦想，不能因理想遥远而放弃追求。”2017 年 1 月，习近平在达沃斯出席世界经济论坛 2017 年年会发表主旨演讲时谈到，只要我们牢固树立人类命运共同体意识，携手努力、共同担当，同舟共济、共渡难关，就一定能够让世界更美好、让人民更幸福。人类命运共同体理念是中国为国际关系、世界交往贡献的又一中国智慧，也是在世界多极化、全球问题治理难度加大、西方长期垄断价值输出的背景中，发出的理性的和平的正义的中国声音。构建人类命运共同体，是中国国际秩序观的创新与发展，是对联合国宪章宗旨原则的继承和弘扬，为国际关系发展提供了新理念、开辟了新远景。

“我真诚希望，国际社会携起手来，秉持人类命运共同体的理念，把我们这个星球建设得更加和平、更加繁荣。”习近平总书记在 2017 年新年贺词中呼吁。

在习近平新时代中国特色社会主义思想的指引下，中国特色大国外交将高举和平、发展、合作、共赢的旗帜，恪守维护世界和平、促进共同发展的外交政策宗旨，坚定不移在和平共处五项原则基础上发展同各国的友好合作关系。中国将在继续坚持和平发展道路的同时，关注世界局势，关心国际事务，用中国智慧、中国方略，推动建设新型国际关系，同各国同心协力构建人类命运共同体。

人类命运共同体的理念，是美好的前景。中国作为负责任的大国，中国人民愿意和世界人民一起推动人类命运共同体的建设，共创人类的美好未来。

第四编

教学研究

要论提示：

1. 中国特色社会主义进入新时代，青年思想政治工作要把握新时代青年运动的主题，引领青年为实现中华民族伟大复兴的中国梦而奋斗。青年思想政治工作要塑造青年马克思主义者，加强党对青年思想政治工作的领导，引导青年树立和践行社会主义核心价值观，使青年成为坚定的马克思主义者。

2. 思想政治教育是落实立德树人根本任务的重要途径。新时期高校思想政治教育工作的努力方向和重点内容之一就是要协调推进高校其他各类课程与思想政治教育课同向同行，充分发挥课堂教学思想政治教育主渠道的作用，形成思想政治教育的强大合力。

3. 新发展理念集中反映了中国共产党对经济社会发展规律认识的深化，极大丰富了马克思主义发展观，为我们党带领全国人民夺取全面建成小康社会决战阶段的伟大胜利，不断开拓发展新境界，进一步走好中国特色社会主义道路提供了强大的思想武器。

在博物馆“讲”好中国故事

——新时代社会主义核心价值观的教学创新研究

杨　倩　李　洁*

摘　要：十九大报告在文化建设部分提出“社会主义核心价值观是当代中国精神的集中体现，凝结着全体人民共同的价值追求”，更集中和突出地强调了培育社会主义核心价值观的重要性。因此，继续推进社会主义核心价值观“三进”是高校思想政治教育工作的重点和热点。本文旨在开拓社会主义核心价值观教学的新阵地，立足提供公共文化服务的博物馆，结合建构主义教学理论，通过发挥博物馆教学具象性、亲和性、互动性、日常性等特点和优势，优化社会主义核心价值观教学方案，从而改善高校思政课“配方比较陈旧、工艺比较粗糙、包装不那么时尚”的刻板印象，以期增强思政课的吸引力、感染力、亲和力。

关键词：社会主义核心价值观　博物馆　教学创新　十九大

从2012年年底在国家博物馆参观《复兴之路》展览时首次提出“中国梦”的战略思想和“国家富强、民族振兴、人民幸福”的价值追求；到2014年3月27日在巴黎联合国教科文组织总部发表演讲时说，中国人民在实现中国梦的进程中，将按照时代的新进步，推动中华文明创造性转化和创新性发展，激活其生命力，把跨越时空、超越国度、富有永恒魅力、具有当代价值的文化精神弘扬起来，让收藏在博物馆里的文物、陈列在广阔大地上的遗产、书写在古籍里的文字都活起来，让中华文明同世界各国人民创造的丰富多彩的文明一道，为人类提供正确的精神指引和强大的精神动力[1]；到2015年2月15日在陕西省西安市调研时指出，一个博物院就是一所大学校，要把凝结着中华民族传统文化的文物保护好、管理好，同时加强研究和利用，让历史说话，让

* 杨倩，女，中国传媒大学副教授，博士；李洁，女，中国传媒大学在读研究生。

文物说话[2]；再到十九大报告“加强文物保护利用和文化遗产保护传承”“讲好中国故事，展现真实、立体、全面的中国”，[3]习总书记多次提到“让文物活起来”“让文物说话”。这表明党中央对利用文博场所弘扬社会主义核心价值观、讲好中国故事予以了高度重视。一方面要用历史文物见证历史、以史鉴今、启迪后人，激发民族精神和自豪感，坚定我们振兴中华、实现中国梦的决心；另一方面要让历史文物以理服人、以文服人、以德服人，提高对外文化交流水平，创新人文交流方式，综合运用各种传播方式展示中华文化和中国价值观念的魅力。在高校的思想政治理论课教育中，积极探索如何利用承载着大量优秀传统文化资源的博物馆弘扬社会主义核心价值观，是引导青年学生树立社会主义意识形态政治认同的重要途径。

一、挖掘博物馆教学在社会主义核心价值观教育中的建构特色

国际博协经过多次修订给出了博物馆的官方定义，即博物馆是一个不追求营利的、为社会和社会发展服务的、向公众开放的永久性机构，为研究、教育和欣赏的目的，对人类和人类环境的见证物进行收集、保存、研究、传播和展览[4]。这个定义目前也得到了多方认可，大家基本认同，在大众传播方兴未艾的时代，博物馆的主要功能是以物品为载体进行文化传承和信息传播[5]。从新时代中国特色社会主义文化建设的角度来看，作为公共文化设施的博物馆，侧重以物叙事娓娓道来，力图通过构建起来的空间呈现的情境，以家常平和的方式客观叙述历史，以观展者为中心提供丰富信息，从而拉近与受众之间的距离，能够起到引人入胜、见贤思齐的隐形教育效果。博物馆营造的这种启发观众主动求解、独立探索的学习氛围，与当代西方兴起的建构主义教学观相契合。建构主义者主张，世界是客观存在的，但对于世界的理解和赋予意义却是由每个人自己决定的，所以应该更关注如何以原有的经验、心理结构和信念为基础来建构知识，强调学习的主动性、社会性、情境性和问题性[6]。有学者将“协作”“情境”“会话”“意义建构”看作建构主义教学环境的四大要素[7]，博物馆正是能够满足这些条件的教育场所。建构主义教学理论启发我们，在当代条件下开展社会主义核心价值观教育，应该重视充分利用文博场所。

1. 以物叙史

博物馆的核心是物，以及它所支撑起的历史物证作用。博物馆的核心或灵魂应该是藏品——作为人类生存与发展见证的实物标本，它们是人类生存及其主观创造、文明演进及其客观环境的物证。与语言声音、文字书写、电子信息

等几代历史记录和信息传播方式相比较，以物叙史的不同之处在于，无须经过任何编码与人们直接面对，以最真实、最原生态的样貌启发着人们的认知、追忆和联想。无论声光电等科学技术如何进步，都只是对原有传播范围和速度的扩大和加快，而不能完全取代面对面、面对实物的信息源完整直接传播的方式；无论数字化虚拟如何逼真，都只是对实物展品辅以补充和延伸，而不能取代取消实物本身的真实参照[8]。同时，博物馆提供的实物藏品正是对传统历史记载的一种超越。21 世纪以来，人类学的“物质文化”（material culture）理论将出土或传世的古代文物及图像资料视为文献之外的第四重证据，以期获得直观性的立体释古效果。这将有助于人类纠偏精英文化的大传统（great tradition），探究遗落的通俗文化小传统（little tradition），更全面地记录和解密人类文明的演进信息[9]。博物馆也正是可以凭借这一核心优势，以实物配合的方式给来访者提供阅读历史的另一把钥匙，协助其主动建构更为饱满的历史观和价值观。

2. 共鸣空间

博物馆是凝结着人类历史的藏品汇集地，也是承载人类记忆和精神向往的场所。研究博物馆的学者们追踪观察全球博物馆发展的前沿动态，结合中国社会城市化转型的背景发现，博物馆有着与中国传统农耕社会的祠堂和欧洲中世纪教堂相类似的社会组织和精神引领功能。博物馆在现代社会的发展中，渐渐取代膜拜神灵、调整伦理秩序、具有天然权力的教堂和祠堂，成为再现历史、陶冶情操、自发平等参与的公众会集的文化机构。20 世纪六七十年代西方兴起的“新博物馆运动”中，以社区博物馆类型的增多最为明显，这实际上就是博物馆在现代社会逐渐起到了公共文化和精神殿堂的作用，正在替代日渐式微的教堂地位。在中国现代化、城市化的转型巨变过程中，背土离乡的中国人更需要维系乡土中国的精神纽带[10]。博物馆正是这样的文化传承和连接的场所，以模拟具体情境给来访者提供寄托乡愁、寻找精神归宿的公共空间，在中国社会与中国传统文化现代化的过程中完成价值观重构和群体认同的使命。

3. 多维展陈

博物馆与公众沟通的最主要手段就是在立体空间里通过策展来编排和表达特定的意义。如果说博物馆的馆藏资源是立身之本，那么藏品展陈就是看家本领。一般的博物馆在展品陈列上分为基本展陈和主题展陈两种，前者一般按照历史顺序编排，后者则按照内容类别组织。沿着纵向叙说历史的基本展陈，观众可以形成稳定的文化记忆，确立自我时空定位；依据横向联系世界的主题展陈，观众可以丰富文化认知，比较人我求同存异。博物馆以经纬交织的展陈构建起立体全景，让观展人无论从哪一个部分和环节介入都不致迷失，同时又聚集了关注点不同的人群。通过一纵一横的陈列，既增进民族凝聚力和自豪感，促进文化价值认同；又架起了互相尊重、平等交流的桥梁，消除误解，降低摩擦，交织出著名社会学家费孝通先生说的“各美其美，美人之美，美美与共，天下大同”的和谐文明图景。同时，博物馆在策展手段上有得天独厚的立体空间，辅以各种多媒体的呈现技术，营造富有想象力的音视频艺术环境，产生感官体验冲击，激发观众互动对话的强烈愿望。在一些突出主题的历史遗物、手工制品、生活物品、艺术作品的展示上，博物馆总是能八仙过海、各显神通，给观众奉献各种拿手好戏，创作出令人流连忘返的焦点亮点吸引关注，令人印象深刻。博物馆正是通过不同视角、不同层次、不同形式的策展设计来与观众交流对话，也在观展的人群中建构开放包容、平等尊重的沟通桥梁，实现“从我到我们”的身份认同，促进“我们和他们”的友好交往[11]。

4. 仪式体验

博物馆本身往往就是具有纪念意义的地标式公共建筑群落。博物馆不仅保存有历史价值的物品，还记录人类的生存方式、社群行为和公共事件。早期的博物馆延续着庙堂楼宇等公共建筑的功能，保存着供奉神灵的建筑遗迹和道具用品，佐证着当时人类社会用以维持公共生活和伦理道德的宗教礼仪。今天的很多遗址博物馆就建立在考古挖掘比较集中的公共墓地和祭祀场所，因为那里集中了当时社会的巨大财富，还是远古先民具有文化图腾象征的遗迹。还有20世纪70年代在法国兴起的生态博物馆，主张人与环境的紧密结合[12]。也就是强调人类生活的状态应连同生存环境一起长期平衡地发展，提倡在原生态的生活展示中直接建立博物馆对当地风俗进行保护和传承。这样一来，到访的游客完全可以自然加入当地原住民的各种生产行动和休闲娱乐活动，模拟当地人的行为举止、体验当地人的民情风俗。中国在挪威专家和政府的帮助下，于1995年开始在贵州六枝梭嘎建立了第一个生态博物馆。这样的没有围墙的露天博物馆，目前已经有7个，用以保护和展示苗族、布衣族、瑶族、蒙古族、汉族各不相同的多种文化。博物馆正是通过公共空间中让来访者体验流传已久的传统仪式，让社会各阶层和各群体感同身受，从而建构起民族情感和乡土亲情，完成落脚于行为举止的意义建构。

二、发挥博物馆教学在社会主义核心价值观培育中的养成功能

在社会主义核心价值观的培育中，博物馆专有的实物藏品、场景复原、立

体展陈和现场体验等特有方式，让核心价值观颂扬的价值理念在体现得更加清晰形象、亲近感人、真实可信的同时让人肃然起敬，在知、情、意、行各个环节都能体现出博物馆教学的独特优势。

1. 形象认知

博物馆教学的实物展示，可以使核心价值观所承载的意识形态等抽象理论直观化，有助于学习者轻松愉悦地接受，从而形成深刻印象，便于言行效仿。博物馆长于文物收集和展示，经过专题布展的设计，可以将历史上的人、事、物还原重叙，以实物佐证的方式直观再现生动而丰富的点滴细节，使参观者在感受趣味性的同时产生与真实生活相联系的深刻而震撼的记忆。参观者即使离开博物馆的特定场所，回到现实环境中，仍然能形成与之相对应的记忆联想，从而在触景生情中追忆反思，内化于心，外化于行。核心价值观的概括与表达，要求简洁明快、朗朗上口、便于记忆、方便掌握，易于普及到最广大人民群众中去，而不是停留在深奥复杂的理论层面，或者仅为学术界和少数领导干部知晓。我们在核心价值观的培育中要自觉适应这一简洁明朗、直观鲜明的基本特征，不应停留在高深艰涩的学术理论阐释层面，而是采用更生动形象的传播方式，以便于人们在日常生活中自觉意识、主动践行。从这一点来看，博物馆的物化信息，恰恰能够将核心价值观凝聚的深层理论和丰富内涵转变为学习者鲜明的直观印象、精神动力和行动指南。

2. 情感接纳

博物馆教学的场景复原，可以为核心价值观所提倡的优秀事迹开辟空间、营造氛围，让学习者得以在与典型人物的零距离接触中消除崇高性与普遍性、先进性与大众性的差距感。博物馆重在提供空间复原历史场景，如历史遗址纪念馆、名人故居或者运用各种技术手段的回顾展览，以营造逼真的时空穿越感的方式，让参观者身临其境，在感同身受中激发情感共鸣。博物馆有条件根据核心价值观的主题需要，利用历史档案和调研资料为人物和事件还原时代背景、烘托熏陶气氛，增强可信度，从而使参观者对重大事件和伟大人物产生一种同场共在的同理心，完成核心价值观的隐性传达。同时，对那些为国家民族舍生取义、为社稷大众谋求幸福的英雄人物，在场参观者的敬佩之情会油然而生，离场后的参观者仍会因共有的情感共鸣而产生模仿的冲动，在潜移默化中将道德榜样的先进思想吸收到自己的言行中去。显然，博物馆让学习者在特定情境中产生在场的亲历感，在平凡中洞见伟大，触摸到历史的温度，从而使学习者真心向往、肃然起敬，增进对核心价值观的情感接纳，进而达到心悦诚服的培育效果。

3. 心理认同

博物馆教学的现场互动，可以将核心价值观所奉行的规范内化为个人信条，转变单向灌输中被动接受的缺陷，让学习者在获得个人成就感和荣誉感的过程中自然产生认同感。博物馆贵在策展设计，是通过邀请的方式进行现场体验的角色转换，让参观者确立平等沟通的主体地位，变消极被动接受为积极主动参与，消除对政治说教的抵触情绪和隔阂感，更有利于参观者产生对核心价值观的正面认同。建构主义理论启发我们，一味地停留在灌输说教或者任由铺天盖地的信息俘虏，只会产生更大的阻力，不利于社会主义核心价值观的传播。博物馆富有现场感的互动设计，能够营造一种鼓励学习者主动求解、独立探索的学习氛围。如果在博物馆现场教学中贯彻主动实践的原则，让学生在特定场所和情境中自己发现问题、寻找答案、形成观点，经过独立思考后形成独立判断和价值认同，就可以帮助他们摆脱因受多元思潮影响而对核心价值观持有的一些不实成见，起到隐形教育的目的。而且，当处于青春逆反期的学生们主动探索的个人独有体验得到尊重时，他们的心理认可程度也会大大提高。由此可见，博物馆能够尊重学习者个人探索发现的权利，营造平等学习的互动空间，让学习者自主追溯重大的社会事件和生动的历史进程，从而对核心价值观产生热情和向往。

4. 行为模仿

博物馆教学的体验活动，可以把核心价值观落实到行动选择上，使得学习者自觉效仿、主动践行。博物馆常常通过再现历史传统中的公共礼仪来增加真实效应，使参观者乐于模仿，潜移默化形成行为规范。西方社会也有着保护古代历史遗迹、将公共建筑保护性地改造为博物馆的传统，在这些场所还定期举行早已消失的节庆礼仪。在英国，人们相信博物馆在巩固公民的民族传统及地域归宿感方面具有重大作用，学校常规性地组织青年学生定期到各地博物馆、肖像馆、先贤祠去瞻仰英灵、重温威仪。很多典礼仪式保留到今天，既是公民教育的途径又是招揽游客的亮点，如各种皇家典礼、纪念和平的卫兵典礼等，观众可以驻足观看，也可以加入游行队伍或者敬献花圈。在中国，无论是从收藏奇珍异宝的皇家宫殿蜕变而成的博物馆，还是日渐风靡的民俗博物馆，都用不同方式记录甚至重复着古代社会的上层阶级代表国家举行的典礼仪式和庙会、庙戏等民间百姓的节庆风俗。如孔庙国子监每天安排六场名为“大成礼乐”的表演，剧目集舞蹈、音乐、历史、文化于一体，重现古代儒家礼仪，让游客有机会从仪式中感受古代传统。而我们现在的社会主义核心价值观突出核心要素、注重凝练表达的同时也更强化实践导向，也就是说，社会主义核心价值观培育重在践行。因此，博物馆可以通过角色扮演、临时客串、非物质文化手工制作等行动环节的设置，来促进学习者将社会主义核心价值观转化为实际行动。

三、优化博物馆教学在社会主义核心价值观教学中的习得效果

现在看来，博物馆教学已经以馆校合作的方式得以普遍，但如果只停留在一般性的走马观花，没有抓住其中的建构主义精髓，无法收到良好的效果。总的来说，建构主义教学的理论实质就是：以学生为中心发挥主动性、积极性和首创精神，教师扮演组织者、指导者、帮助者和促进者的角色，利用情境、协作、会话等手段，使学生有效地建构起新认知。而与建构主义教学观的这一宗旨相适应的教学模式都可以被归类为建构主义教学模式或者教学方法。目前比较成熟的几种建构主义教学模式，都可以创造性地运用到社会主义核心价值观的博物馆教学中，让学生真正入脑入心。

1. 支架辅助式（Scaffolding Instruction）

博物馆教学的一般过程就是以学生对物的感性认知为起点，提供与实物对应的解读信息作为辅助的支架，让学生逐渐加深理解并上升为深度的理性思考和价值取舍，符合价值观培育的规律。支架式教学模式，作为建构主义教学理论的一种表现，源于苏联心理学家维果茨基（LevVygotsky）的“最邻近发展区”理论，也就是关注教学对象在“现有水平”和“在帮助之下能达到的水平”之间的差异区间（the zone of proximal development）[13]。理论将教学的本质特征定位在激发、塑造学生即将成熟的认知，而不是训练、强化已形成的认知，因此教学的任务是通过提供概念框架（conceptual framework）为“脚手架”（scaffolding）来激励学生开展进一步的探索。与此相应，它要求将复杂的教学内容加以分解，层次递进，由简到繁深入学习。支架式的教学模式实际上是鼓励和引导学生从已知范畴向未知领域进军，而教师给予的帮助主要体现在理论引导和答疑解惑上。这样的模式非常适合运用到价值观的博物馆教学的场合中，学生直接面对不说话的实物，一下子很难解读出实物背后蕴含的丰富信息和价值观主题策展人所赋予的特殊含义，需要借助文字语音等展品说明来进一步了解。如果学生还有深一层次的问题，可以请教讲解员或者与在场的观展人交流看法互相启发。教师在观展之前可以给学生编好简略的提纲框架或者问题活页，在观展中针对学生疑惑的地方及时进行辅导。博物馆教学如果能通过提供各种帮助来真正支撑起由物传递的感性认知上升到进一步的价值理性认

知，实际上与个体公民价值观培育的循序渐进过程是相一致的。

2. 抛锚设置式（Anchored Instruction）

博物馆教学的最大特色就是设置好特定情境让学生进入某一类主题内容，学生在如同被抛锚定位之后的船只游弋在相对固定的活动范围里，设身处地体会某一个逼真的历史环境、某一种情感表达和思想倾向，并做出相应的行为选择，符合价值观培育的目标。抛锚式教学模式，是在 20 世纪 80 年代正式从构想变为现实的一种建构主义教学模式，得益于美国 CTGV（范德堡大学认知与技术小组）为培养学生运用知识解决问题的能力而开发的一系列教学项目，并在此基础上为该模式做了总结[14]。抛锚式教学的“锚”，也就是将教学内容确定下来的具体主题，“抛锚”就要求将教学建立在有感染力的模拟场景或真实的问题困境中接受挑战，大多呈现为案例教学和问题教学。由于情境和问题的设置，学生对学习内容的主线和进程会有清晰的认识，能做到有的放矢。同时，情境聚焦和问题意识都会让学生产生强烈的挑战欲望，主动地探索答案，积极地完成学习任务。这样的模式完全可以应用到与价值观主题相关的博物馆教学中去，让学生沉浸在设置好的模拟环境中，处理和应对围绕某一价值取舍的种种设问，突出引导学生自主进行价值选择。在案例和问题导向的过程中，老师更多的是隐身的发问者，帮助和鼓励学生们面临具体选择困境时形成更为成熟稳健的态度。博物馆教学如果能较好地通过主题策展创设与现实生活场景相仿的行为选择情境，让学生们在生活中遇到类似的相应场景时容易做出更明确、更迅速的行动反应，就抓住了公民价值观培养的关键所在。

3. 随机通达式（Random Access Instruction）

博物馆教学的普遍状态就是在立体开放的空间架构内按一定的逻辑进行展品陈列，学生可以在若干单元之间随意穿梭、跨越，从任何作品的具体陈述切入，获得贯通全场的价值主旨，符合价值观培育的特点。随机通达式教学模式，渊源于斯皮罗（Spiro）1992 年提出的一种建构主义的教学模式，指的是学习者可以随意通过不同角度、不同途径、不同方法进入同样教学内容的学习，从而获得对同一事物或同一问题的多方面的认识和理解[15]。同时，由于学习者的已知概念不一定都与现实事物对号入座，而与现实事物的每一次接触都可能着眼于不同侧面而漏掉某些重要方面，所以对同一内容的学习应在经过改组的不同情境中重复[16]。这样的模式在价值观的博物馆教学中最为常见，策展的不同单元让学生可以自由随意地接触同一价值观主题的不同实物呈现，从而尽可能获得对价值观的全方位理解。现实生活的复杂性和多面性往往会导致对事物普遍联系的认识障碍，只有尝试从不同切入点加以再认识才会避免盲人摸象的误区，因此老师应尽可能利用博物馆多元交集的立体空间，让学生从任何展柜或者展品开始进行充分的、随意切换组合的探索，而不只是像课堂教学那样跟随一般顺序来按部就班地学习。博物馆教学如果能让学生感觉到无论从哪一处细节开始都能触及似曾相识的主题，从而全面掌握已知的价值观概念，并且具备举一反三的能力，就达到了公民价值观培养的目标。

4. 认知学徒式（Cognitive Apprenticeship）

博物馆教学与一般的课堂教学最大的区别就是可以增加非物质文化遗产传承等动手体验项目，学生可以通过练习传统手工艺，从模拟到创作，从学徒到独立完成，用行动来保护和继承传统价值观，符合价值观培育的主旨。认知学徒制教学模式，由美国认知心理学家柯林斯（Colins）和布朗（Brown）等人于1989年提出，指的是将传统学徒制方法中的核心技术与常规的学校教育相结合，能促进学习者技能获得和知识转化，即专家实践所需的思维、问题求解和处理复杂任务的能力[17]。这种模式最特别的地方，就是学习者和专家共同完成某一项目、进行某一领域的学习。这样的模式在价值观的博物馆教学中值得推广，在非遗传人的指点帮助下，从真实的行动任务完成中深化对传统价值观的理解，在增强信念上的效果大不一样。另外，一般性学校教学只是让学生孤立地掌握静止的知识流程，而真正的日常生活更需要的是应对复杂状况的能力。博物馆教学如果能超越一般的知识性认知，将价值观的抽象概念转化为综合解决问题的实践能力，就在求知活动的过程中大大改善了公民价值观培养的真实效果。

参考文献

[1] 参见网址：http：//politics. people. com. cn/n1/2016/0413/c1001 －28273470 －3. html.

[2] 参见网址：http：//politics. people. com. cn/n1/2016/0413/c1001 －28273470 －2. html.

[3] 习近平. 决胜全面建成小康社会　夺取新时代中国特色社会主义伟大胜利——在中国共产党第十九次全国代表大会上的报告［M］. 北京：人民出版社，2017：44.

[4] 王宏钧. 中国博物馆学基础［M］. 上海：上海古籍出版社，2001：37－38.

[5] 曹兵武. 记忆现场与文化殿堂——我们时代的博物馆［M］. 北京：学苑出版社，2005：17.

[6] 陈琦，刘儒德. 当代教育心理学［M］. 北京：北京师范大学出版，2001：97－98.

[7] 何克抗. 建构主义的教学模式、教学方法与教学设计［J］. 北京师范大学学报（社会科学版），1997（5）：74－81.

[8] 曹兵武. 记忆现场与文化殿堂——我们时代的博物馆［M］. 北京：学苑出版社，2005：32.

[9] 叶舒宪. 探寻中国文化的大传统：四重证据法与人文创新 [J]. 社会科学家，2011 (11)：8-14.

[10] 曹兵武. 博物馆作为文化工具的深化与发展——兼谈社区博物馆与中国传统文化现代化问题 [J]. 中国博物馆，2011 (z1)：46-53.

[11] 宋向光. 促进“认同”是当代博物馆的重要任务 [J]. 东南文化，2011 (222)：9-13.

[12] 苏东海. 国际博物馆理论研究的分化与整合——博物馆研究的两条思想路线札记 [J]. 东南文化，2009 (6).

[13] Vygotsky L S. *Mind in society*：*The development of higher psychological processes* [M]. Cambridge，M A：Harvard University Press，1978：78.

[14] 刘洋，钟志贤. 论抛锚式教学模式 [J]. 江西教育科研，2005 (2)：9-12.

[15] 杨维东，贾楠. 建构主义学习理论述评 [J]. 理论导刊，2011 (5)：77-80.

[16] 张建伟，陈琦. 从认知主义到建构主义 [J]. 北京师范大学学报（社会科学版). 1996 (4)：75-82.

[17] 张琦，杨素君. 论情景学习视域中的认知学徒制 [J]. 现代远程教育，2005 (4)：42-45.

[18] 钟毅平，叶茂林. 认知心理学高级教程 [M]. 合肥：安徽人民出版社，2010.

[19] 袁振国. 当代教育学 [M]. 北京：教育科学出版社，2005.

[20] Spiro R. J.，et al. Knowledge Representation，Context Specification，and the Development of Skill in Situation-specific Knowledge Assembly：Some constructivist Issues as They Relate to Cognitive Flexibility Theory and Hypertext [M] //T. M. Dufyy & D. H. Jonassen (Eds). *Constructivism and the Technology of Instruction A Conversation*. Lawrence Erlbaum Associates，inc，1991：121-128.

[21] Robert Redfield. *Peasant Society and Culture*：*An Anthropological Approach to Civilization* [M]. The University of Chicago press，1956.

[22] John Merriman *Gaus. Great Britain*：*A study of civic loyalty* [M]. The University of Chicago press，1929.

习近平新时代中国特色社会主义思想“进课堂”的理论分析

刘 锋*

摘 要： 推动习近平新时代中国特色社会主义思想“进课堂”对加强高校意识形态的领导权与话语权建设、补足大学生精神之“钙”、培养合格的建设者和接班人、提高教师思想理论素养与教学水平等具有重要意义。推进习近平新时代中国特色社会主义思想“进课堂”，要以“进教材”、优化课程设置为前提，以“进教师头脑”“进教案”为关键，以创新授课形式、教学方法与技巧为重点，以构建“学习共同体”“进学生头脑”、提升学生学习实效为目标，以建立长效的领导机制、责任机制与考核机制为保障。此外，新时代急需厘清教学任务与教学使命上的认识误区，切实增强“进课堂”的实效性。

关键词： 习近平新时代中国特色社会主义思想 “进课堂” 路径 意义

经过改革开放近40年的快速发展，我国改革开放和现代化建设取得了历史性成就。当前，中国特色社会主义进入了新时代。新时代意味着要回答新问题、完成新任务。党的十九大报告指出，从理论层面要回答的根本问题就是必须从理论和实践结合上系统回答新时代坚持和发展什么样的中国特色社会主义、怎样坚持和发展中国特色社会主义。围绕这个重大时代课题，我们党坚持以马克思列宁主义、毛泽东思想、邓小平理论、“三个代表”重要思想、科学发展观为指导，坚持解放思想、实事求是、与时俱进、求真务实，坚持辩证唯物主义和历史唯物主义，紧密结合新的时代条件和实践要求，以全新的视野深化对共产党执政规律、社会主义建设规律、人类社会发展规律的认识，进行艰辛理论探索，取得重大理论创新成果，形成了新时代中国特色社会主义思想。这一重要思想“是对马克思列宁主义、毛泽东思想、邓小平理论、‘三个代

* 刘锋（1988— ），男，汉，法学博士，北京工业大学马克思主义学院讲师。

表’重要思想、科学发展观的继承和发展，是马克思主义中国化最新成果，是党和人民实践经验和集体智慧的结晶，是中国特色社会主义理论体系的重要组成部分，是全党全国人民为实现中华民族伟大复兴而奋斗的行动指南”[1]，更是当前加强思想政治理论课教学的根本遵循和理论资源。

学习、研究、宣传好习近平新时代中国特色社会主义思想，推动这一思想“进课堂”，是当前和今后很长一段时期内高校的一项重要政治任务。鉴于此，当前应从教学内容、教学方法与形式、体制机制等方面进行完善与创新，做到“吃透精神、讲透内容、讲活方法、讲懂学生”。从而为高校意识形态工作的开展、新时代合格人才的培养、教师队伍整体素质的提升等提供实践基础。

一、推动习近平新时代中国特色社会主义思想“进课堂”的重大意义

对于高校来讲，抓好课堂这一思想政治教育的主阵地，是学习、宣传、贯彻好习近平新时代中国特色社会主义思想的主渠道。推动习近平新时代中国特色社会主义思想“进课堂”对加强高校意识形态建设、培养合格的社会主义建设者和接班人、培养高素质教师队伍等具有重要的战略意义。

1. 有助于加强高校意识形态的领导权与话语权建设

扎实做好高校的意识形态建设工作，关乎教师与学生的向心力、战斗力和凝聚力。如果高校的意识形态工作开展不好的话，教师与学生的思想意识形态就可能出现“荒漠化”，中国化马克思主义的话语权将会丧失，高校对师生意识形态话语权的建构也将失去战略引导权。如果马克思主义中国化理论创新的成果不主动占领师生的思想意识形态，历史虚无主义、新自由主义等思潮必然会在高校泛滥起来。推动习近平新时代中国特色社会主义思想“进课堂”，使马克思主义在高校意识形态话语权和领导权建设领域的指导地位更加鲜明，中国特色社会主义和中国梦逐渐深入教师和学生心中，促使社会主义核心价值观、社会主义核心价值体系得到广泛的发扬，创造性地传承发扬中华优秀传统文化，牢牢掌握意识形态工作领导权，旗帜鲜明反对各种错误观点，抵制各种错误思潮对高校的渗透，从而有助于加强高校意识形态建设，夯实中国共产党长期执政的思想与理论力量之基；有助于扎实地推进思想交锋交融而又和谐的高校舆论建设，从思想意识形态层面凝聚高校教师队伍力量、提升高校学生群体强大的创新性与创造力；有助于营造民主、科学、创新、厚德、和谐的资政育人环境，从而牢牢把握党对高校意识形态的领导权与主动权。

2. 有助于补足当代大学生精神之“钙”

习近平反复强调，“理想信念坚定，骨头就硬，没有理想信念，或理想信念不坚定，精神上就会‘缺钙’，就会得‘软骨病’”，“就可能导致政治上变质、经济上贪婪、道德上堕落、生活上腐化”[2]。这虽然是针对广大党员领导干部讲的，但这同样适用于当代的大学生群体。推动习近平新时代中国特色社会主义思想“进课堂”，有助于加强爱国主义、集体主义、社会主义教育，开展对学生的人生观、价值观、事业观、世界观的教育，增强当代大学生对中国特色社会主义的认同感和向心力，使学生树立正确的历史观、文化观、民族观、国家观，坚定学生的理想信念，为当代大学生“在实现中国梦的生动实践中放飞青春梦想，在为人民利益的不懈奋斗中书写人生华章”提供坚强的精神支撑和强大的力量源泉。

3. 有助于培养合格的社会主义建设者和接班人

党的十九大报告强调，要建设教育强国，要落实立德树人的根本任务，以培养德智体美全面发展的社会主义建设者和接班人为目标。而培养合格的、可靠的社会主义事业的建设者和接班人是高校的“第一任务”。推动习近平新时代中国特色社会主义思想“进课堂”，则是高校完成这“第一任务”的重要实践方略。推动习近平新时代中国特色社会主义思想“进课堂”，有助于学生用马克思主义中国化的最新理论成果武装头脑，进而有助于坚持和践行以人民为中心的理念，掌握中国化马克思主义的基本观点和方法，最终成长为民族脊梁、国家栋梁。

4. 有助于提高教师教学水平、理论素养、政治觉悟

教师是高校发挥资政育人作用的力量主体。只有教师真学、真懂、真信和真用了马克思主义中国化的最新成果，才能够在教学实践中坚定中国特色社会主义共同理想和共产主义远大理想，切实为一切学生成长成才服务。推动习近平新时代中国特色社会主义思想“进课堂”，有助于推动教师自觉主动地用习近平新时代中国特色社会主义思想武装自己，有助于提升教师的思想理论水平和政治觉悟，有助于增强思想政治理论课的时代性、意识形态性和创新性，有助于师生共同成长进步。

二、当前推动习近平新时代中国特色社会主义思想“进课堂”的实践方略

推动习近平新时代中国特色社会主义思想“进课堂”是一个整体性的系

统工程，需要各级领导、教师队伍、辅导员群体的全力推进，需要教材、教法、课堂、体制的完善与创新，也需要提升大学生的认知度、积极性、出勤率、抬头率，进而切实增强大学生学习党的十九大精神与习近平新时代中国特色社会主义思想的时效性。

1. 以“进教材”、优化课程设置为前提

推动习近平新时代中国特色社会主义思想“进教材”，优化课程设置，是实现“进课堂”的前提。贯彻实施高校思想政治理论课“05 方案”《〈中共中央宣传部、教育部关于进一步加强和改进高等学校思想政治理论课的意见〉实施方案》）以来，中央马克思主义理论研究和建设工程把高校思想政治课的教材纳入重点教材系列。特别是党的十九大之后，习近平新时代中国特色社会主义思想“进教材”受到社会各界的广泛关注。鉴于此，联系党的十九大精神和习近平新时代中国特色社会主义思想，优化思想政治理论课的课程设置，明确每一门课程的教学目标和教学重点、难点、热点，安排好每门课每一章节的教学建议，是习近平新时代中国特色社会主义思想“进课堂”的基础性工作。

以本科生的《毛泽东思想和中国特色社会主义理论体系概论》课程为例，当前应着重在2015 年版本的基础上，增加党的十九大精神和习近平新时代中国特色社会主义思想的重要内容等。尤其是第一章应着重增加习近平新时代中国特色社会主义思想的提出依据、形成过程、内容体系与历史地位等内容，讲清楚习近平新时代中国特色社会主义思想对马克思主义内涵的丰富和发展，讲清楚习近平新时代中国特色社会主义思想在马克思主义中国化的思想史、理论创新史中的重要地位和重大意义。从第二章到第十二章还应分别增加新时代中国共产党的历史使命、社会主义伟大改造对中国繁荣富强所起到的重要作用、新时代社会主要矛盾的新变化以及变化的原因、中国特色社会主义进入新时代的依据与内在意蕴、党的基本路线的新变化、未来三十年中国特色社会主义发展战略的具体设计、新时代全面深化改革的思想、关于“五位一体”总体布局的新论述、全面贯彻“一国两制”方针的新表述、构建新型国际关系与推动构建“人类命运共同体”思想、共商共建共享的全球治理观思想、实施共建“一带一路”倡议的思想、“以人民为中心”的思想、“总体国家安全观”思想、“全面建设世界一流军队”思想、关于全面从严治党的新要求与八点新部署、“四个伟大”内容与党的建设工程至关重要的思想等。当然，需要指出的是，还应着重把习近平《在庆祝中国共产党成立 95 周年大会上的讲话》的重要精神增加进去，具体包括中国共产党 95 年来为中华民族做出的伟大历史贡献、中国共产党取得历史性成就的宝贵经验和主要原因以及全党同志坚持不忘初心、继续前进的八点要求[3]等内容。从而把《毛泽东思想和中国特色社会主义理论体系概论》等“第一学科”切实建设好，提升这个“第一学科”的影响力、吸引力、竞争力。

2. 以“进教师头脑”“进教案”为关键

推进习近平新时代中国特色社会主义思想“进课堂”，必须首先确保党的十九大精神和习近平新时代中国特色社会主义思想“进教师头脑”。鉴于此，各级宣传部门、教育部门、高校要充分利用集体备课会、党课、学术论坛、相关会议、培训轮训等平台，对教师队伍进行全面系统的培训，促使教师成为学习、研究和掌握习近平新时代中国特色社会主义思想的楷模，造就一批研究习近平新时代中国特色社会主义思想的强大队伍，培养一批宣传贯彻习近平新时代中国特色社会主义思想的教学能手，使教师的科研水平和教学能力共同提升。在具体实践中，教师在学习、研究和宣传上，应深学一层、先学一步，从习近平新时代中国特色社会主义思想“进教案”抓起，完善授课讲义和PPT，使用最新教学案例，创新和充实授课内容。

3. 以创新教学形式、教学方法和技巧为重点

思想政治理论课不是一个需要学生死记硬背的知识性课程，而是一个政治性极强的课程，具有强烈的意识形态色彩。与其说通过填鸭式的“灌输”方式去武装学生，倒不如通过启发性的教学、专题性的讲授、问题性的引导，解决学生的学习困惑、思想理论疑问和生活实际问题，从而增强推进习近平新时代中国特色社会主义思想“进课堂”的实效性。这就要求不仅要强化第一课堂，还要着力开辟第二课堂。即通过组织学生讲思想政治理论课公开课展示活动，开展演讲比赛、专题性的研讨、画报展览，举办征文活动、学术沙龙；借助红色资源，以微信等平台尝试教学，打破教育的“真空地带”。总之，要把“读（原著）、听（讲授）、谈（讨论）、看（媒体）、走（实践）、写（论文、心得）等教学环节有机结合起来”[4]，为学生全面把握习近平新时代中国特色社会主义思想打下坚实基础。

4. 以构建“学习共同体”“进学生头脑”、提升学生学习实效为目标

教师是教学实践活动的主要推动者，在发挥主导作用的全过程中，必须坚持以学生为主体。这也就是思想政治教育界所说的“双主体”理论[5]。教师主导作用的发挥与学生主体地位的实现，二者不是相对立的。发挥教师主导作用的前提是坚持学生的主体地位、以学生为中心、以学生为本。当前推动习近平新时代中国特色社会主义思想“进课堂”需要把教师的创造性、开拓性和主导性作用充分调动起来，把授课的重点、难点、热点与学生日常生活关注的

问题、读书学习困惑、理论学习的欲望密切地结合起来，构建“学习共同体”，提高思想政治理论课的“到课率”“抬头率”和“点头率”，实现师生“同频共振”。

5. 以建立长效的领导机制、责任机制与考核机制为保障

建立习近平新时代中国特色社会主义思想“进课堂”的体制机制，使学习和研究习近平新时代中国特色社会主义思想成为师生的自觉追求，这就需要领导重视、顶层设计、创新责任机制与考评机制等。具体来说，学校党委要加强统一领导，加强学习、宣传和贯彻习近平新时代中国特色社会主义思想的顶层设计，统筹发挥各个院系党总支、基层党支部、教务部门、学生工作部门、教师队伍的作用。同时，制订符合本校实际的实施方案、工作计划，把推进习近平新时代中国特色社会主义思想“进课堂”的任务安排到每一位思政工作者和一线教师身上，把习近平新时代中国特色社会主义思想“进课堂”的实施效果纳入教师的日常绩效考核之中。特别是要设置一定数额的资金，用来表彰和奖励那些推进习近平新时代中国特色社会主义思想“进课堂”取得显著成效的教师等。

三、新时代亟需厘清教学使命与教学任务上的认识误区

回顾高校思想政治理论课“05 方案”实施十几年以来，我国高校的思想政治理论课的教学质量和学生的学习实效，都得到了大幅度的提升。大学生对思想政治理论课的学习兴趣愈加增强。社会各界对思想政治理论课的影响力与实效性给予了越来越高的评价。但在教学使命与教学任务的认识上，还存在一些亟待厘清的误区。这些误区得不到及时厘清的话，很可能影响到习近平新时代中国特色社会主义思想“进课堂”的实效性。

一方面，就教学使命而言，应认识到推动习近平新时代中国特色社会主义思想“进课堂”，绝不是一个“短期化的、应景式”的教学任务与学习要求。

习近平新时代中国特色社会主义思想，作为马克思主义中国化的最新成果，高校学习、宣传和贯彻这一重要理论成果、并使之“进课堂”，是当前的一项重大的政治任务。同时，习近平新时代中国特色社会主义思想是一个完整的、科学的理论体系，回答了新时代“坚持和发展什么样的中国特色社会主义、怎样坚持和发展中国特色社会主义”的时代课题，为完成“为中国人民谋幸福，为中华民族谋复兴”这一中国共产党人的初心和使命提供了理论指导。而完成中国共产党人的初心和历史使命，需要一代又一代中国共产党人接

续探索，既然这样，我们就应该立足社会主义初级阶段的发展实际和新时代中国特色社会主义发展的现实要求，在为“两个一百年”奋斗目标和中华民族伟大复兴的中国梦的探索中，持续不断地学习、创造性地坚持、创新性地发展习近平新时代中国特色社会主义思想。

另一方面，就教学任务而言，应认识到推动习近平新时代中国特色社会主义思想“进课堂”，绝不仅仅是思想政治理论公共课及其教师的任务。

习近平新时代中国特色社会主义思想对新时代坚持和发展中国特色社会主义的总目标、总任务、总体布局、战略布局和发展方向、发展方式、发展动力、战略步骤、外部条件、政治保证等基本问题进行了创造性回答。这一重要思想的内容涉及经济、政治、文化、社会、生态、党建、民族、宗教、国防、外交等各方面，是一个完整的理论体系。这就急需人文社科领域的专家、教师和学生结合实际学习、研究和宣传习近平新时代中国特色社会主义思想，也需要自然科学的专家、学者和学生一道学习、宣传和贯彻习近平新时代中国特色社会主义思想，使之进入各种“课堂”。与此相适应，其他研究领域的老师、党务工作者、辅导员队伍、所有高校行政管理人员，也都承担着推动习近平新时代中国特色社会主义思想“进课堂”的重要任务。

参考文献

[1] 习近平. 决胜全面建成小康社会　夺取新时代中国特色社会主义伟大胜利——在中国共产党第十九次全国代表大会上的报告 [M]. 北京：人民出版社，2017：18 - 19.

[2] 中共中央宣传部. 习近平总书记系列重要讲话读本（2016 年版）[M]. 北京：学习出版社、人民出版社，2016：106 - 107.

[3] 习近平. 在庆祝中国共产党成立 95 周年大会上的讲话 [N]. 人民日报，2016 - 07 - 02 (2).

[4] 周文东. 对科学发展观“三进”工作的理性思考 [J]. 学校党建与思想教育，2009 (26)：67 - 68.

[5] 陈占安. 关于进一步提高思想政治理论课教学质量的思考 [J]. 思想理论教育，2011 (19)：4 - 9.

新时代青年思想政治工作的着力点

李杰伟*

摘　要：中国特色社会主义进入新时代，青年思想政治工作要把握新时代青年运动的主题，引领青年为实现中华民族伟大复兴的中国梦而奋斗。青年思想政治工作要塑造青年马克思主义者，加强党对于青年思想政治工作的领导；引导青年树立和践行社会主义核心价值观；使青年成为坚定的马克思主义者。指引青年投身新时代中国特色社会主义建设的伟大实践，到祖国需要的地方去；培养善于思考，勇于创新的品格；开拓国际视野，成为具有全球化思维的人才。

关键词：新时代　青年　思想政治工作

党的十九大报告指出，青年兴则国家兴，青年强则国家强。青年一代有理想、有本领、有担当，国家就有前途，民族就有希望[1]。经过长期努力，中国特色社会主义进入了新时代，在新的时代中，青年思想政治工作应该以能够发挥青年运动的作用为导引，科学分析新时代青年运动的主题，吸引和用好青年人才。

一、把握新时代青年运动的主题

中国特色社会主义进入新的时代，意味着近代以来久经磨难的中华民族迎来了从站起来、富起来到强起来的伟大飞跃[2]。在整个从站起来、富起来到强起来的过程中，青年发挥了不可替代的作用，青年运动也和国家的改变保持了高度的相关性。

---

* 李杰伟，男，北京财贸职业学院讲师，中共中央党校在读博士，18813170427@163.com。

（一）青年运动在时代发展中的重要作用

五四运动是新民主主义革命的开端，也是中国学生运动的新开端。在第一次和第二次国内革命战争时期，青年陆续掀起了1925年的五卅运动、1935年的“一二·九”运动等，并在革命斗争过程中积极加入统一战线，开展武装起义。毛泽东在《中国革命和中国共产党》中指出，在数十年来，中国已出现了一个很大的知识分子群和青年学生群。……他们有很大的革命性。他们或多或少地有了资本主义的科学知识，富于政治感觉，他们在现阶段的中国革命中常常起着先锋的和桥梁的作用[3]。在抗日战争时期，青年运动和党领导的整个人民运动有效地结合起来，为争取抗日胜利进行了艰苦的斗争。毛泽东在《青年运动的方向》中指出，青年运动是整个人民革命运动中的“一个方面军，而且是一个重要的方面军”[4]。在解放战争中，青年运动在共产党的领导下，为争取和平民主、反对国民党内战独裁，争取人民解放战争的胜利而进行斗争。30多年的近代革命史中，中国青年都站在英勇斗争的最前列，对人民革命运动做出了光辉的贡献，中国青年运动是中国革命运动中的重要组成部分[5]。在建设年代，中国青年以高度组织化的形式，积极参与国家建设和社会改造，通过一系列“运动式”的生产建设活动，勇敢地向困难进军，满怀激情地奔赴祖国最需要的地方，发挥出这一时期青年运动的时代正能量；在改革年代，中国青年以嵌入式集体行动，成为倡导新理念、承接新技术、打造新产业的主力军[6]。

（二）为实现中华民族伟大复兴的中国梦而奋斗是新时代青年运动的主题

中国青年运动在不同的历史时期都发挥了重要的作用。历史和现实都告诉我们，青年一代有理想、有担当，国家就有前途，民族就有希望，实现我们的发展目标就有源源不断的强大力量。青年运动走过了中国从站起来到富起来的时期，当历史走进中国强起来的关键时代，我们应该进一步明确新时代青年运动的主题，充分重视和引导青年运动，使青年运动更好地发挥应有的作用。

为实现中华民族伟大复兴的中国梦而奋斗，是中国青年运动的时代主题[7]。党的十八大上提出了“两个一百年”的目标，从十九大到党的二十大召开，是“两个一百年”奋斗目标的历史交汇期。我们既要完成第一个百年目标，又要开启第二个百年目标。“两个一百年”目标的实现过程是广大青年成长和发展的最大背景。正如习近平总书记所言，现在在高校学习的大学生都是二十岁左右，到2020年全面建成小康社会时，很多人还不到三十岁；到21世纪中叶基本实现现代化时，很多人还不到六十岁。也就是说，实现“两个一百年”奋斗目标，你们和千千万万青年将全过程参与[8]。可以说，青年的成长和发展将经历“两个一百年”奋斗目标实现的伟大历史进程。因此，广大青年也要把握新的历史机遇，自觉地参与到新时代青年运动中去，积极投身到实现中华民族的伟大复兴的伟大实践。

（三）实现中华民族伟大复兴的中国梦归根结底靠人才

理解和把握新时代青年运动的主题，是引导广大青年参与到新时代青年运动中的前提。广大青年要在青年运动中磨砺自身，在社会实践中历练自己，争做人才。当今世界的综合国力竞争，说到底是人才竞争，人才越来越成为推动经济社会发展的战略性资源，教育的基础性、先导性、全局性地位和作用更加凸显。“两个一百年”奋斗目标的实现、中华民族伟大复兴中国梦的实现，归根到底靠人才、靠教育[9]。

历史证明，人才的培养和聚集对于国家和民族的兴衰荣辱具有决定性作用。1916年李大钊在《新青年》杂志中刊发《青春》一文，号召青年们自觉起来，把古老的旧中国变成“青春之国家”。《新青年》杂志的主要读者是青年学生，青年学生在这个过程中思想得到洗礼。新文化运动启发了青年的思想觉悟，青年们聚集在进步学生和先进知识分子周围，开始联合起来，爆发了五四运动，开启了新民主主义革命。五四运动后，进步青年开始广泛学习、宣传马克思主义。在党的初期，就与国民党合作建立黄埔军校，开办农民运动讲习所。延安时期，还建立了抗日军政大学，这些都为革命斗争储备了大量人才，而且使大量人才聚集在党的周围。中华人民共和国成立初期，一大批知识分子毅然回国，改革开放以来，更加重视培养和凝聚各级各类人才。无论是在革命斗争年代，还是在其他阶段，中国共产党都有重视人才、凝聚人才的传统。历史走到今天的关键时刻，我们更要做好青年学生的思想工作，把青年人才紧密团结在实现中华民族伟大复兴的伟大实践中，发挥青年人才的聚集作用。

二、塑造青年马克思主义者

国家的强盛归根到底必须依靠人才，我们要加强对青年的思想政治工作，也就是说要加强对青年的政治引领。人才工作首先是做人的工作，党的青年思想政治工作就是要把青年聚集在党的旗帜下，使他们为新时代中国特色社会主义事业贡献聪明才智，成为新时代建设中国特色社会主义事业的坚定力量。

（一）加强党对青年思想政治工作的领导

早在中国共产党“三大”时，党通过的《对于青年运动决议案》就曾指出，青年运动是党的重要工作之一，学生运动是青年运动的重要组成部分，社会主义青年团应加强对青年进行马列主义教育，引导他们参加实际的革命斗争。事实充分说明，当年党领导人民闹革命、打天下，群团组织不可或缺；现在，党领导人民搞改革、求发展，群团组织依然不可或缺。新形势下，党的群团工作只能加强、不能削弱，只能改进提高、不能停滞不前[10]。青年团体和青年群众也需要党的领导。

青年人有其独特的个性和特点，他们容易接受新的思想，但是需要进行正确的引导。青年是祖国的未来，重视青年就是重视未来，习近平强调，各级党委和政府要加强对青年工作的领导，认真研究新形势下青年运动的特点和规律，为广大青年成长成才、建功立业创造良好环境和条件，帮助和支持广大青年在时代的舞台上展现风采、发光发热，努力为实现“两个一百年”奋斗目标、为实现中华民族伟大复兴的中国梦贡献青春的激情和力量[11]。在尊重青年特点和规律的同时，对于青年的政治工作也要注意方式方法，以青年人可以接受的方式，结合时代的特点，紧紧围绕党和国家工作大局找准工作切入点、结合点、着力点，加强对其思想的引导，促进马克思主义中国化的最新理论成果——习近平新时代中国特色社会主义思想在青年人中的广泛传播，充分发挥广大青年生力军作用，团结带领广大青年在实现中华民族伟大复兴的过程中续写新的光辉。

（二）引导青年树立和践行社会主义核心价值观

每个时代都有每个时代的精神，每个时代都有每个时代的价值观念。在当代中国，我们的民族、我们的国家坚持培育和践行社会主义核心价值观，这个概括实际上回答了我们要建设什么样的国家、建设什么样的社会、培育什么样的公民的重大问题[12]。社会主义核心价值观分为国家、社会和公民三个层面，对于青年如何践行提出了要求。青少年时期是价值观、人生观、祖国观和民族观形成的关键时期，而青年的价值取向决定了未来整个社会的价值取向，青年也是引风气之先的社会力量。一个民族的文明素养很大程度上体现在青年一代的道德水准和精神风貌上[13]。因此。引导青年人树立和践行社会主义核心价值观尤为重要，这关系到未来社会中，青年能否养成高尚品格，有理想、有信念，并为中国特色社会主义事业而奋斗。

青年思想政治工作要利用好校园、网络、党群组织，将社会主义核心价值观的深厚历史底蕴和坚实现实基础讲清楚，抓好马克思主义理论教育，推进习近平新时代中国特色社会主义思想的领会学习，掌握科学的世界观和方法论，不断增强对于中国特色社会主义道路自信、理论自信、制度自信和文化自信，自觉地转化为投入中国特色社会主义实践的动力。

（三）做坚定的马克思主义者

党的十九大报告指出，中国梦是我们这一代的，更是青年一代的。中华民族伟大复兴的中国梦终将在一代代青年的接力奋斗中变为现实[14]。实现中华民族伟大复兴的过程中，伴随着中国经济的飞速发展，也为每一个中国人，特别是青年梦想的实现提供了条件和保障。“人人皆可成才”“人人尽展其才”，在实现中国梦的过程中，青年要继续扮演先锋队的角色，为个人价值的实现发奋努力，争当人才，争做先锋，扎根在鲜活的实践中。

近些年来，我国人才的利益诉求和思想状况发生了很大变化，各类人才的思想观念、道德意识、价值取向呈现出多样性和层次性。正如习近平总书记在全国高校思想政治工作会议上的讲话中所强调，我们的高校是党领导下的高校，是中国特色社会主义高校。办好我们的高校，必须坚持以马克思主义为指导，全面贯彻党的教育方针。在青年思想政治工作中，不仅要在高校强调政治方向，更要在其他阵地培养坚定的马克思主义者。

青年思想政治工作要加强对广大青年的政治引领和政治吸纳，坚持正确的政治方向，避免青年思想发生偏离、分化。青年思想政治工作要引导青年做坚定的马克思主义者，树立正确的价值观和义利观，坚持社会主义的正确政治方向，坚定不移地走中国特色社会主义道路，并投身中国特色社会主义事业的建设实践。

三、指引青年投身新时代中国特色社会主义建设的伟大实践

马克思在《关于费尔巴哈的提纲》中指出，哲学家们只是用不同的方式解释世界，而问题在于改变世界[15]。这标志着马克思世界观的转变，也突出强调了实践的重要意义。实践是检验真理的唯一标准，青年思想政治工作不仅要将青年塑造成为坚定的马克思主义者，更要引导青年投身实践。

（一）到祖国需要的地方去

十九大报告指出，广大青年要坚定理想信念，志存高远，脚踏实地，勇做时代的弄潮儿，在实现中国梦的生动实践中放飞青春梦想，在为人民利益的不

懈奋斗中书写人生华章[16]。广大青年身处全面建成小康社会和实现社会主义现代化的伟大时代，在实现中国梦的进程中，青年思想政治工作要向习近平总书记在全国高校思想政治工作会议上的讲话中所强调的那样，要引导青年把远大志向和现实结合起来，在现实中磨砺自己，鼓励青年把视线投向国家发展的航程，把汗水洒在艰苦创业的舞台，到基层去、到西部去、到祖国最需要的地方去，做成一番事业，做好一番事业[17]。广阔的西部、边远少数民族地区、贫困地区、革命老区和基层是最需要青年人才的地方，青年人才在这里的奋斗经历对其一生都会产生重大的影响。正如《习近平的七年知青岁月》中，被采访对象王宪平所言，习近平年轻时拼搏奋斗的经历，特别是知青生活对他性格的磨炼，对他人生观与世界观的形成，肯定是有重要影响的。在梁家河的经历让他在走上社会之初就与最底层的中国农民同甘苦共患难，由此培养了他一生都割舍不断的深厚感情：从心底里热爱人民，把老百姓搁在心里[18]。青年时期，在基层一线和困难艰苦的地方拼搏奋斗，会增强青年对于自己、对于人民和国家的深刻认识，成为祖国建设的有用之才和栋梁之才。

（二）善于思考，勇于创新

青年时期是培养和训练科学思维方法和思维能力的关键时期，无论是在学校还是在社会，都要把学习同思考、观察同思考、实践同思考紧密结合起来，保持对于新事物的敏锐，学会用正确的立场观点方法分析问题，善于把握历史和时代的发展方向，善于把握社会生活的主流和支流、现象和本质。要充分发挥青年的创造精神，勇于开拓实践，勇于探索真理[19]。青年思想政治工作要激发青年思考和创新的意识，鼓励青年学以致用，深入实际，在实践中不断丰富和发展认识。在立足本职的基础上不断积累经验，取得成果；积极开展创新创业活动，开辟事业的新天地。当前我国正在兴起“大众创新、万众创业”的浪潮，中国的经济增长也在经历从“中国制造”到“中国创造”的变革，这个过程中，高层次的创新型人才必不可少，广大青年要强化学习意识、思考能力，提升创新思维。

放眼世界，新一轮科技革命和产业变革方兴未艾，全球格局酝酿深刻变革，各国纷纷抢占科技创新的战略制高点。在激烈竞争的过程中，创新型人才能够占据竞争优势，赢得主动，抢占先机。

（三）开拓国际视野，成为具有全球化思维的人才

中国梦与世界各国人民的梦想紧密相关，习近平在2013年访问俄罗斯时就曾表示，“中国发展壮大，我们要实现的中国梦，不仅造福中国人民，而且

造福各国人民”。党的十九大报告也指出，中国共产党是为人民谋幸福的政党，也是为人类进步事业而奋斗的政党。中国共产党始终把为人类做出新的更大的贡献作为自己的使命[20]。中国在积极参与国际事务中，需要更多的国际化人才，正如他所强调：“要加强全球治理人才队伍建设，突破人才瓶颈，做好人才储备，为我国参与全球治理提供有力的人才支撑。”广大青年要抓住新时代的机遇，为中国参与全球治理体系改革和建设，为中国在国际舞台发挥大国作用做出贡献。

另外，随着经济全球化的深入发展，世界各国的交流也日益密切，国际人才流动日益强化，人才竞争日趋激烈。面对当今时代的人才流动和竞争形势，广大青年要放眼天下，纵览全球，要增强国际视野，积极参与到国际交流合作中，成为具有全球化思维的人才，不断在国际竞争中提升自身实力。

青年思想政治工作要坚持贯彻党的人才政策，把党内和党外、国内和国外各方面优秀青年人才集聚到党和人民的伟大奋斗中来，鼓励引导青年人才向边远贫困地区、边疆民族地区、革命老区和基层一线流动，使青年人才充分挥发出创造活力。

参考文献

[1][2][14][16][20] 习近平．决胜全面建成小康社会　夺取新时代中国特色社会主义伟大胜利——在中国共产党第十九次全国代表大会上的报告［M］．北京：人民出版社，2017.

[3][4] 毛泽东选集（第2卷）[M]．第二版．北京：人民出版社，1991：637，558.

[5] 共青团中央青运史研究室．中国青年运动史［M］．北京：中国青年出版社，1984：282.

[6] 胡献忠，郗杰英．中国共产党与青年、青年运动关系研究［J］．中国青年研究，2013，(6)：39－40.

[7][13] 习近平．在同各界优秀青年代表座谈时的讲话［M］//十八大以来重要文献选编（上）．北京：中央文献出版社，2014：277－278.

[8][12] 习近平．青年要自觉践行社会主义核心价值观［M］//十八大以来重要文献选编（中）．北京：中央文献出版社，2016：10，3.

[9] 人民网：习近平同北京师范大学师生代表座［EB/OL］．http：//politics. people. com. cn/n/2014/0910/c70731－25629093. html．［2014－09－10］.

[10][17] 中共中央文献研究室．习近平关于青少年和共青团工作论述摘编［M］．北京：中央文献出版社，2017：103，55.

[11] 习近平．致全国青联十二届全委会和全国学联二十六大的贺信［N］．人民日报，2015－07－25.

[15] 中央编译局. 马克思恩格斯选集 [M]. 北京：人民出版社，1995：61.
[18] 中央党校采访编辑实录编辑室. 习近平的七年知青岁月 [M]. 北京：中共中央党校出版社，2017：232.
[19] 习近平. 在中国政法大学考察时的讲话 [N]. 人民日报，2017-05-04.

关于协调推进其他各类课程与思想政治理论课同向同行的探讨

王俊峰　龚　玉*

摘　要：思想政治教育是落实立德树人根本任务的重要途径。新时期高校思想政治教育工作的努力方向和重点内容之一就是要协调推进高校其他各类课程与思政课同向同行，充分发挥课堂教学这一思想政治教育主渠道的作用，形成思想政治教育的强大合力。具体路径包括：在改进中加强思想政治理论课，充分发挥思政课的主导作用；增强其他各类课程的思想政治教育意识，发挥其思想政治教育功能；建立健全其他课程与思政课协同育人的机制，形成协同效应。

关键词：思想政治理论课　其他各类课程　同向同行

党的十九大报告指出："要全面贯彻党的教育方针，落实立德树人根本任务……培养德智体美全面发展的社会主义建设者和接班人。"思想政治教育是落实立德树人根本任务的重要途径。习近平总书记高度重视高校思想政治工作，强调"要坚持把立德树人作为中心环节，把思想政治工作贯穿教育教学全过程，实现全程育人、全方位育人"。做好高校思想政治工作，"要用好课堂教学这个主渠道，思想政治理论课要坚持在改进中加强，提升思想政治教育亲和力和针对性，满足学生成长发展需求和期待，其他各门课要守好一段渠，种好责任田，使各类课程与思想政治理论课同向同行，形成协同效应"。习总书记的这一重要论断，指明了新时期高校思想政治教育工作的努力方向和重点内容之一就是要协调推进高校各类课程与思政课同向同行，更好发挥课堂教学这一思想政治教育主渠道的角色和作用。

---

* 王俊峰，男，北京工商大学马克思主义学院副教授，博士，41629861@qq.com。龚玉，女，北京工商大学马克思主义学院2017级硕士研究生。

基金项目：北京工商大学2017年教育教学改革研究项目"关于协同推进各类课程与思政课同向同行的研究"（项目编号：jg175219）。

一、协调推进其他各类课程与思政课同向同行的重要意义

协调推进高校其他各类课程与思政课同向同行的重要意义可以从以下三方面去理解。具体来说：

第一，协调推进其他各类课程与思政课同向同行，有助于发挥其他各类课程的思想政治教育功能，形成思想政治教育合力。思想政治理论课是对大学生开展思想政治教育的核心课程，在高校思想政治教育工作体系中居于基础地位，发挥主导作用。但这并不意味着思想政治教育只是思政课的“专利”，其他各类课程也都有育人育德的功能。“中央16号文件”指出：“高等学校各门课程都具有育人功能……要深入发掘各类课程的思想政治教育资源，在传授专业知识过程中加强思想政治教育，使学生在学习科学文化知识过程中，自觉加强思想道德修养，提高政治觉悟。”明确了在各类课程中加强思想政治教育的要求。不过应该看到在现实教学中，存在着两种“两张皮”的错误现象。一种是教学与育人“两张皮”，只有知识传授，没有育人意识，教学成了“无教育的教学”。另一种是思政课与其他课程“两张皮”，其他课程主要进行知识传授。思政教育成了思政课的“独角戏”。在经济市场化的影响下，学生的思想观念就更加物质化、实用化。实用性较强的专业课程更受重视，而教导做人的思想政治理论课程则受到轻视、忽视。有的课程只传授知识而缺乏思想引领和价值观塑造，如此一来我们培养的人才仅仅是知识丰富、智商高的个人主义者，而不是德才兼备的合格人才。因此，协调推进各类课程与思政课同向同行，有助于挖掘其他各类课程潜在的思政资源，正确处理好知识传授与价值引领的关系，发挥它们的育人功能，同时也有助于推动思政课“在改进中加强”，形成思想政治教育的合力。

第二，协调推进其他各类课程与思政课同向同行，有助于建立健全全程全方位育人工作机制，提高思想政治教育的实效性。全程全方位育人工作机制要求高校思想政治教育要贯穿于学生入学到毕业离校的整个过程，营造全方位的育人氛围，全方位融合多种育人方式，立足于学生的全方位发展。协调推进其他各类课程与思政课同向同行，发挥高校课程协同效应，就是建立健全全程全方位育人工作机制的重要组成部分。以往的思想政治教育主要在四门思想政治理论课中去开展，主要集中在大一、大二两个阶段，带有明显的“阶段育人”特征。这些课程一结束就意味着大学生思想政治教育的“终结”。因此，协调推进其他各类课程与思政课同向同行，就有助于实现全程全方位育人，实现从“阶段育人”到“全程育人”、从“思政课程”到“课程思政”的转变。在上

完思政课后，大学生还可以从专业课教学中接受思政教育，既能接受到他们专业课教师的思想政治教育，也能接受到思政课教师在专业课堂教学与实践中的思想政治教育。这就是高校思想政治教育课堂体系所具有的独特魅力，必然有助于提高高校思想政治教育的实效性。

第三，协调推进其他各类课程与思政课同向同行，有助于进一步明确教师的育人使命，更好地落实立德树人的根本任务。高校立身之本在于立德树人，立德树人的落实主体是教师，教师承担着教书育人的使命。然而，有些教师只注重专业知识的传授，对学生的思想道德素质不管不问，“育人”意识不强；有些教师在课堂上公开发表与党的教育方针相违背、与主流价值观相对立的错误言论，影响极其恶劣；有些专业课教师还存在着思想政治教育“无用论”“过时论”等错误观念，思想政治教育动力严重不足。在此背景下，协调推进其他各类课程与思政课同向同行，有助于加强思政课教师与其他各类课程教师的沟通与联系、交流与合作，有助于进一步明确他们的育人使命，提高他们的育人意识和能力，从而更好地落实立德树人根本任务。

二、协调推进其他各类课程与思政课同向同行的基本内涵

要理解协调推进其他各类课程与思政课同向同行的基本内涵，关键在于理解“其他各类课程”和“同向同行”的内涵。其他各类课程指的是什么？我国高校课程主要分为三大类：思政课、专业课、通识课。思政课主要是对大学生进行思想政治教育，主要有《马克思主义基本原理概论》《思想道德修养与法律基础》《中国近现代史纲要》和《毛泽东思想和中国特色社会主义理论体系概论》等。专业课是根据培养目标所开设的专业知识和专业技能教育的课程。每个专业都有自己的专业课。通识课传授的是非专业性、非功利性、不直接为职业做准备的那部分知识和能力，强调培养大学生的综合素质。所以其他各类课程指的是专业课和通识课。

那么，什么是“同向同行”呢？顾名思义，就是朝着相同的方向一起行动，这一要求具有明确的指向性和鲜明的本质性。所谓指向性，是指无论是思政课，还是其他各类课程，都要坚持正确的政治方向，发挥思想政治教育作用；所谓本质性，指的是思政课和其他各类课程都要围绕立德树人这一根本任务与培养社会主义建设者和接班人这一根本目标。具体来说：

第一，同向。同向有两层含义，一是要坚持正确的政治方向。我国高校的所有课程教学应坚持正确的政治方向，坚持马克思主义方向、社会主义方向和共产主义方向。思想政治理论课和其他各类课程的教学中要旗帜鲜明地坚持用

马克思主义的立场、观点和方法引领学生，绝不允许任何教师利用课程散布错误言论。二是要坚持一致的人才导向。我国高校培养人才的目标是德智体美全面发展的建设者和接班人。习近平总书记指出："我国高等教育发展方向要同我国发展的现实目标和未来方向紧密联系在一起，为人民服务，为中国共产党治国理政服务，为巩固和发展中国特色社会主义制度服务，为改革开放和社会主义现代化建设服务。"高校应坚持培养德智体美全面发展的人才导向，德智体美全面发展是当代大学生成才目标的衡量标准，各类课程应根据不同的学科特点发挥不同的育人功能，都要挖掘丰富的育人资源，共同致力于培养德才兼备、全面发展的社会主义现代化建设人才。

第二，同行。同行就是要求其他各类课程要和思想政治理论课一样，发挥好思想政治教育的作用。所有课程都有育人职能，但现实中有些课程的育人职能仅局限在专业知识和技能的传授和培养方面，有意无意地忽视了思想政治教育。应该说，育人的内涵包含思想政治教育，思想政治教育是育人的一部分，突出的是育人的政治性和方向性。强调其他课程与思政课同向同行的目的主要是要求其他各类课程在"教书育人"过程中要切实重视学生的思想政治教育，而不能忽视、轻视、漠视思想政治教育，要在大学生思想政治教育工作中发挥其应有的独特作用，要为思想政治理论课"搭台"而不"毁台"，"补台"而不"拆台"，形成协同效应。

需要注意的是，同向同行是一个整体，必须全面理解和准确把握这一要求。"同向同行"这一基本要求并不是要把其他各类课程"思政课化"，并不是要让其他各类课程代替思政课在思政教育中的核心课程地位，并不是要把其他各类课程按照思政课程去搞模式化[1]。

三、协调推进其他各类课程与思政课同向同行的具体路径

协调推进其他各类课程与思政课同向同行，不仅对思政课提出了要求，也对其他各类课程提出了要求，更是对两者之间的关系提出了要求。因此具体路径包括：

第一，在改进中加强思想政治理论课，充分发挥思想政治教育主渠道的主导作用。习总书记强调其他各类课程与思政课同向同行，这一论断既指明了当前有些课程忽视了思想政治教育职责，要求其与思政课共同承担思想政治教育的责任，又突出了思政课在高校思想政治教育工作体系中的主导作用。其他各类课程同向同行的主导课程和"榜样对象"是思政课。只有首先建设好思想政治理论课，增强思政课的实效性，才能有实力引导其他各类课程与思政课同

向同行，发挥其主导力。要按照习总书记提出的“思想政治理论课要坚持在改进中加强，提升思想政治教育亲和力和针对性，满足学生成长发展需求和期待”的要求深化思政课的教学改革和学科建设，提升思想政治理论课教学的思想性、科学性和时代性。要增强以学生为本的教育理念，尊重学生、理解学生、爱护学生，做学生的知心朋友，加强人文关怀，注重心理疏导，拉近与学生的心理距离，增强思政教育的亲和力与针对性。要遵循学生成长规律，贴近学生实际开展思想政治教育，增强学生在思政课上的“获得感”，切实发挥思政课的主渠道作用和在高校思想政治教育工作体系中的主导作用。

第二，要增强其他各类课程的育人意识，切实发挥思想政治教育的重要作用。其他各类课程和思想政治理论课都是高校思想政治教育工作体系的重要组成部分。要坚决打破过去把思想政治教育局限于思想政治理论课的狭隘错误的“学科本位”观念，树立起“教育本位”理念和“课程思政”理念。要挖掘好利用好其他各类课程的思政资源，推动其他各类课程在思政教育中发挥独特作用。专业课程要在课程教学中渗透思想价值观念，使学生从专业学习中得到深刻的人生感悟和理性思考，将以情感人建立在以理服人的基础之上，在接受真理洗礼的同时得到价值上的升华[2]。通识课程与思政课程在培养人文情怀、培育爱国主义精神、进行中华优秀传统文化教育等方面具有一定的契合度和相通性，应该注重发挥它们的思政教育功能。

第三，建立健全其他各类课程与思想政治理论课协同育人机制，提升高校思想政治教育工作体系的效用。能否建立协同育人机制，直接影响到高校思想政治教育工作体系的质量。开展思想政治教育，仅靠思想政治理论课不行，其他各类课程“各自为政”不行，与思政课相脱离也不行，必须建立其他各类课程与思政课的协同育人机制。首先是要加强教师队伍的协同，形成其他各类课程教师与思政课教师交流合作机制。要鼓励相关领域的专家教授进入思政课课堂，如经济学院老师讲授社会主义市场经济的相关内容，法学教师讲授依法治国的重要意义，食品学院教师讲授食品安全问题等，通过专家教授所展现的敬业精神、人格魅力，所传递的家国情怀、集体主义精神等引导学生在学习知识过程中坚定正确的理想信念；同样，在有些专业课程的教学与实践中，也可邀请思政课教师参与教学设计与指导，隐性渗透正确的价值理念和道德素养等。其次是育人方式的协同。思政课应注重结合学生专业相关的案例开展专题教学，鼓励学生将思政课内容与其专业特点相结合，进行“专题演讲”“热点探讨”等，激发学生对思政课的学习兴趣；其他课程要善于挖掘思想政治教育素材，在知识传授过程中给予学生正确的思想价值引领，如理工科类课程可以围绕食品研发、航天技术、环境保护、科技创新等加强爱国主义教育、敬业精神教育等；艺术类课程可以举办“四个自信”“中国梦”等主题的艺术展览；文科类课程可以开展与思想政治教育相关的专题讨论等，积极探索创新其他各类课程与思政课协同育人的方式方法，提高协同育人效果。最后是要加强协同育人制度建设。要建立高校课程协同育人领导机构，统一协调“课程育人”工作；要强化育人导向加强育人考核，建立健全有利于教师履行育人职责的考评制度，鼓励和增强教师教书育人的责任担当，以此提升高校思想政治教育工作的实效性。

参考文献

[1] 邱开金. 从思政课程到课程思政，路该怎么走［N］. 中国教育报，2017-03-21.
[2] 燕连福，等. 高校各类课程与思政课同向同行育人的问题及对策［J］. 高校辅导员，2017（4）：14.

新发展理念融入“概论”课教学的思考

袁 阳 孙 达*

摘　要：新发展理念集中反映了中国共产党对经济社会发展规律认识的深化，极大丰富了马克思主义发展观，为我们党带领全国人民夺取全面建成小康社会决战阶段的伟大胜利，不断开拓发展新境界，进一步走好中国特色社会主义道路提供了强大的思想武器。加强对新发展理念融入《毛泽东思想和中国特色社会主义理论体系概论》课程的教学研究，是“概论”课教师的一项重要任务。

关键词：新发展理念　“概论”课　思考

新发展理念是中国共产党发展观的最新成果。从维护和用好我国发展重要战略机遇期来看，新发展理念凝结了当代中国发展的实际之需，是与当代中国发展实际契合的，是立足于中国的基本国情、顺应世界发展潮流、把握发展机遇期、厚植发展优势的战略抉择。时代在前进，实践在发展，理念在创新。2015 年 10 月，习近平总书记在关于《中共中央关于制定国民经济和社会发展第十三个五年规划的建议》的说明中指出：发展理念是发展行动的先导，是管全局、管根本、管方向、管长远的东西，是发展思路、发展方向、发展着力点的集中体现。2015 年 10 月 29 日，习近平在党的十八届五中全会第二次全体会议上的讲话鲜明提出了创新、协调、绿色、开放、共享的发展理念。新发展理念符合我国国情，顺应时代要求，对破解发展难题、增强发展动力、厚植发展优势具有重大指导意义。2016 年 1 月 29 日，习近平在中共中央政治局第三十次集体学习时强调：新发展理念就是指挥棒、红绿灯。全党要把思想和行动统一到新发展理念上来，努力提高统筹贯彻新发展理念的能力和水平，对不适应、不适合甚至违背新发展理念的认识要立即调整，对不适应、不适合甚至违

* 袁阳，女，北京经济管理职业学院讲师，博士，yuanyang_1983@163.com。孙达，男，北京经济管理职业学院讲师。

背新发展理念的行为要坚决纠正，对不适应、不适合甚至违背新发展理念的做法要彻底摒弃。2017 年 10 月 18 日，习近平强调，要贯彻新发展理念，建设现代化经济体系。本文结合《毛泽东思想和中国特色社会主义理论体系概论》（2015 年修订版）教材的课程教学实践（以下简称“概论”课）谈谈贯彻新发展理念的几点体会。

一、把新发展理念融入中国特色社会主义建设的伟大实践

“概论”课的基本任务是要向大学生分析阐述中国共产党怎样在马克思主义中国化的进程中，创造了中国化的马克思主义，形成了马克思主义中国化的理论成果，通过马克思主义中国化的理论成果解决中国革命、建设、改革各个阶段的问题，让大学生深刻认识坚持马克思主义指导地位对实现中华民族伟大复兴的重要性，坚定在党的领导下走中国特色社会主义中国化的最新理论成果，是中国特色社会主义理论体系的重要组成部分，是走中国特色社会主义道路必须坚持的重要原则。“概论”课的重点内容是马克思主义中国化理论成果——中国特色社会主义理论。“概论”课程中融入新发展理念是教学的题中应有之义，应该贯穿在整个教学过程中。新发展理念融入课程教学，应根据知识点的契合，合乎逻辑地融入。阐释新发展理念的现实基础和精神实质，引导学生从坚持和发展中国特色社会主义高度把握新发展理念的战略地位，是“概论”课程性质和教学任务的集中体现。在“概论”课教学中把贯彻新发展理念融入中国特色社会主义建设的伟大实践中，主要渗透在第六章社会主义本质和建设中国特色社会主义总任务、第七章社会主义改革开放理论、第八章建设中国特色社会主义总布局三章中。

（一）社会主义本质和建设中国特色社会主义总任务蕴含着新发展理念

新发展理论是解放和发展生产力，全面建成小康社会，实现共同富裕的有力保障。可以从讲清楚社会主义本质和建设中国特色社会主义总任务中引申出新发展理念。

发展理念是发展行动的先导，发展理念的转变，有利于引领发展思路、发展方向、发展方式的转变。改革开放以来，党和政府高度重视发展问题，将发展作为解决中国一切问题的关键。在当代中国，坚持发展是硬道理的本质要求就是坚持科学发展。新发展理念不是空中楼阁，是在深刻总结国内外发展经验教训、深刻分析国内外发展大势的基础上形成的，也是针对我国发展中的突出

矛盾和问题提出来的。创新发展注重的是解决发展动力问题，协调发展注重的是解决发展不平衡问题，绿色发展注重的是解决人与自然和谐问题，开放发展注重的是解决发展内外联动问题，共享发展注重的是解决社会公平正义问题。新发展理念是坚持科学发展的基本内涵和实践要求，社会主义本质的提出及其科学内涵体现了创新发展和共享发展理念。社会主义的根本任务“大力发展科学技术、坚持科学发展”体现了创新、协调、绿色、开放发展的理念。创新应结合习近平总书记提出的“为建设世界科技强国而奋斗”“中国制造2025”等重点问题向学生阐释创新发展理念。同时在“坚持科学发展”中结合人、自然与社会三者之间的内在关系及其困境来阐释协调、绿色、开放发展的理念。

小康是中华民族千百年来孜孜以求的社会理想。中华人民共和国成立以来，经过全党全国各族人民的不懈努力，我国人民的生活水平在20世纪末总体上达到小康，但我们的小康并不是全面建成的一个惠及十几亿人口的更高水平的小康社会。如果到2020年我国在经济发展总量和增长速度上完成了目标，但发展不平衡不协调不可持续问题更加严重，短板更加突出，就算不上真正实现了全面建成小康社会的奋斗目标。小康社会的短板主要在于民生保障等方面，尤其是7000多万农村贫困人口生活水平没有明显提高，所以要做好“精准扶贫”这篇大文章，着力提高发展协调性和平衡性，否则“木桶效应”就会愈加显现。在教学中要讲清新发展理念与全面建成小康社会、实现中华民族伟大复兴的中国梦之间的内在联系。

（二）社会主义改革开放理论是新发展理念的全面展开

改革开放是决定当代中国命运的关键抉择，没有改革开放就没有中国的今天和明天。我国过去39年的快速发展依靠的就是改革开放，未来发展也必须坚定不移地依靠改革开放。面对发展的新要求和人民的新期待，解决发展进程中的各种难题，必须在新的历史起点上全面深化改革。坚持新发展理念是关系到我国发展全局的一场深刻变革。所谓“深刻变革”既是指发展思路、发展方向的变革，也是指发展方式、发展着力点的变革，更重要的是发展机制的变革。改革开放理论丰富的内容体系是对新发展理念的全面展开。在教学中要讲清全面深化改革理论体现和论证了新发展理念。当前，我国面临新一轮科技革命和产业变革，科技创新是我国发展的新要求和人民的新期待。经济、政治、文化、社会等各方面的全面改革，就是要协调理顺各方面的相互关系，就要统筹兼顾、注重平衡、保持均势，促进社会公平正义，增进人民福祉。这都是涉及观念变革、体制变革、发展方向和发展方式变革的重大战略举措，都需要相关领域不失时机地通过全面深化改革加以解决。

扩大对外开放战略就是要进一步“走出去、引进来”，实施内外联动，打开国门做生意、谋发展，优势互补、互利共赢，共享世界经济社会的发展成果，打造人类命运共同体。这就是对共享发展理念的生动、翔实的诠释。同时以“一带一路”建设的倡议和建立亚投行等热点问题，引导大学生理解和认同新发展理念。

（三）中国特色社会主义建设总布局是贯彻五大发展理念的主要载体

中国共产党对中国特色社会主义建设总布局的认识经历了一个逐步发展的过程，从最初的“两手抓”到“三位一体”“四位一体”再到“五位一体”，这说明总布局自身是一个不断发展、日趋完善的过程。经济建设、政治建设、文化建设、社会建设和生态文明建设的协调发展以及它们自身全面、创新发展的过程，蕴含了新发展理念。把贯彻新发展理念与社会主义市场经济理论和经济体制改革、社会主义初级阶段的分配制度以及把握经济发展新常态结合起来。社会主义市场经济理论是对传统社会主义理论的创新和突破，教学中要结合邓小平的南方谈话、十四届三中全会、十六届三中全会及十八届三中全会等精神进行具体阐释。把握经济发展新常态教学中，要引导学生从经济发展新常态的提出背景、特点以及给中国带来新的发展机遇三个方面理解新发展理念提出的背景和必然要求；结合“一带一路”“京津冀协同发展”“长江经济带”等当前热点重点问题阐释区域的协调发展及产业结构的平衡发展。在建设中国特色社会主义政治的教学中，要以国家治理体系的创新为切入点，讲授为建设现代化的国家治理体系，我党在扩大党内民主、健全人民代表大会制度和社会主义协商民主制度的实践中积极探索创新，引导大学生深刻理解创新发展在中国特色社会主义政治中的具体表现和主要形式。在讲授建设中国特色社会主义文化时，围绕中国传统文化的传承和发展、世界各国文化的多元丰富以及文化事业和文化产业的创新发展等说明和诠释新发展理念。

把新发展理念渗透到建设社会主义和谐社会中去。在教学中要结合教育、医疗卫生、就业创业、收入分配、社会保障等人民普遍关心的民生问题，使大学生认识到创新发展、协调发展、共享发展是手段，其目标是实现共享发展，并真正地感受到共享发展所带来的实惠和便利。把新发展理念渗透到建设社会主义生态文明中去。生态文明建设是围绕解决人与自然的关系问题。如何实现绿色发展，涉及如何处理经济发展与保护生态环境的关系、人与自然和谐共存的关系。实现人与自然的和谐共存需要创新发展理念，创新我们的思维方式和价值观念，创新人类的生产生活方式和消费方式。全体人类共享一个地球，需要以开放发展和共享发展的理念打造人类命运共同体。

二、用新发展理念指导“概论”课教学改革，促进学生发展

（一）结合创新发展理念培养大学生创新能力和对中国特色社会主义的自信

在“概论”课程中引导学生贯彻落实新发展理念，教师要率先以新发展理念为指导，开展教育教学改革，提高课堂教学的针对性和实践性，引导大学生更好地理解、认同和践行新发展理念。“概论”课程教师要以教学观念、教学内容和教学方法的创新带动大学生创新能力的培养，培养大学生对中国特色社会主义的自信。

第一，创新教学观念，诱发学生学习动机，引导学生自主学习。

确立引导式和问题式教学观点，诱发学生学习动机，引导学生自主学习。对于“概论”课程教师而言，要改变灌输填鸭式的教学方式，走向引导启发式，使大学生理解认同。对于“概论”课程学生而言，要打破死记硬背的学习方式，鼓励学生主动思考、实践和感悟。由于当代大学生缺少社会经历，对马克思主义理论和中国特色社会主义理论的认同缺乏良好的基础，加上受一些社会思潮的影响，所以在“概论”课教学中直接灌输是行不通的，需要通过历史比较、实践体验、参观考察等方式引导大学生主动思考。在讲授第七章第一节改革开放是发展中国特色社会主义的必由之路时，教师要用翔实的史料、数据和视频向学生透彻分析1958—1960年大跃进和1966—1976年“文化大革命”所带来的灾难和损失，改革开放以来我国发生的翻天覆地的变化和取得的伟大成就以及中华人民共和国成立初期、20世纪70年代末和现今这三个时间段我国与西方国家经济发展状况的对比分析，增强说服力和感染力。又如讲授第八章第一节社会主义市场经济理论和经济体制改革时，教师可以先提出“商品经济产生的条件是什么”等问题引发大学生思考，接着让大学生结合自己的理解进行回答，教师倾听后进行点评和深入引导，然后和大学生一起学习社会主义市场经济的发展历程。

第二，创新教学内容，将理论发展的最新成果和大学生最关心的现实问题融入教学。

“概论”课的主要内容是马克思主义中国化，而马克思主义中国化理论成果是不断丰富和完善的。对于“概论”课程教师而言，要把握理论研究的前

沿，将理论发展最新成果融入课程内容和教学内容。在“概论”课教学中，教师要把十九大精神中没有写进教材的部分引入教学。例如，把新时代新矛盾新目标新征程融入建设中国特色社会主义中，把习近平关于精准扶贫的论述融入社会主义的本质和社会主义初级阶段的分配制度中，把习近平关于国防和军队改革的系列论述融入建设巩固国防和强大军队中，把“四个全面”具体的内在逻辑关系引入课堂和大学生头脑中，使大学生感受到理论的发展和教学内容的吸引力。

把握大学生思想动态，将他们所关心的现实问题融入教学。来自不同地域、不同家庭背景以及不同专业的大学生具有不一样的发展诉求和思想状况，他们所关心的社会现实问题也有很大差异，但是也有一些共性的问题。例如就业形势、国内外发展形势以及党和国家方针政策的变化给个人发展带来的影响；城乡一体化发展、城镇化建设对学生的去向产生影响，是留在大城市还是回家乡发展；南海问题、中国大陆与中国台湾两岸关系问题将影响国内外发展局势甚至危及国家的安危，这些都会对大学生的发展产生影响。

第三，创新教学方法，充分发挥大学生的主体性。

对于“概论”课程教师而言，创新好的教学方法，可以加速学生的精神成长。

以教学创新带动学习创新，调动大学生参与课堂教学的积极性。结合“拇指一代”和“视频一族”大学生的特点，通过对话式教学、实践教学等方式，采用微课、慕课翻转课堂等线上线下活动吸引大学生专注力和参与度。例如，在讲授第八章第三节建设中国特色社会主义文化时，教师可以先播放一段十分钟的视频，请同学谈谈这段视频对其产生了什么震撼，教师可以一边倾听一边补充，甚至谈谈自己的看法，并引导学生从情感描述、内心世界、生活方式、价值观念等方面进行探讨，揭示出文化的力量、实质及其影响，从而真正发挥大学生的主体性。

（二）结合协调发展理念促进大学生全面发展

在“概论”课教学中促进大学生全面发展是指，既要使大学生掌握马克思主义中国化的理论成果，又要培养大学生对中国共产党的政治认同和坚定信仰，对中国特色社会主义的道路自信、理论自信、制度自信和文化自信，以及对马克思主义的坚定信仰。通过“概论”课学习，引导大学生实现知识、情感、信念、能力、行为等多个方面的整体发展，能够理论联系实际，化理论为方法和德行。

“概论”课自身具有丰富的知识体系，涵盖历史、政治、经济、文化、社会、党的建设、外交国防等多方面内容。对于“概论”课程教师而言，既要基于十九大精神开展教学，又要讲清楚中国近现代史上的重大事件以及社会主义建设的探索、改革和发展历程。在教学中讲清楚太平天国起义、义和团运动、洋务运动、维新运动、孙中山领导的资产阶级民主革命、新民主主义革命以及社会主义建设的探索实践等基本内容，通过历史的伟大启示、实践的直观感受、身边的幸福实惠使大学生深刻理解“中国共产党是历史和人民的必然选择”，坚定对中国共产党的信任和马克思主义的信仰。在教学中组织大学生进行原著研读，进行讨论交流，培养大学生对理论的兴趣，提高大学生的理性思维能力。

（三）结合绿色发展理念引导大学生开展生态教育

在“概论”课教学中，贯彻绿色发展理念，就是要净化大学生心灵。教师要坚守“学术研究无禁区，课堂教学有纪律”的底线，严肃对待教学，不丑化和虚无历史，不传播反党反社会主义的言论，不根据网络、微信等各种材料进行恶搞或娱乐化，传播负能量，给党和社会主义抹黑，使大学生丧失正确的历史判断和价值判断。在教学中力求做到“用好的作品吸引人，用好的精神鼓舞人，用好的价值感染人”，积极传播正能量，减少各种不良现象对大学生带来的负面影响，用绿色发展理念和积极向上的思想观点武装大学生的头脑。在实践教学中，通过社会实践、论坛微信等引导大学生践行社会主义核心价值观，弘扬主旋律，引导大学生纯洁精神世界，坚定马克思主义信仰和共产主义理想。

绿色是永续发展的必要条件和人民对美好生活追求的重要体现，代表着身心的健康发展。在贯彻绿色发展理念中要引导大学生开展生态教育。要求大学生爱护环境、尊重自然，树立科学的生活方式、消费方式以及价值观念，反对拜金主义、享乐主义，适当节制个人的欲望和追求。同时引导大学生开展生命教育，结合近年来大学生跳楼轻生事件要求大学生珍惜生命和健康，正视学习和生活中遇到的各种困难或挫折，形成较强的自信心和心理承受能力。

（四）结合开放发展理念培养大学生的国际视野

开放是国家繁荣发展和教育现代化的基本特征。新常态下我国开放发展的趋势是从提升当前效益到构建利益共同体，是从对外开放到内外联动，是从消除边境壁垒到消除境内壁垒，是从顺应国际潮流到影响国际环境。在讲授改革开放理论时，可以引导大学生深刻感受和体验改革开放所产生的巨大变化，共享开放发展的成果。通过当代不同历史阶段的纵向比较、国内外不同区域的横向比较，引导大学生站在世界发展全局的高度，树立开放胸怀，肩负起国际责任，使古今中外的社会科学理论成果为我所用，不断丰富和发展马克思主义，培养具有国际视野、通晓国际规则、能够参与国际事务和国际竞争的国际化人才。在教学过程中要充分使用国内外各种开放的教育资源，如将图书馆、博物馆、爱国主义教育基地等作为教学实践基地，获得推动发展的各种资源和机遇，为提升学生思想政治素质搭建平台。

（五）结合共享发展理念培养大学生责任感

共享发展强调的是“人人参与、人人尽力、人人享有”。共享并不是坐享其成，而是全体人民一起参与、努力创造出极大丰富的物质产品和精神产品。在贯彻共享发展理念时，要引导大学生积极参与共建，使大学生认识到“只有付出努力和劳动之后才有共享发展和获得感”，肩负推动社会发展进步的责任感和使命感。共享发展的实质是追求社会的公平正义。贯彻共享发展理念，要求教师和大学生之间平等，应该是和谐的师生关系。在互联网时代，学生和教师平等地获取信息和各种学习资源，在人格上是平等和互相尊重的。在课堂教学中，教师鼓励学生积极思考，认真倾听学生发言，找到学生的闪光点和学习需求。学生之间也是平等相处的。在教学中，教师要采取团队小组合作学习、集体开展实践性教学以及主题演讲、辩论等活动，引导学生学会关心和共处，相互尊重，树立共享发展的理念，建设互帮互助的学习共同体，培养大学生的责任担当意识和公平正义感，切实履行社会责任。

参考文献

[1] 顾钰民，张济琳．讲好当代中国主旋律［M］．上海：复旦大学出版社，2017：23－32.
[2] 耿超．中国特色社会主义文化自信论［M］．广西：广西师范大学出版社，2016：42－45.

新时代大学生思政课学习动力提升探析

——基于新发展理念的视角

陈树文　林柏成*

摘　要： 新时代大学生对思政课学习表现出的动力不足的现象比较普遍，其背后有着多方面的因素影响。新发展理念为高校思想政治教育的发展指明了方向。以新发展理念为引领促进大学生思政课学习动力的提升，必须始终坚持创新发展理念，注重改进教学方法与完善评估体系；始终践行协调发展理念，注重平衡学科关系与优化配置资源；始终贯彻绿色发展理念，注重传播主流价值观与弘扬正能量；始终秉承开放发展理念，注重构建反馈机制与促进互动交流；始终落实共享发展理念，注重增强师生获得感与深化满意度。

关键词： 新时代　新发展理念　思政课学习动力

习近平总书记在党的十九大报告中强调，要全面贯彻党的教育方针，落实立德树人根本任务，发展素质教育。在新时代的今天，落实立德树人的任务，推进素质教育，必须下大气力抓好思想政治教育工作。促进思想政治教育工作向更好方向发展，必然要发挥好高校思想政治理论课的主渠道、主阵地作用。大学生是高校思政课的受教育对象，思政课的教学效果如何，大学生学得好不好，很大程度上取决于大学生自身的学习动力。当前，大学生思政课学习动力不足或弱化的情况时有显现，思想政治教育领域面临着全新的挑战，改善这一状况迫切需要与时俱进的发展新理念的指导。党的十八届五中全会提出“创新、协调、绿色、开放、共享”的新发展理念，这是我们党立足当前实际，顺应时代潮流，回应人民关切所做出的重大战略决策，丰富了中国特色社会主义发展理论的内涵，开辟了中国共产党治国理政的新境界。新发展理念兼具合理性、科学性与普遍指导性，实践证明，它已经并将继续成为当下乃至今后我

---

* 陈树文，女，北京交通大学马克思主义学院教授，博士生导师；林柏成，男，北京交通大学马克思主义学院博士研究生。

国各项事业发展的实践向导与科学指南。

发展是一个永恒课题，必然渗透到涵盖思想政治教育在内的各个领域。中国特色社会主义新时代，将新发展理念很好地融入高校思想政治理论课教学体系，从根本上提升大学生思政课学习动力，是增强高校宣传思想工作实效性的重要内容，是改进思政课教学质量的内在要求，是全面提高当代大学生素质能力的逻辑必然。本文以新发展理念为视角，以学习动力为切入点，深入梳理当前大学生思政课学习动力缺失的表现并分析其主要原因，最后着重探讨提升大学生思政课学习动力的策略，以期为新时代思想政治教育教学质量的提升提供理论借鉴，进而为大学生的成长成才贡献绵薄之力。

一、新发展理念的内涵

“创新、协调、绿色、开放，共享”发展理念的提出，是依托现实国情，认识、适应与把握经济发展新常态，遵循实践发展规律的新思路与新举措。这五大新发展理念内涵丰富，每一个理念都有其侧重点。其中，创新是发展的灵魂，将创新摆在发展全局的优先位置，强调的是要解决发展的动能问题；要将创新精神贯穿到一切发展领域与发展的全过程当中，积极运用新的理念、手段和方法着力解决发展中的各种问题，不断夯实发展根基，形成源源不断的发展动力。协调发展，就是要解决发展中的不平衡问题，要处理好发展过程中的各种矛盾和关系，促进发展实现系统化、整体化与协同化，这是辩证发展的内在要求，也是对马克思主义辩证法思想的良好坚持与继承。绿色发展，强调要促进人与自然和谐共生，要准确把握生态文明建设规律，努力使人们形成绿色价值取向、绿色思维方式、绿色生活方式，着力推进绿色惠民、绿色生产、绿色富国，大力建设美丽中国，这是实现中华民族永续发展的题中之义。开放发展，就是要解决好发展的内外联动问题，要顺应我国经济深度融合世界经济的趋势，充分利用国际国内两个市场两种资源，发展更高层次的外向型经济，形成互助合作深度融合的格局，积极构建广泛的利益共同体、命运共同体。共享发展，就是要解决好社会公平正义的问题，要求我们需在做大“蛋糕”的基础上，认真把“蛋糕”分好；注重的是人民的获得感与满足感，要努力体现人民的主体性地位，使得人民能更多地、更公平地享有改革发展的成果。习近平总书记指出：“五大发展理念是不可分割的整体，相互联系、相互贯通、相互促进，要一体坚持、一体贯彻，不能顾此失彼，也不能相互替代。”创新是发展的动力源泉，协调是发展的根本原则，绿色是发展的必要条件，开放是发展的环境布局，共享是发展的目的归宿，共同构成了指导和引领当今中国各领域发展的全新理念和行动指南。

二、大学生思政课学习动力缺失的表现和主要原因

当前，一些大学生把学习思政课作为应付考试、修满学分的任务，对思政课采取简单而直接的排斥态度和否定倾向，某些学生觉得思政课没有多大用处而厌学甚至拒学，某些学生觉得自己对思政课教的这一套不信而弃学，总之在认知取向和学习选择上产生了消极心理，形成了接受性心理障碍。表现为课前预习少，课后不复习，上课状态不理想，课堂互动讨论少，容易开小差，缺课现象普遍，作业抄袭，随意复制，考前突击背，考后基本忘等。这些都是大学生思政课学习动力不足的重要表征，直接影响了思政课教学的实效性，影响了育人目标的实现，必须引起我们的高度重视。笔者认为，当前大学生思政课学习动力缺失的主要原因表现在以下几个方面。

（一）学校方面

一方面，从教学内容特点来看，思政课课程体系繁多，理论性较强，其影响学生的过程是潜移默化的。当前思政课教材更新相对较慢，内容讲述方式比较固定，深层次的研究或解说较少，教材启发性不够，因而对学生难以产生较强的新鲜感和吸引力。另一方面，如果教师单纯采用填鸭式的灌输教学方式，不注意丰富教学艺术与方法，不注重联系学生的思想实际，课堂互动讨论较少，学生不能感同身受、形成情感认同，整个思政课堂就会成为学生的“催眠课”。最终学生们必然会因为思政课的长期乏味枯燥而产生抵触心理与厌学情绪，这样就更消磨学生的学习热情与动力。

（二）社会方面

当前我国正处在深化改革的关键时期，人们的思想观念也越来越多元化。由于市场经济的负面作用，功利主义、拜金主义、享乐主义、实用主义等不良社会思潮也会对大学生产生消极影响。同时，面对丰富多彩的大学生活和宽松舒适的环境，部分学生不愿意把时间和精力用在学习上，有的沉浸在社团组织或其他集体活动当中，有的把时间用于做兼职和经商，有的沉迷于网络当中不能自拔，还有的甚至深陷感情的旋涡而把学习抛于脑后。再者，由于较大的就业压力和求利动力，大部分学生急功近利地专注于专业技能的学习，对思政课的学习抱可有可无的心态。长此以往，大学生对思政课就会形成思维惰性，易造成思政课学习动力的弱化。

（三）学生个人方面

其一是认知问题。人们对外部世界的认知与评价，及在此过程中形成的对客观事物的情绪体验，可对认识主体产生直接影响。部分大学生对思政课学科认识存在偏差，很多学生表示这些课程内容枯燥乏味，理论性太强，与实际联系不明显，他们无法从思政课中寻找到实用的获得感，因而容易对思政课所提倡的道德价值观产生质疑与困惑。在他们当中，主动投入思政课学习的动机不强，为了实现自身全面健康发展而学习思政课的人较少，大多数则是为了考试或增加升学筹码而不得不为之。“60 分万岁，多一分浪费”与“只求通过”的目标定位，使得部分大学生在思想政治理论课的学习中出现一系列的敷衍行为。其二是学习关注点问题。由于专业课学习压力大，很多学生无暇顾及思政课，思政课的学习就被放到了边缘化地位；还有部分学生疲于应付英语四六级考试、计算机考级与各类考证，这种现象在理科生中表现得较明显，而体育、艺术等专业较其他专业尤甚。学生的学习认知偏好、投入时间及学习压力必然会部分地消解其对思政课的学习动力。

三、以新发展理念为引领促进大学生思政课学习动力提升

提升大学生思政课的学习动力，是一项系统工程，必须要有科学发展理念的引领与指导。作为马克思主义中国化最新成果的重要方面，“创新、协调、绿色、开放、共享”的新发展理念是顺应新形势、促进新发展的产物，标志着我们党对社会主义建设和发展规律的认识达到了一个新高度。鉴于新发展理念的科学合理性及普遍适用性，高校思想政治教育工作自然要积极吸收借鉴，尤其要以增强大学生思政课学习动力为着力点，将新发展理念融入思想政治理论课教材、课堂与实践等方面，持续提振大学生思政课学习热情，不断使思政课的质量上台阶、上水平。

（一）始终坚持创新发展理念，注重改进教学方法与完善评估体系

作为新发展理念的动力与灵魂，创新是社会发展进步的源泉，也是思想政治教育工作永葆生机活力的根本所在。提升大学生思政课的学习动力，必须要把创新摆在重点地位。具体来看，首先，应对思想政治理论教育课的教学方法和手段进行创新。在思政课堂上，应主动改变单一的教学模式，用喜闻乐见的语言、丰富新颖的形式与活泼生动的事例来活跃课堂气氛，善于把讲授、讨论、演讲、辩论等多种教学形式有效地结合起来。如在课堂教学中可结合讲授

专题，或播放纪录片以增加学生的教学内容的感性认识，或穿插安排适当的游戏或表演，增加课堂讨论环节或团体竞赛活动，以增强学生的体验性和参与性等，这些都是提升大学生思政课学习动力的好办法。此外，还要充分重视网络资源和多媒体信息技术手段的运用，将传统的教育优势与现代网络尤其是新媒体的优势运用有效结合起来，兼顾对大学生的灌输教育与体验关照，实现教学效果的本质提升。其次，要完善评估体系，创新考核测评机制。当前，众多高校对学生的考核所采取的形式是平时成绩与考试成绩各自折算后相加而形成最终的评价（多以考试成绩为主，平时成绩为参考）。而考核内容几乎全是书本上的理论知识，学生考前突击背、考后全都忘，这样不利于学生学到真正的知识，容易降低他们的学习成就感与学习原动力。因此，我们必须摆脱过去僵化的、单一的考核形式，要从教育教学、学生发展等角度，建立多维度、人性化、可操作性强的评价机制。任课教师在学期考核的制定中，要让考试内容更多样化、人性化，坚持理论与实践相结合，重视考察大学生思想政治素质、道德品质和运用理论解决实际问题的能力。同时，还可将考核与学生平常的社会实践、素质拓展等环节挂钩，还可引入第三方评价主体，如辅导员参考测评的形式。这样就能更好地激发大学生的学习积极性和主动性，使之自发自觉地关心时政与自身的综合素质发展，增强学好思政课的动力。

（二）始终践行协调发展理念，注重平衡学科关系与优化配置资源

协调关注的是发展中的不平衡问题，强调要把握整体的发展态势，合理优化资源。思想政治教育领域存在着资源不均衡的现象，主要体现为学科的差别对待以及师资力量分配不均衡等，这些不平衡的情况对教师上好思政课、对增强思政课的实效性、对大学生的学习热情动力提升等都会产生直接的消极影响。因此，必须深入践行协调发展的理念，统筹协调各方，促进不同学科、不同高校、不同院系、不同教师之间的平衡发展，优化教学资源的配置率，这必然能对提高大学生思政课的学习动力产生根本的影响。一要促进思想政治理论课与其他课程的协调发展。在重视程度、资金投入、课程时间安排、教师分配等方面做好优化配置，使思政课与其他学科相得益彰、共同发展。只有思政课与各学科相互协调，大学生才容易形成思维习惯，才能更好地将精力投入到思政课的学习当中。二要协调好教师资源的发展。首先是思政课教师之间协调发展，要定期研究、集体备课、相互借鉴支持、共同完成思政课的教育教学目标；其次是教师自身协调发展。一方面，教师要加强思政课所有课程的学习和研究，善于融合各门课程的内容；另一方面，教师要协调好科研和教学的关系，让二者之间相辅相成，相互促进。三是要根据学校学生的实际情况与教室

资源情况，适当平衡课堂学生的分配比例，调整大班教学制，改善课堂松散状。缩减大班教学的规模，是有效提高教学质量的一个重要前提和保障，也是提高学生的学习积极性和注意力的重要条件。只有这样，才能形成高校齐抓共管思政课的生动局面，教师才能有更多的心思、更强的底气上好思政课，大学生的学习动力也才能随之逐渐增强。

（三）始终贯彻绿色发展理念，注重传播主流价值观与弘扬正能量

绿色发展理念是一种可持续的、利于健康、利于长远发展的理念。这种理念在思想政治教育中体现在教育内容与教育环境等方面上。在思想政治教育领域，围绕着以提高大学生思政课学习动力为中心，贯彻绿色发展理念，一要牢牢把握马克思主义在意识形态的主导地位。新时代各种网络传播手段呈现出多样化、多元化、立体化的特征，在极大地便利思政课教师搞好教学的同时，网络虚拟空间的复杂性与传播的广泛性极大地增加了思想政治教育工作的难度，网络传播的部分内容与论断在不同程度影响着学生的价值观与是非曲直的判断、审美标准。因此必须将绿色发展理念贯穿思政课始终，要把马克思主义的基本原理很好地灌输给学生，让学生懂得运用马克思主义的立场观点方法分析解决现实问题，让他们自觉抵制错误思想的侵蚀。二要培育与弘扬社会主义核心价值观。培育与弘扬社会主义核心价值观是新时代思想政治教育的重要任务，也是上好大学生思政课的重要内容。习近平在党的十九大报告中强调，要以培养担当民族复兴大任的时代新人为着眼点，发挥社会主义核心价值观的引领作用。作为培养民族复兴大任时代新人的文化引领，社会主义核心价值观是中华民族传统文化与时代先进精神的凝练概括，兼融生命力、感召力与凝聚力为一体，对塑造大学生良好价值观念有着巨大的促进作用。将社会主义核心价值观教育有效融入思政课堂中，必然能激发大学生群体的情感认同与学习共鸣，使学生感受得到思政课对自身的具体成效，这样就能更好地增强学习思政课的动力。三要营造一个积极向上的良好校园氛围，抓好学风、考风建设等，这也是贯彻绿色发展理念的重要举措。比如，可借助思政课的平台，适当组织学生参与各种学术报告会、名家讲座等活动，不仅可以满足学生的精神文化需求，还能开阔学生的视野，增长学生的知识，激发学生刻苦上进、奋发图强的精神，以便更好地增强学生思政课的学习动力。

（四）始终秉承开放发展理念，注重构建反馈机制与促进互动交流

秉承开放发展理念，就是要围绕提升大学生思政课学习动力这个中心，注重构建反馈机制与促进互动交流。具体来看，一是将开放理念融入课程反馈活

动中。思政课的反馈活动应具有开放性，思政课的成效不能仅凭考试成绩等渠道考核，而要善于借助多种渠道来检验课程的效果。可定期开展调研活动，针对教师思政课的质量，通过问卷调查、师生互动、谈心交流、网络测评等方式，考察一段时间以来学生对教师上课成效的评价。二是可开设网络课程，建立多样化的学生网络学习平台，建设优质网络课程资源库，让学生在网上学习、网上互动、网上测试，这样不仅能激发大学生学习兴趣，增强学习动力，还能减轻教师的负担，从而取得良好的学习效果。三是鼓励各高校的思政课教师参与思政课课程的联盟，通过联盟，各高校教师可更好交流互动，能交叉考察其他高校的思政课授课情况、思政课教师队伍建设情况，方便一起协作开展科研活动、攻克教学难题、分享各自独到的教学经验，以此提升思政课的授课质量。四是要构建开放的思政课课堂，可根据上课的主题内容，引导大学生自觉主动地走出课堂、走进社会，积极参与到社会实践当中，在与其他同学或其他高校的学生互动交流中接收、吸纳更多的思想政治教育资源，在学以致用中检验对所学知识的理解。只有充分激发学生的主观能动性，大学生才能成为思政课学习的真正主人，其学习动力与热情才能得到更好地提升，才能真正实现思政课进教材、进课堂、进学生头脑的真正效果。

（五）始终落实共享发展理念，注重增强师生获得感与深化满意度

共享发展理念是新发展理念的归宿与落脚点。在思想教育领域贯彻新发展理念，最根本的就是要使教育主体与受教育者同步增强获得感，使得教育资源能更好地普惠师生，使大家在共创共建中提升满意度。创新、协调、绿色、开放理念所贯彻的措施与建议，都是为了增强师生获得感与深化其满意度。此外，为了提升思政课教学的实效性与增强大学生思政课的学习动力，落实共享发展理念，还要推进师生资源共享。比如，可让学生参与教师备课，教师参与学生活动；为让学生有所思考和准备，教师可提前将备课资料、内容告知学生，与之进行沟通交流；学生也可及时将自己所关注热点难点告知教师，让教师备课更有针对性。高校可探索由高校财政与知名校友、龙头企业、科研机构等共同设立的思政课教学基金，支持高校思想政治教育工作，甚至根据实际设立思政课学习奖励基金，专门奖励思政课学习优秀的学生。这样必将能极大地振奋教师思政课教学的热情，提升大学生思政课学习的动力，进而有效增强思政课教学质量。另外，要推进教师资源共享，鼓励和支持各专业的教学名师与学术带头人，专职或兼职从事思政课教学，并发挥离退休相关学科专家学者或骨干教师在思政课教学中的作用；教师之间要加强交流，要借助微信群、朋友圈、微博、飞秋、钉钉等网络平台，共享教学信息，互相学习，互相进步；还

要积极改善教学条件，注重提升教师经济待遇，将思政课教师的岗位津贴、课时补助、年终绩效等纳入内部分配体系统筹考虑当中。只有这样，师生才能有更多的获得感与满意度，大学生思政课学习动力的提升才更具可靠的保障，立德树人的目标也才能更好地实现。

总之，新时代大学生对思政课学习表现出的动力不足的现象比较普遍，其背后有着多方面的原因。真正保证思政课教学的实效性，充分提高学生思政课学习动力，是一项艰巨、复杂、长期的任务，不是一朝一夕能完成的。新发展理念为高校思想政治教育的发展指明了方向。作为新时代思想政治理论教育工作者，我们必须将党的十九大精神学懂、弄通、做实，集思广益，开拓进取，努力完善思政课学生学习动力的提升机制，扎实提高教学质量。只有未雨绸缪、勇于探索、积极建设，大学生学习思政课的动力才能不断提高，我们的教学才能收到较好的效果，才能为中华民族伟大复兴培育更多优秀的接班人才。

参考文献

[1] 郭亮亮．大学新生思想政治理论课学习动力研究——以河南科技学院为例 [J]．内蒙古师范大学学报（教育科学版），2016（2）：61－64.

[2] 刘云．高校思想政治教育的困境与出路——以五大发展理念为视角 [J]．党史博采（理论），2016（11）：62－64.

[3] 姜恒，毕玉建，吕庆建．对“五大发展”理念引领高校思政课教师队伍建设的思考 [J]．特区经济，2017（8）：47－51.

生态价值观教育融入高校思想政治教育的意义及实践途径探索

李宏芳*

摘　要：近年来国家把生态文明建设放在突出的地位，党的十九大报告把生态文明建设提升到“加快生态文明体制改革，建设美丽中国”[1]的战略高度，为与此国家战略相适应，满足国家加强国民生态文明价值观教育的要求，作为承担高端人才培养重任的高等院校，必然要把生态价值观融入人才培养全过程，可以说在高校思想政治教育中融入生态价值观教育不仅是为保证国家战略实施提供人才支撑，也是高校实现人才培养目标的必然要求，更是一项高校思想政治教育改革创新的系统工程。为此高校必然会从理论研究和实践探索两个方面探寻将二者相融合的理论支撑和实践方法，高校思想政治工作者必然会结合学生特点、学校特色将生态文明的新理念、新战略与思想政治教育内容高度融合，拓展适合当代大学生提高生态文明意识的教育教学方式，这将具有十分重要的现实意义。

关键词：高校思想政治教育　生态文明观教育　意义及实践

近年来随着经济社会的快速发展，国家也越来越把生态文明建设放在突出的地位，党的十七大报告首次提出“要建设生态文明”，党的十八大把生态文明建设提升到“五位一体”总体布局的战略高度，再到党的十八届五中全会又进一步提出“绿色发展”的理念，党的十九大特别强调要“加快生态文明体制改革，建设美丽中国”，习近平总书记多次强调“必须树立尊重自然、顺应自然、保护自然的生态文明理念，把生态文明建设放在突出地位，努力建设美丽中国，实现中华民族永续发展”。“良好的生态环境是最公平的公共产品，是最普惠的民生福祉。”习近平同志这一系列重要论述，深刻揭示了保护生态环境的民生本质，升华了对生态文明建设重要性的认识。广大青年学生作为中

* 李宏芳，女，北京财贸职业学院副教授，硕士研究生。

国特色社会主义事业的建设者和接班人，作为中华民族优秀传统文化的继承者和发扬者，作为中华民族伟大复兴中国梦实现进程中先进理念的创新者和实践者，他们素质的高低直接关乎着中华民族未来的希望。高校作为重要的教育阵地，做好青年学生的生态文明价值观教育具有重要的战略意义。作为高校教育工作者，必须责无旁贷，引领和教育广大学生认真学习好、领会好、贯彻好国家关于生态文明建设的战略部署，把生态文明价值观教育摆在更加突出的位置，将这一教育理念与思想政治教育润物细无声的强大功效相结合。

引导广大青年学生将生态文明理念根植于理想信念中，教育广大青年将节约资源和保护环境的基本国策体现在日常学习生活中，通过教育引导，带领广大青年学生坚持节约优先、保护优先、自然恢复为主的“绿色发展”方针，积极把生态文明建设融入他们参与国家经济建设、政治建设、文化建设、社会建设等各方面和全过程中，使其勇于承担起建设美丽中国的重任。

一、生态价值观教育融入高校思想政治教育的意义

（一）高校生态文明价值观教育的内涵

1. 生态价值观

生态价值观是人们在直接处理人与自然的关系，间接处理人与人的关系时所反映出的价值意识。生态价值观是一种生态发展观，这种生态发展观讲求对自然有敬畏的态度，需要爱护和保护生态环境，在人与自然共存的空间中，二者能够达到和谐共存，科学地发展[2]。生态价值观一方面强调了人类和社会都是自然系统的有机组成部分；另一方面强调了人类发挥自己的创造性以及在自然环境中主体能动性的自由发挥。从人们所持有对自身在生态环境中的地位及作用可分析那是不是一种科学的、合理的生态价值观[3]。在过去的历史发展中，人类在处理与自然的关系过程中，经历了不同的发展阶段，亦呈现出不同的生态价值观，从最初“有神论”的“天定胜人”表现出人类对自然的敬畏，到后来“人定胜天”体现了人类对自然界毫无节制的“征服与掠夺”，再到今天我们提出的“绿色发展、循环发展、低碳发展”展现了人与自然的和谐发展，充分体现了人与自然关系的变化。

2. 高校生态价值观教育

不同人群可能具有不同的生态价值观，文明、科学的生态价值观具有积极向上的意义，野蛮、落后的生态价值观将阻碍经济社会的发展[4]。高校作为人

才培养的重要场所，承担着开展价值观教育的社会责任。本文所谈及的高校生态文明价值观教育，就是指高校教育工作者围绕教育引导广大青年学生着眼于国家、民族、人类未来发展的长远利益，牢固树立文明、科学的生态价值观，自觉养成爱护环境、节约资源和维护生态平衡的意识及相应的文明行为规范所开展的一系列有目的、有机会、有组织的教育实践活动的总称。

从教育内容上看随着人类进步、社会发展，价值观教育涵盖的内容也日渐丰富，社会价值观、政治价值观、道德价值观等无不包含其中，近年来人们对如何处理和看待人与自然间的关系问题越来越重视，生态价值也随之相伴而生，因此生态价值观的确立也成为我们必须面对的现实，与此相对应的生态价值观教育也成为高校教育工作者义不容辞的责任。简言之，高校思想政治教育里包括价值观教育，该价值观教育中又包括生态价值观教育的具体内容[5]。

从教育阶段上看，价值观教育贯穿于教育的各个阶段，但只有在高等教育阶段，因广大青年学生思想上趋于成熟，生态价值观才能够得到正确地树立和发展，并一旦形成不会再轻易改变和动摇，将会影响和指导其日后工作生活等方方面面。因此在高等教育阶段引导大学生认识了解生态文明建设的基本知识，通过各种社会实践活动引领他们在潜移默化中淡化自身的利益追求，树立科学的自然生态观和正确的生产消费观，着眼于长远发展，启发其学以致用，塑造其秉承良好的生态道德素养，对加快生态文明体制改革具有很重要的意义。

（二）高校加强大学生生态价值观教育的意义

1. 满足我国经济社会新时代、新形势下发展的客观要求

适应新常态、把握新常态、引领新常态，保持经济社会持续健康发展，必须坚持正确的发展理念。党的十八届五中全会指出，坚持创新发展、协调发展、绿色发展、开放发展、共享发展，是关系我国发展全局的一场深刻变革。党的十九大报告明确指出人与自然是生命共同体，人类必须尊重自然、顺应自然、保护自然。

当前我国面临环境污染严重、资源匮乏及经济增长与资源、环境之间的不协调，在现阶段迫切需要我们推进建设“资源节约型、环境友好型社会”，走可持续发展道路。党的十九大明确指出要推进绿色发展，倡导简约适度、绿色低碳的生活方式，反对奢侈浪费和不合理消费，开展创建节约型机关、绿色家庭、绿色学校、绿色社区和绿色出行等行动。绿色发展理念明确了我国在社会主义初级阶段时期必将长期坚持生态文明建设发展的重要指导思想，这就迫切

地要求作为生态文明建设的主阵地——广大高校更应加强对大学生的生态价值观教育，培养出新时代、新形势下生态文明建设的拥护者、实践者、引导者。

2. 完善高校生态价值观教育，充分发挥大学“文化引领”作用

将引领社会文化建设作为高等教育的一个新职能，具有价值观角度的教育本质论的理论依据[6]。高校的广大师生从大学产生至今都是社会各阶层中文化引领的先导者，因其掌握着最先进的科学文化知识并易于接受先进文化的影响，因此其总是列于文化传承创新的最前沿。当前生态文明建设理念已经成为现今经济社会发展的先进理论，高校的广大师生作为文化传承与创新生力军，也必然会站在生态文明建设前沿阵地，引领生态价值观教育的潮流和趋势。具体而言，首先，高校在其文化资源方面具有不可替代的优势，完善的教育体系、齐全的师资配备等，这都为高校开展生态价值观教育提供了必要的条件。其次，大学生在各方面都具有较高的文化素养，代表着先进文化的发展方向，而且在主观意识方面也具有较强的能动性，我们应该充分发挥大学生的主观能动性，培养其在大学这个重要阶段形成正确的生态价值观。最后，大学生将离开高校这个学业生涯的终点站，走进竞争激烈的社会，可以说初入社会的大学生，他们不仅是传播生态文明建设理念的先锋队，也是保护生态环境系统的主力军。因此，开展高校生态价值观教育对发挥大学的“文化引领”作用具有非常积极的意义。

3. 加强大学生生态文明教育是促进大学生全面发展的必然要求

可以说，在推进中华民族伟大复兴的进程中，青年大学生不仅应勇于承担我国经济社会发展的生力军，更应成为生态文明建设的急先锋。高等教育阶段接受的教育理念和思维方式将直接影响广大青年学生工作后秉承的工作理念和思维方式，换句话说，大学生对生态文明建设理念的认识理解和自身素质能力水平的锤炼，关系到他们在未来职业发展和日常生活中，如何支持国家生态文明建设战略，如何坚持节约资源和保护环境的基本国策，如何运用所学专业知识，着力推进绿色发展、循环发展、低碳发展的改革创新，这些对于大学生个人而言意义重大，对于国家建设和社会发展也同样意义深远。综上所述，高校必须在高等教育阶段，开展富有成效的生态价值观教育，帮助大学生树立正确的生态文明建设理念，高校必须牢牢把握大学生思想政治教育的主阵地和主渠道，在开展人生观、价值观、世界观教育过程中必然将生态价值观教育融入其中。在大学生思想政治教育过程中融入生态文明建设的理念，是培养其生态文明意识的重要途径。培养适应社会需求、满足国家需要的大学生，不是单纯地培养其掌握专业知识，而是要培养全面发展的大学生，是培养“创新发展、

协调发展、绿色发展、开放发展、共享发展”的大学生，是培养能够全面认识与践行生态文明观念的大学生，是培养兼具处理生态问题能力与具备时代发展所需要的生态文明素质的大学生。这就要求高校通过创新发展思想政治教育的方式方法，切实将生态文明建设理念、方法等内容纳入高校思想政治教育范畴，强化大学生生态文明建设意识，提升生态价值观教育的实效性，促进生态人才的教育培养，这对我国未来环境的可持续发展具有十分重要的意义。

二、生态价值观教育融入高校思想政治教育的实践途径

从以上分析不难看出，无论从国家发展、民族复兴的角度，还是从社会进步、经济建设，抑或是从促进大学生自身发展的角度而言，将生态价值观教育融入高校思想政治教育中都是高校思想政治教育工作者义不容辞的责任和义务，那么在当前形势下，高校势必将结合高等教育发展规律、高校自身发展实际和大学生成长成才规律，通过一系列的策略和方法，主动回应时代发展的诉求，自觉践行绿色发展理念，加强对大学生的生态文明价值观教育，以此实现高校帮助大学生形成正确的生态意识和行为的教育目标，为民族复兴和社会进步培养高素质的生态文明建设可用之才，下面就具体分析高校做好生态价值观教育融入高校思想政治教育的具体实践途径。

（一）高校应注重提升生态文明教育的育人理念

建设生态文明是一场涉及生产方式、生活方式、思维方式和价值理念的革命性变革，面对这场变革给全社会带来的强大冲击，习近平总书记多次强调，“走向生态文明新时代，建设美丽中国，是实现中华民族伟大复兴的中国梦的重要内容”，肩负人才培养重任的高校必须着力增强生态文明教育的育人理念，把握社会发展新的阶段性任务及要求，积极通过理念创新、教育教学方式改革等手段，满足社会对高校人才培养目标及质量的期望和需求，培养出一批批秉承“五大发展理念”的高素质创新型人才。

加强大学生生态文明思想政治教育势在必行，既是为了提高大学生认识自然与改造自然的能力，又是为了帮助大学生在改造自然的同时树立正确的生态价值观念。可以说将生态文明价值观教育纳入高校思想政治教育的重要范畴，反映了高校秉承“五大发展理念”的内在要求，是高校积极推进生态文明建设的必然举措，是高校努力服务时代发展的迫切要求，是高校勇于担当社会责任的直观体现。在这一理念的指导下，高校各级领导、广大教师员工要坚持与时俱进，紧紧围绕国家关于生态文明建设的大政方针、政策，以此为指导，在

生态价值观教育中给予人力、物力方面的充分支持和保障。

（二）高校应注重丰富、创新生态价值观宣传教育载体

加强大学生生态价值观教育其实质就是社会主义核心价值观在高校思想政治教育领域中推进生态文明建设的具体体现。在这种大的社会背景下，在大学生价值观形成和确立的关键时期，高校在生态文明建设理念的指导下，借助各种宣传教育载体，注重全方位地培养大学生的生态价值观，大力开展“绿色就是发展，发展必须绿色”的生态价值观教育，引导大学生明白绿色发展是经济、社会、环境协调发展之路，也是其自觉追求人的绿色发展和社会的绿色转型，把绿色理念内化为绿色素养，养成勤俭节约、绿色低碳、文明健康的生活方式[7]。为此，各高校要坚持在生态价值观教育中，注重发挥思想政治教育的显性教育方式和隐形教育手段相结合的办法，注重充分利用校园网、学校官微、学校微博等网络媒体和宣传栏、校内广播站、校内媒介等显性宣传教育方式，精心设计形式新颖、通俗易懂的漫画、故事等宣传形式，全方位宣传国家生态文明建设的方针、政策、环境保护的基本知识，让学生在校内校外、网上网下时刻置身于生态文明教育中，充分发挥思想政治教育潜移默化的育人功效。另外围绕人才培养目标，借助“名师名家讲堂”“知名校友论坛”等各种德育平台，将生态文明建设的典型人物、优秀事迹通过宣讲、宣传、演讲等方式，及时有效地讲述给学生听，传递更多生态文明建设正能量，通过各种方式打造高校生态文明建设能量场，通过思想政治教育构建生态文明建设向心力，引导广大青年学生做生态文明建设宣传者和绿色家园的保护者，将生态价值观教育渗透到大学生校园生活的方方面面，使青年学生逐渐形成生态文明意识，与高校共同努力营造浓厚的校园生态文明文化氛围。

（三）以思想政治理论课为主渠道，拓展高校生态价值观教育的教学方法

高校思想政治理论课是高校进行思想政治教育的主阵地，应充分利用这一主渠道，在对大学生进行世界观、人生观、价值观等马克思主义最一般的理论教育时，在教育形式上，通过改革创新课程设置、突出社会实践育人功能、加强思想文化引领等多种方式予以落实[8]；在教育内容上，适当增加生态价值观教育内容，强化生态理论教育，使大学生正确认识人与自然关系；在教育方式上，通过案例教学、情景教学、网络互动等师生良性互动方式，提高生态价值观教育的吸引力和影响力，逐步培养学生生态文明观，努力提升包括生态文明素质在内的大学生综合素质，促进广大青年学生全面长远发展，最终实现通过

青年学生的影响力推动人类社会实现人与自然和谐发展的目的。

（四）加强日常思想政治教育引导，夯实高校生态价值观教育基础

大学生相比高中生最主要的特点是其独立自主开展学习生活，这期间高校各种教育教学活动成为促进其成长成才最重要的内容，这其中日常思想政治教育在高校育人过程中处于首要位置，为了引起大学生对生态问题的关注，帮助他们尽早树立起生态价值观念，日后能更好地践行生态价值观，服务生态文明建设，必须加强大学生生态文明日常思想政治教育。具体而言，就是在大学生思想引导、心理疏导、职业生涯规划、就业指导等过程中，都要秉承生态文明价值观，把生态文明意识渗透到大学生日常思想政治教育实践中，通过主题班会、专题讲座、主题辩论等形式对大学生进行生态建设法律法规、生态伦理等知识的教育，通过“日常文明我先行”“争做文明创新使者”等主题教育实践活动、志愿服务活动等引导大学生积极参与到生态文明建设实践活动中，从而使大学生明确自然生态的价值及人在自然生态系统中的地位，认清国家坚持节约优先、保护优先、自然恢复为主的生态建设方针，最大限度地发挥大学生学习生态知识、关心生态问题、探索生态领域的主观能动性，挖掘大学生对解决生态环境问题的内在潜力，并主动树立节约意识、环保意识、生态意识，树立起强烈的道德责任感和生态责任感，为营造爱护生态环境的良好风气贡献大学生的应有力量。

习近平总书记在十九大报告的最后明确指出：青年兴则国家兴，青年强则国家强。青年一代有理想、有本领、有担当，国家就有前途，民族就有希望。中国梦是历史的、现实的，也是未来的；是我们这一代的，更是青年一代的。中华民族伟大复兴的中国梦终将在一代代青年的接力奋斗中变为现实。全党要关心和爱护青年，为他们实现人生出彩搭建舞台。为此，高校加强对大学生生态文明价值观的正确教育引导，不仅关乎高校自身健康发展，营造良好的生态文明校园文化氛围，也关乎促进大学生生态文明意识的提高，民族未来的希望。为此，广大高校必须着眼长远、立足当下，全面加强生态价值观教育，全面提升高校思想政治教育的针对性和实效性，为我国走向生态文明新时代，建设美丽中国贡献高校力量、汇聚青年力量。

参考文献

[1] 习近平．决胜全面建成小康社会　夺取新时代中国特色社会主义伟大胜利——在中国共产党第十九次全国代表大会上的报告［M］．人民出版社，2017：50.

[2]［5］甘璐．当代高校生态价值观教育研究［D］．河南大学硕士学位论文，2015：

9，12.
[3] 王亚磊．大学生思想政治教育中的生态价值观教育研究——以和谐社会构建为背景[D]．上海外国语大学硕士学位论文，2014：17.
[4] 郭建锋．以五大发展理念引领高校思想政治教育科学发展［J］．思想教育研究．2016，28（11）：17－20.
[6] 郭明顺．发挥大学对社会文化建设的引领作用［N］．光明日报，2012－11－04（10）.
[7] 王婷．湖北大学绿色发展理念下加强生态文明素质教育［N］．中国教育报，2017－03－16（8）.
[8] 何京玲，杨小军．绿色发展理念下大学生生态文明教育的创新［J］．环境教育．2017，22（2）：76－80.

在反思中提升思想政治理论课教学

朱建平*

摘　要：思想政治理论课要在改进中加强，提升思想政治教育的亲和力与针对性，满足学生成长发展需求和期待，就需要对思想政治理论课的教学理念、教学内容和教学方法进行持续深入的反思。

关键词：思想政治理论课　反思

习近平总书记指出："我们的高校是党领导下的高校，是中国特色社会主义高校。办好我们的高校，必须坚持以马克思主义为指导，全面贯彻党的教育方针。要坚持不懈传播马克思主义科学理论，抓好马克思主义理论教育，为学生一生成长奠定科学的思想基础。"[1]思想政治理论课课堂教学作为高校思想政治工作的主渠道，要做到因事而化、因时而进、因势而新，这样才能在改进中加强，提升思想政治教育的亲和力与针对性，满足学生成长发展需求和期待。

苏格拉底说："未经反思的生活不值得过。"同样道理，未经反思的思想政治理论课是不值得讲的。反思，就是反省，回头看，反过来思考。思想政治理论课需要在教学理念、教学内容、教学方法上不断反思。

一、思想政治理论课教学理念的反思

教学理念就是教学的思想、观念，是上升为理性的教学观念。教学理念是教育教学的哲学，教学理念即教学思路，思路决定出路，理念决定行动。教学理念是教学的先导。思想政治理论课教学理念的反思主要包括以下几个方面：

其一，是"学与教"，而不是"教与学"。"学与教"与"教与学"区别的关键在于教与学的顺序。"学与教"就是思想政治理论课教师要先完成自我

---

* 朱建平，男，北方工业大学马克思主义学院副教授，博士，13810530559@163.com。

学习，再去教育学生。师者，所以传道授业解惑也，无论是传道、授业，还是解惑，作为思想政治理论的教育者，应该坚持先受教育。先受教育的关键在于一个“学”字，让自己成为一个学习者，才能成为学生的指导者和引路人。教师作为一个学习者，学生容易接受和跟随；而作为一个简单的教育者，学生则容易拒绝和离开。只有先受教育、坚持学习，才能完成师者之重任与使命，避免陷入“以己昏昏使人昭昭”的窘境。

其二，是用“市场”，而不是用“计划”。市场和计划是资源配置的手段，市场意味着自由选择，计划意味着命令服从。众所周知，市场可以更好地匹配供给与需求；计划则易造成低效率和劣服务。以市场理念观，教学即为教师所提供的商品与服务，学生则为挑选商品与服务的顾客，他们有理由挑挑拣拣甚至吹毛求疵。如此，我们在要求学生的时候，首先要求自己能够为学生提供优质的教学，而不是单纯靠点名等计划方式来提高到课率、听课率。由“计划”而“市场”，是思想政治理论课教学理念必须要做的转变，只有实现转变，才能理顺思想政治理论课的教学体制，才能更好地对思想政治理论课的教学资源进行配置，才能调动教师、学生等教学主体的积极性，才能使思想政治理论课教学增加活力和吸引力，进而提升实效性。

其三，是做“绿叶”，而不是做“红花”。“红花”与“绿叶”，实质就是究竟谁是教学的主体？在这一问题上，教师往往习惯性认为自己理所当然的是“红花”，进而形成了简单的“教师讲、学生听”的教学模式，课堂也就成为了教师的“一言堂”。这一教学模式的弊端在于忽视了学生这一教学主体，没有激发出他们的参与性和积极性，也就无法实现教学相长。为使学生成为真正的教学主体，就要积极探索互动式教学等教学模式，就要积极构建以学生为中心的教学体系，甘于、善于做“绿叶”，去突出学生这一“红花”。

其四，是传道重于授业、解惑。作为思想政治理论课教师，授业、解惑当然是本职工作，但更重要的是传道。思想政治理论课不仅是教育学生，更是在培养人。习近平强调：“高校思想政治工作关系高校培养什么样的人、如何培养人以及为谁培养人这个根本问题。要坚持把立德树人作为中心环节，把思想政治工作贯穿教育教学全过程，实现全程育人、全方位育人，努力开创我国高等教育事业发展新局面。”[2] 传道，传道者自己首先要明道、信道，明道是信道的前提和基础。传道，就是要对学生进行马克思主义理论与信仰教育和社会主义核心价值观的培养和教育。中国共产党的十九大报告指出：“社会主义核心价值观是当代中国精神的集中体现，凝结着全体人民共同的价值追求。要以培养担当民族复兴大任的时代新人为着眼点，强化教育引导、实践养成、制度保障，发挥社会主义核心价值观对国民教育、精神文明创建、精神文化产品创作生产传播的引领作用，把社会主义核心价值观融入社会发展各方面，转化为人们的情感认同和行为习惯。”[3]

二、思想政治理论课教学内容的反思

教学内容是教学的对象和传递的信息，是知识技能、思想观念和行为习惯的总和。教学内容即教学的意义所在。教学内容是教学的实质。思想政治理论课教学内容的反思主要体现在以下几个方面：

其一，继承与发展。思想政治理论课是古今中外各种知识资源的融通。继承是基础，发展是目的，没有好的继承，就不会有好的发展。继承的三大资源简单说就是马、中、西。马克思主义是思想政治理论课教学内容的主体和增量，包括马克思主义的基本原理和马克思主义中国化的两大理论成果。中华优秀传统文化是思想政治理论课教学内容中国特色的深厚基础和关键所在，也是我们文化自信的源泉，不可或缺。国外哲学社会科学，是思想政治理论教学内容的他山之石和有益滋养。“古为今用、洋为中用”“不忘本来、吸收未来、面向未来”，是思想政治理论教学应有的标准和不懈的追求。

其二，问题与创新。问题是教学需要解决的矛盾和疑难，也是教学的关键和要点。创新是教学的更新和改变，是教师主观能动性的集中体现，是教学进步和发展的原动力。马克思指出：“主要的困难不是答案，而是问题。”教学内容的生命力在于创新，创新是教学的必然要求。问题是教学内容创新的起点，教学过程就是发现问题、研究问题、解决问题的过程。思想政治理论课教学要始终坚持问题意识和创新导向，去回答一系列的问题，例如“什么是社会主义、怎样建设社会主义”“建设什么样的党、怎样建设党”“实现什么样的发展、怎样发展”“治理什么样的国家、怎样治理国家”。在不断回答问题的过程中不断实现创新，从而使思想政治理论教学内容鲜活起来。

其三，主题与主线。主题是中心思想和主要内容，主线是统领和线索。新时代的思想政治理论课的主题与主线毫无疑问应该是习近平新时代中国特色社会主义思想。习近平新时代中国特色社会主义思想是中国共产党围绕时代重大主题，以马克思列宁主义、毛泽东思想、邓小平理论、“三个代表”重要思想、科学发展观为指导，坚持解放思想、实事求是、与时俱进、求真务实，坚持辩证唯物主义和历史唯物主义，紧密结合新的时代条件和实践要求，以全新的视野深化对共产党执政规律、社会主义建设规律、人类社会发展规律的认识，进行了艰辛理论探索，取得的重大理论创新成果。只有主题和主线鲜明，思想政治理论课才能实现教学内容的有效整合，体现出整体性和系统性。

三、思想政治理论课教学方法的反思

方法是实现目的的途径、步骤和手段。教学方法是教学所采取的具体方法，是师生教学行为的总称。方法指引道路。教学方法是教学的艺术。如果说内容为王的话，那方法可以说是王后了。思想政治理论课教学方法的反思主要体现在以下几个方面：

其一，苦练内功。苦练内功，主要是集体备课、写详细教案和互相听课。集体备课就是集体研读思想政治理论课教学大纲和教材，制订教学计划，设计教学环节，整理教学反馈。集体备课是头脑风暴、群策群力。要把教材体系转化为教学体系，特别是在专题教学的情况下，集体备课必不可少。思想政治理论课的集体备课要注意纵、横两个方面的分界和划分，纵的方面就是要对高中、本科、硕士和博士各阶段的思想政治理论课教学内容进行分界和划分；横的方面就是要对思想政治理论课四门课程即《中国近现代史纲要》《思想道德修养与法律基础》《马克思主义基本原理概论》《毛泽东思想和中国特色社会主义理论体系概论》的教学内容进行分界和划分。教案是教师教学具体设计和安排的文书，包括教学目的、教学重难点和教学过程的具体设计与安排。教案是教学的蓝图，凡事预则立不预则废，对于教学内容只是想一想，或者说简单写一写是不够的，必须要写详细教案，而且要有高标准和严格规范。写详细教案可以和写科研论文统一起来，要有强烈的问题意识，在讲解问题的同时也是在探索问题，如此，成就了教学的同时也可以成就科研。听课是对思想政治理论课课堂的一种仔细观察，观察必会发现很多问题，从而增强对于课堂的认识与把握，提高教师素质和教学质量。互相听课是一种换位，是从讲台上走下来，坐在下面思考如何讲好课。互相听课是教师的一面镜子，在这里可以看到别人，也可以看到自己，既可以提醒别人，也可以提醒自己。实践证明，苦练内功是提高教学水平的不二法宝。

其二，兼修外功。思想政治理论课教学功夫在内，也在外，在内是勤于练习，在外则是借鉴学习。思想政治理论课教学眼睛必须向外，要向兄弟院校、不同领域的专家学习，一方面要跳出区域院校局限，另一方面要跳出专业局限。同样的思想政治理论课，不同区域的高校各有不同的特色，各有独特的风格。相同区域的不同高校也各有各的优势和长处。这就要求思想政治理论课教师注意收集信息，多多交流沟通。在教学中不但注意向本专业同行学习，而且也向其他专业的专家学习，向所有的教师学习。跳出领域，有时甚至可以跳出教师这个行当，向主持、相声、评书等各个行当学习，博采众长。

其三，瞄准新功。世界发展，一日千里。思想政治理论课教学必须要顺应时代潮流，顺势而为。在移动互联时代，思想政治理论课要紧跟时代，表现在教学上突出的一点就是要不断学习采用新的教学技术。瞄准新功，目前来说就是瞄准信息技术和新媒体即数字化媒体等在教学中的应用。这些技术可以改变教学的构成要素和参数，可以改变师生之间的角色和关系，可以增强学生的参与度和积极性，可以改变教学的理念和组织，可以实现教学的数字化管理，打造数字化的教学生态。某种程度上说，新技术与新媒体已经改变了教学，实现了对教学的重新演绎和整合。思想政治理论课教学要不断研究“慕课”“翻转课堂”等新教学模式，也要不断尝试“雨课堂”等新技术。

青年兴则国家兴，青年强则国家强。习近平指出“思想政治工作从根本上说是做人的工作，必须围绕学生、关照学生、服务学生，不断提高学生思想水平、政治觉悟、道德品质、文化素养，让学生成为德才兼备、全面发展的人才”。作为思想政治理论课教师，要做的就是在教学中不断反思、与学生产生共振与共鸣，形成教学共同体，为学生插上弄潮时代、放飞梦想的翅膀。

参考文献

[1] [2] 习近平．把思想政治工作贯穿教育教学全过程 [N]．人民日报，2016-12-09 (1).

[3] 习近平．决胜全面建成小康社会　夺取新时代中国特色社会主义伟大胜利——在中国共产党第十九次全国代表大会上的报告 [M]．北京：人民出版社，2017：41-42.

创新思想政治理论课教学模式，实现习近平新时代中国特色社会主义思想在艺术院校的贯彻实施

李　岫*

摘　要：艺术院校是培养社会主义文艺战线的主力院校，如何在思想政治理论课教学中将习近平新时代中国特色社会主义思想特别是文艺思想入脑入心对打造一支未来讴歌党、讴歌祖国、讴歌人民、讴歌英雄的精品力作的艺术人才十分重要，艺术院校学生具有鲜明的个性特点，实现思想政治理论课有效教学模式的创新性探索、形成全局性思想政治理论教育教学同向同行的格局十分重要。

关键词：艺术院校　思政课　教学模式　路径

党的十九大报告指出：文化是一个国家、一个民族的灵魂。文化兴国运兴，文化强民族强。没有高度的文化自信，没有文化的繁荣兴盛，就没有中华民族的伟大复兴。文化自信是一个国家、一个民族发展中更基本、更深沉、更持久的力量。社会主义文艺是人民的文艺，必须坚持以人民为中心的创作导向，在深入生活、扎根人民中进行无愧于时代的文艺创造。艺术院校的大学生肩负着文艺创作、艺术展示、艺术表现、文化产品等方面弘扬社会主义核心价值观，宣传习近平新时代中国特色社会主义思想，唱响时代主旋律的重要任务，加强对艺术院校大学生思想政治理论教育，深刻领会社会主义核心价值观要义显得尤为重要。

一、艺术院校思想政治理论教育的现状

高校肩负着学习研究宣传马克思主义、培养中国特色社会主义事业合格建设者和可靠接班人的重大任务。思想政治理论课是巩固马克思主义在高校意识

---

* 李岫，女，中央戏剧学院思政部教授，硕士研究生。

形态领域中的指导地位，坚持社会主义办学方向的重要阵地，是全面贯彻落实党的教育方针，落实立德树人根本任务的主干渠道，是进行社会主义核心价值观教育，帮助大学生树立正确世界观、人生观、价值观的核心课程。加强思想政治理论课，事关意识形态工作大局，事关中国特色社会主义事业后继有人，事关实现中华民族伟大复兴的中国梦。

大学生是民族的希望、祖国的未来，是社会主义核心价值观践行的主力军，是建设社会主义的接班人，艺术院校的学生更肩负着未来文化创作、艺术展示、创作文化作品等影响全社会主流价值的责任。贯彻实施将习近平新时代中国特色社会主义思想，特别是习近平新时代中国特色社会主义文艺思想入脑入心，探讨课堂教学在思想政治教育运作中的创新机制，摸索课堂教学实践在内容、形式和效果等方面的可行性模式，加强和提升思想政治理论课对当代大学生的影响力、吸引力和感召力，提高课堂教学的效果，提升教学水平和教学质量显得尤为重要。

我国目前一共大约有 31 所艺术院校，属于教育部所属艺术院校有 3 所，艺术院校规模大小差别较大，既有在校生规模在万人以上的艺术类大校，如南京艺术学院、广西艺术学院等；也有规模仅 3000 人左右的专业性极强的小规模院校，如中央戏剧学院、中央音乐学院等，因此思想政治教育课专任教师的差别也存在着不小差距，课堂规模既有 100 人的大课堂，也有 30 人左右的小课堂。但所有艺术院校尽管存在着学校规模、课堂规模、师资力量等差异性，但所教授的学生具有明显的共同性。

1. 个性张扬，具有鲜明的形象思维优势。艺术院校的学生普遍存在文化基础较弱的特点，他们专业培养的重点在于如何使学生的艺术展示、文化作品等更具艺术表现力、感染力，专业培养要求需要花大量时间用于专业方面的技能练习、实践创作等，长期的训练使艺术类大学生普遍具有形象思维好的特点及鲜明的个性特点，不唯书、不唯上，对社会问题、国际国内热点问题观点上更为率性、直观，理性思考、逻辑推理能力明显不足，这与思想政治理论课强调的理性思考、辩证思维形成极大的反差。

2. 强烈的表现欲，具有鲜明的话语要求。艺术院校的学生未来职业的特点造就了他们在大学期间普遍有较强的表现欲，特别是那些未来在聚光灯下展示自己艺术表现的如舞剧、表演、歌剧等专业类的学生，他们希望自己有机会能展示自己独特的一面，所思所想所为，提供一个展示的平台，他们会尽显所能。但在表现手法上，他们更擅长以专业形式展示自己的思考，更擅长将自己的思想融入艺术作品。

3. 较强的社会化、现代性价值认知。艺术院校的学生普遍较早参与社会活动，大多数学生在未满 18 岁就已经参与到一些团队活动、社会活动之中，大学期间已经有了一些参与社会活动的经验和经历，学生普遍社会化程度较其他综合类、理工类院校的学生更高，他们的价值认知，有一个显著性特点，是更具有社会化、现代性的价值认知。他们有更具明显的民主平等观、公平正义观与自由和谐观。所以对艺术类院校大学生的思想政治理论教育更要注意方式方法，依据学生的特点展开思想政治教育教学活动。

二、贯彻实施习近平新时代中国特色社会主义文艺思想的实现路径

党的十九大报告指出，要以培养担当民族复兴大任的时代新人为着眼点，强化教育引导、实践养成、制度保障，发挥社会主义核心价值观对国民教育、精神文明创建、精神文化产品创作生产传播的引领作用，把社会主义核心价值观融入社会发展各方面，转化为人们的情感认同和行为习惯。艺术院校加强习近平新时代中国特色社会主义文艺思想的学习，主要从以下几个方面入手：

1. 以学生为本，因材施教，积极开拓有效课堂教学模式。根据艺术院校学生各系别学生文化层次的不同，如戏文系类的学生普遍具有较好的文化底蕴，扎实的人文社科基础，有的学生甚至都是可以上北京大学的高才生，有的系学生的文化基础较差，甚至高考分数仅有 300 分多一点，文化基础差异性很大，因此课堂教学环节必须因系而异，区别对待。教学中针对不同系别的学生设置不同的教学难易内容，选择不同的教学案例。比如，给表演系、音乐剧系、京剧系等文化水平较低的学生，多运用图片、事例及视频，语言也尽量生动。而面对戏剧文学系、戏剧管理系这些文化课水平比较高的学生时，就适当地把理论讲深讲透，多抛问题，引起他们的思考。

2. 教学相长，激发兴趣，不断推进教学改革。贯彻习近平新时代中国特色社会主义文艺思想，需要将党的理论和政策从历史和理论等不同角度讲授给学生，实现进教材、进课堂、进头脑。除了进行系统、完整的教学内容宣讲外，还需要结合艺术院校学生特点，提供展示的平台，调动学生参与的积极性。如中央戏剧学院在“毛泽东思想和中国特色社会主义理论体系概论”课全面实施了“时事评说”活动，不仅激发了学生的积极性，变被动教学为主动教学，而且学生在准备述评的过程本身就是理解和学习的过程，经过老师的点评更加深化了从实践到理论的学习能力，加强了理论学习的主动性和解决分析热点问题的能力。

3. 整合素材，感同身受，注重将校史、校友与思想政治教育课教学相联系。很多艺术类高校都建校很早，它们从建校一直到现在的历史，其实就是一

部透视中国发展的历史，比如中央戏剧学院，它是新中国第一所戏剧教育高等学校，其历史可以溯源至1938年4月10日成立的延安鲁迅艺术学院，至今已经有70多年的历史。1949年12月，中央戏剧学院正式开办，1950年4月2日，召开了中央戏剧学院成立大会，毛泽东主席亲笔题写校名。因此在教学中要充分利用这点，将校史和课程相结合，比如在讲《中国近现代史纲要》和《毛泽东思想和中国特色社会主义理论体系概论》课时，当说到新民主主义革命这一章或者是我国的文化建设发展这一章节时，就利用“中戏”的历史，特别是1938年那个时候鲁迅艺术学院发展的历史来给学生讲毛泽东“文艺座谈会的讲话”、讲革命根据地的建设，讲当时根据地人民群众与战士们的军民鱼水情，讲当时艺术家们的故事，从而让学生更好地理解新民主主义革命。

艺术院校大都有很多德艺双馨的艺术家，比如中央戏剧学院的欧阳予倩、曹禺、沙可夫、田华、于蓝、蓝天野等，中央美术学院的徐悲鸿、李苦禅、吴作人等，中央音乐学院的鲍蕙荞、金铁霖等，他们不仅在艺术上有很高的造诣，同时在舞台下也有很多可歌可泣的事迹，充分利用他们的事迹与思想政治理论课相联系，让学生从“校友”身上学做事，学做人。

4. 因地制宜，立体推进，不断探索和丰富思想政治理论实践课的教学内容。课堂教学是贯彻实施思想政治理论课教学内容、习近平新时代中国特色社会主义文艺思想等内容的主渠道，抓好实践教学的落实实施是保证理论教学内容进学生头脑的关键步骤之一。因此探索实施有效的实践课教学方法越发重要。例如经过几年经验积累，中央戏剧学院实施了较为有效的实践课教学模式，每学年思想政治理论实践课以理论教学内容为基础，结合不同专业学生的专业特色，由思想政治理论课教学研究部根据社会实际情况，采用社会调研和社会活动相结合的形式，制定出本年度的社会实践内容。为进一步落实思想政治理论实践课的教学成效，完善实践课教学内容，形成全方位、立体化、有效性的教学模式，实践课教学采用“三位一体”的方式，即一份社会调查报告、一次参观考察、一份实践手册。社会调查报告实行专任教师全程跟踪辅导制度，从学生拟定题目、大纲确定到调研报告的最终成型由负责教师跟踪辅导。调研报告侧重要求学生深入家乡、社会，身体力行地体会改革开放以来我国政治、经济、文化、社会、生态等各方面变化，调研报告的形式呈现多样性、专业性，提倡学生结合专业特点完成暑期实践报告，戏文系等可以提交调研论文，舞台美术系可以提交绘画、布景等作品，影视系可以提交微视频、微电影等。根据调研报告情况教师从中择优推送参加北京市教工委举办的大学生暑期实践报告优秀论文比赛，并有选择地将优秀论文、优秀作品编辑成册；实践手册针对不同年级做不同要求，目的是督促学生利用课余时间主动参与社会及学校等活动，服务社会、感恩社会、回报社会。

5. 循序渐进推进习近平新时代中国特色社会主义思想研究，积极探索本硕博教学内容的层级化教学。当前根据教育部本硕博课程设置的要求，“中国特色社会主义理论”内容均为三阶段必修内容之一。为避免教学内容重复，本科阶段突出价值理想导向，将以社会主义核心价值体系为指导的价值理想信念教育作为核心，整合课程资源，帮助学生树立马克思主义世界观、社会主义理想信念观、积极向上的人生道德观；硕士生阶段突出方法论导向，对中国特色社会主义理论与实践中的重大问题进行深入认识和理论分析，使学生掌握马克思主义社会科学方法论；博士生阶段突出综合能力导向，运用马克思主义理论和方法，引入多学科视角，在对重大社会问题和国际前沿问题的分析中培养学生跨学科的综合思考能力和创新精神，指导学生对马克思主义文艺理论、习近平新时代中国特色社会主义文艺思想展开针对性研究。

三、充分发挥艺术院校思想政治理论课教师的理论优势和专业课教师的专业优势，实现思想政治教育同向同行

艺术院校的思想政治理论研究部是集中研究马克思主义、习近平新时代中国特色社会主义思想的理论阵地，而综合类院校、文科院校通常还有其他哲学社会科学学院类似研究机构，因此艺术院校的思想政治理论课老师承担了主要的理论宣讲任务，而专业课教师对学生的专业培养发挥着至关重要的作用，实现两者在教学上的有机统一，同向同行，形成习近平新时代中国特色社会主义思想学习的新局面，实现价值引领显得尤为重要。

1. 梯次推进，分步骤、立体化、全覆盖打造全院思想政治理论学习氛围。积极支持和参加学院中层干部的理论指导学习，可以提供理论学习读本或理论宣讲，提高学校中层干部马克思主义理论水平。走进二级学院党支部学习交流会议，在学习习近平新时代中国特色社会主义思想方面尽可能提供理论指导。主动承担起全校民主党派、无党派人士的宣讲任务，共产党领导下的多党合作政治协商制度是我们党重要的政治制度之一，为帮助民主党派、无党派人士对习近平新时代中国特色社会主义思想正确理解和把握，有必要进行系统梳理和讲解，使他们对中国共产党的执政理念有更准确的认识。

2. 发挥优势，引领价值导向，加强对学生党支部的理论干预和指导。思想政治理论课的理论阵地在思政部，学生支部的学习在学生课余时间，加强这一阵地的干预和引领是实现思想政治理论落在实处的重要一环。积极做学生党支部的理论导师，指导学生党支部有计划有步骤地学习十九大新思想新内容，全

面解读和领会习近平新时代中国特色社会主义思想核心内涵。随时进入学生支部指导学生党员的理论学习，使每一次理论学习有深度、有力度、有广度、有高度、有热度，在讨论中激发火花，在学习中净化心灵，不断提高学习质量。

3. 加强与学生工作部的互动，发挥专业课老师和思想政治理论课教师同向同行作用，共创课内课外全面推进思想政治教育新局面。学生校园活动的很多社团组织机构设在学生工作部门和校团委，因此加强与学生工作部门的沟通和协调，为学生社团组织提供理论指导，使全校思想政治理论教育不仅在课堂中实现，而且深入到学生第二课堂活动中，实现两个课堂相互联系、相互促进、融会贯通，真正实现思想政治理论进学生头脑的教育目的。积极探索创新模式，联合学生工作部门带领学生进行社会考察，同时利用艺术院校各类艺术资源，在考察中一方面了解考察地区民情、社情，增加对改革开放以来我国经济社会发生的翻天覆地变化的认识；另一方面将经专业课教师指导创作的艺术作品、艺术表演带到基层，通过艺术表现宣讲习近平新时代中国特色社会主义思想内涵，宣讲社会主义核心价值观。积极开展全校性唱响社会主义核心价值观的校园活动，如中央戏剧学院一年一度的校园小品大赛，从剧本审查，到舞台布景、舞台展示，专业课教师和思想政治理论课教师共同参与，在大赛中融入习近平新时代中国特色社会主义文艺思想，宣扬正能量，唱响主旋律。再如举办中央戏剧学院时事评说大赛等丰富多彩的校园活动时，为学生们提供了一个展示自己的平台，不断涌现出中戏莘莘学子“先天下之忧而忧，后天下之乐而乐”的家国情怀，在激情的演说中阐述着当代大学生对时政热点的独特视角和犀利评说，彰显了中戏学子熟练应用思想政治理论分析时政的能力，不仅充分调动了学生的学习积极性，而且更为重要的是将课堂思想政治理论学习有效地推广到学生日常生活活动中去，帮助他们形成正确的世界观、价值观和人生观。

艺术院校的学生是未来文艺战线的主力，必须使他们从现在懂得社会主义文艺是人民的文艺，必须坚持以人民为中心的创作导向，在深入生活、扎根人民中进行无愧于时代的文艺创造。要繁荣文艺创作，坚持思想精深、艺术精湛、制作精良相统一，加强现实题材创作，不断推出讴歌党、讴歌祖国、讴歌人民、讴歌英雄的精品力作。发扬学术民主、艺术民主，提升文艺原创力，推动文艺创新。倡导讲品位、讲格调、讲责任，抵制低俗、庸俗、媚俗。

参考文献

[1] 习近平. 决胜全面建成小康社会　夺取新时代中国特色社会主义伟大胜利 [M]. 北京：人民出版社，2017.

职业教育供给侧面临的难题与改革路径

王莉莉*

摘　要：供给侧结构性改革在不同阶段和不同领域具有不同的内涵，供给侧结构性改革是解决我国社会经济问题的长久之策。职业教育供给侧面临着体制性困境和结构性困境两大难题。职业教育从体制机制的外部环境需求分析，要进一步发挥市场机制的决定性作用，加大“放管服”改革力度，营造更好的人才培养环境。职业教育从自身发展需要和发展方向分析，要从现实需求出发，从培养什么人、怎样培养人着手，以培养德才兼备的人才为目标，切实加强人才“质”的培养。

关键词：供给侧结构性改革　职业教育　放管服　道德素质

一、供给侧结构性改革的内涵及意义

供给侧是相对于需求侧而言的。经济角度理解的需求，通常是指拉动经济的“三驾马车”，即消费需求、投资需求、出口需求。经济萧条时，刺激消费需求、提高投资需求、鼓励出口需求，都能部分地解决经济过冷问题。例如，1997 年爆发的东南亚金融危机，对我国经济产生了较大的负面影响，订单减少，出口迅速下降。我国原本应对 1993—1994 年通货膨胀的紧缩政策不得不在 1998 年迅速转向，转变为积极的财政政策和稳健的货币政策，实质就是刺激需求的政策。2008 年爆发的美国金融危机，对世界经济影响巨大，我国出口锐减，经济增速大幅度下降。为应对危机给我国带来的不利影响，我国采取积极的财政政策和适度宽松的货币政策。扩大财政支出，出台了“四万亿”投资计划，我国经济增速又迅速被拉起来，形成了经济增速曲线的“V”字形增长。积极的财政政策和适度宽松的货币政策的实质，同样是刺激需求。

* 王莉莉，女，北京财贸职业学院马克思主义学院副教授，博士。

但从需求角度解决问题，一般被认为是短期性政策，只能作为权宜之策，非长久之计。若要解决根本问题，还需从供给侧这一端来考虑整体之策、长期之策、动态之策。例如，改革开放之后，我国社会面临的主要矛盾是“人民群众日益增长的物质文化需要与落后的社会生产力的矛盾”，解决这一矛盾的根本途径只能在供给侧领域，就是通过经济社会体制的不断改革，推动生产效率的不断提高，解放生产力，发展生产力。从1978年到1996年，我国的改革首先从农村开始，在农村实行了联产承包责任制，极大地调动了农民的劳动积极性，释放了巨大的生产力；从城市开始，进行了价格、财政、金融、劳动人事、企业等各个领域的改革，其间于1992年提出建立社会主义市场经济体制的目标。一系列的改革和举措，让我国的生产力发展迅速。1996年，我国第一次出现比较全面的生产过剩，自此，我国经济彻底告别了“短缺时代”，过剩成为我国经济中的普遍现象。从1978年到1996年，历时18年，我国从“短缺”转向了“过剩”，而完成这一转向，正是供给侧领域不断改革、解放生产力和发展生产力的必然结果。但这一阶段的“过剩”，只是解决了“温饱”，或者说是解决了吃饭穿衣，实现了初级阶段的“小康”，“住行学”这些高级阶段的“小康”还没有解决，距离“全面小康社会”还有不小的距离。

而2012年以来的过剩，与1996年之后的过剩相比，有着明显的不同：一是需求升级速度加快。我国的人均GDP已经超过8000美元，一些大城市例如2016年北京的人均GDP已经超过1.7万美元。收入的增长，伴随的是需求的升级换代：个性化需求、多样化需求、挑剔性需求迅速增长，娱乐、旅游、通信、健康、治安环境、公共卫生、绿色生态等需求增长更快，对各种产品的功能和质量要求更高。交通的便捷和网络通信的发达，让人们的视野和生活半径不断扩大，人们更容易学习体验各种各样的产品和服务，加剧了需求结构的不断变化。二是有效供给明显不足。表现为中低端产品供给过剩，高端产品供给不足，许多高端需求大量流失到国外就是明证。

党的十八大以来，党中央做出的一系列重大决策、重大战略、重大举措，推动和引领我国进入了一个新时代、新阶段。十八大以来，面对世界经济持续低迷和国内经济增速的换挡期、结构调整的阵痛期、前期刺激政策的消化期的“三期叠加”以及发展不平衡、不协调、不可持续的不利条件和复杂形势，党中央果断做出我国经济发展进入“新常态”的重大论断，提出创新、协调、绿色、开放、共享五大发展理念，坚定不移地推进供给侧结构性改革和五大任务即去产能、去库存、去杠杆、降成本、补短板的“三去一降一补”，推出“一带一路”建设、京津冀协同发展、长江经济带发展、创新驱动发展等重大发展战略，加快推进经济结构调整和新旧动能转换，大力推进精准扶贫、精准脱贫，特别是强调要坚持正确政绩观，不简单以 GDP 增长率论英雄。[1] 这些重大论断、理念、决策、战略和举措，引领和推动我国发展全局发生了一场深刻变革，促进我国社会经济从高速增长阶段进入了“高质量发展”的新阶段。

高质量发展的新阶段和中国特色社会主义新时代的逻辑起点和历史方位是一致的，都发端于十八大。十九大报告指出：中国特色社会主义进入新时代，我国社会主要矛盾已经转化为人民日益增长的美好生活需要和不平衡不充分的发展之间的矛盾。这一重大论断，对我国第一个一百年目标“全面建成小康社会”以及第二个一百年宏伟目标“建成富强民主文明和谐美丽的社会主义现代化强国”的实现、对现阶段各个领域的供给侧结构性改革和实践具有重大指导意义。

二、职业教育供给侧面临的问题

相对于需求侧，职业教育就是要为我国经济社会中各行各业的发展提供更加符合发展需要的技能型和应用型人才。目前我国在职业教育领域面临着体制性困境和结构性困境两大难题。

（一）体制性困境

一是高考制度对职业院校发展不利。目前高考招生以一本、二本、三本、高职等先后顺序排列招生，高等职业院校招生排在最后，生源质量难以保证。这种制度安排在一定程度上还形成了对职业院校学生的歧视，使得职业院校学生在就业、研究生考试、公务员考试等许多领域受到不公平待遇。

二是落实学历证书和职业资格证书“双证书制度”有体制机制障碍。我国对职业资格实行的是准入制度，主要分为三类：一是注册类，如注册会计师、注册建筑师、注册律师等；二是执业类，如教师、医生、法官等；三是许可类，如钳工、电工等。注册类和职业类的准入制度与公共安全、人民生命财产安全密切相关，需要纳入执业资质管理中去，由相关管理部门严格管理。其他许可类大多属于单纯的职业能力认证，应当交给职业教育和行业协会管理。但相当一段时期，我国许可类的执业资质和资格主要由各个政府部门颁发，由此形成资格证书、培训、考试的利益链条，考试经济兴起，培训乱象频发，造成人力、物力、财力等社会资源的极大浪费，也抑制了市场机制作用的正常发挥。

（二）结构性困境

结构性困境是指，由于市场的人才需求结构变化，而现有的人才供给结构不能满足人才需求结构造成的供不应求问题；或者说是职业教育提供的人才结构不能适应就业岗位的供求之间的不平衡、不匹配问题。这里既有量的不匹配，更有质的不匹配。量的不匹配，表现为一些岗位需求量大，而相关人员的供给不足；质的不匹配，表现为现实人才满足不了岗位所要求的知识技能和道德品质需要。

自“十五”以来，无论是从中国整体还是从局部领域来看，我国在各类教育中的短板都是比较突出的。

一是从比较研究结果看。2013 年 12 月，清华大学社会科学学院非物质经济研究中心在北京公布“G20 国家非物质经济指数排名”[2]。G20 国家非物质经济指数是基于“资源利用率、教育与科技创新水平、国民幸福感”三大维度，创建“单位 GDP 能耗、第三产业占 GDP 比重、国民平均受教育年限、研发支出占 GDP 的比重、盖洛普世界民意调查、世界价值观调查”六大指标，建立理论框架，设计计算方法，并收集各国权威数据，精确计算所得，直观呈现 G20 国家指数和排名。结果显示，在 G20 国家中，我国总分仅比印度略高，分数为 26.10 分，比最低分的印度的 23.15 分仅多了 2.95 分；比最高分的英国 78.05 分少了 51.95 分。其中的“资源利用率”这一维度得分最低，仅有 0.14 分，比印度的 0.92 分低了 0.78 分；“教育与科技创新”在三大维度中得分最高，为 0.79 分，这一得分排在韩国、美国、日本、德国、澳大利亚、加拿大、法国、俄罗斯、英国、意大利之后，在阿根廷、南非、巴西、墨西哥、土耳其、沙特阿拉伯、印度、印度尼西亚之前。总体看来，我国非物质经济发展状况不容乐观，需要引起各个部门的高度重视。以教育领域为例，1993 年中共中央、国务院颁布的《中国教育改革和发展纲要》明确规定，到 20 世纪末，要使我国的教育经费占国民生产总值的比例达到 4%，但这一目标直到 19 年后的 2012 年才得以实现；另外，尽管我国教育发展迅速，但与其他国家相比，我国公民的平均受教育年限总体偏低，仅有 7.5 年左右，远低于许多国家的平均水平，如法国、德国、美国、以色列、瑞典、俄罗斯，这些国家的平均受教育年限都在 10 年以上。

二是从现实经济发展需求看。早在“十五”规划时期，我国的技工荒就变得比较严峻了。按照“十五”规划，我国高级技工的比例应当达到 15%，按照这一标准，当时高级技工的缺口高达数百万，一些大城市的技工缺口高达 30%。

另外，对农民工的需求调查显示，农民工的技能已经远远不能满足我国经济社会快速发展的需要了。数据显示，2012 年我国农民工总量已超过 2.6 亿人，其中既没有参加农业技术培训也没有参加非农职业技能培训的农民工占 69.2%[3]。有学者研究估算了农、林、牧、渔业各业所需要的新型职业农民队伍规模，估算结果表明新型职业农民队伍的供需缺口超过 8000 万[4]。针对农民工技能严重短缺的实际情况，2016 年《政府工作报告》提出，要完成 2100 万人次以上农民工职业技能提升培训任务。2014 年、2015 年这两年，全国培训农民工均超过 2000 万人次。还提出要实施农民工职业技能提升计划，每年培训农民工 2000 万人次左右，基本消除新成长劳动力无技能上岗现象。

许多大城市都出现了招工难、技工荒现象，而且这种现象已经变得常态化。例如北京，高级技工目前已十分稀缺。

产业转型升级也对就业需求带来直接影响。一些传统行业对例如建筑业、制造业等领域的就业需求有所减少。一些新的领域，比如快递、网店、家政等，就业需求在不断增加。今后一段时期，工业增速下降压力会有所加剧，交通运输业、现代物流业、金融服务业、信息服务业、商务服务业等生产性服务业会较快增长，相关行业的就业需求随之此消彼长。

三、职业教育供给侧结构性改革的路径

十九大报告明确指出：“建设现代化经济体系，必须把发展经济的着力点放在实体经济上，把提高供给体系质量作为主攻方向，显著增强我国经济质量优势。”“建设知识型、技能型、创新型劳动者大军，弘扬劳模精神和工匠精神，营造劳动光荣的社会风尚和精益求精的敬业风气。”这些论述应成为职业教育院校供给侧改革和发展的基本遵循。职业教育的供给侧改革要从外部环境和自身发展两方面着手，既要加大“放管服”的改革力度，营造良好人才培养环境；也要从培养生什么样的人才和怎样培养人才的现实需求出发，以德才兼备为目标，不断完善人才所需的技能和能力，切实加强职业院校学生的思想政治教育，扎实推动职业院校技能型、应用型人才的“德才”培养，逐步实现技能型、应用型人才供给由“量”到“质”的转型。

（一）发挥市场机制决定作用，推进“放管服”改革

2014 年以来，国务院在已分六批取消 319 项职业资格的基础上，再取消临时导游、餐厅服务员、保洁员等 114 项职业资格许可和认定事项。至此，国务院部门设置的职业资格已取消 70% 以上。对剩余的职业资格要求尽快制定

目录清单并向社会公布，清单外一律不得设定职业资格许可和认定事项[5]。

政府要转换职能，要管好自己该管的事。取消职业资格认证，是让市场机制发挥其决定作用的具体体现，有利于资源配置和利用效率的进一步提高。市场自身能够解决的问题，应该交由市场解决。馒头蒸得好不好，老百姓一吃就知道，蒸馒头的人的从业资质和资格无须政府相关部门审批，但需要政府相关部门监管其卫生环境是否达标、食品成分是否安全，其履职行为是否符合相关的法律法规。美甲师干得好不好，企业一用就知道，其从业资质和资格也无须政府部门审批，政府需要监管的是该美甲师是否有依法美容，是否侵害了消费者的权益，是否有违反美容业相关法律法规的行为。

今后，政府要集中精力加强“放管服”，进一步发挥市场机制的决定性作用。中共中央政治局常委、国务院总理李克强在国务院2016年5月9日召开的全国推进“放管服”改革电视电话会议的讲话中提出，持续推进简政放权、放管结合、优化服务，不断提高政府效能。“放管服”是大势所趋，人心所向。相关部门要增强改革意识，加大改革力度。

在放开的领域，政府的作用更多地表现在事中、事后的监管上。政府要促进买卖双方尤其是卖方信息的公开透明，要确保消费者的知情权等合法权益，政府要制定公平公正的市场交易规则和产品质量标准，依据标准和法律法规严格监管和执法。

（二）服务社会需求，培养德才兼备的技能型人才

十九大报告明确指出：“我国经济已由高速增长阶段转向高质量发展阶段，正处在转变发展方式、优化经济结构、转换增长动力的攻关期，建设现代化经济体系是跨越关口的迫切要求和我国发展的战略目标。必须坚持质量第一、效益优先，以供给侧结构性改革为主线，推动经济发展质量变革、效率变革、动力变革，提高全要素生产率，着力加快建设实体经济、科技创新、现代金融、人力资源协同发展的产业体系，着力构建市场机制有效、微观主体有活力、宏观调控有度的经济体制，不断增强我国经济创新力和竞争力。”这些论述阐明了我国经济阶段的重大变化，指明了我国职业教育人才培养的战略方向。

职业教育要从重视“量”的增长转向重视“质”的提高。要把人才的“质”放在第一位。人才的“质”包含“德、智、体、美、劳”等多个方面。德是道德素质，指人的世界观、人生观和价值观；智是智力，即吸收和学习知识的能力；体是身体的健康程度，包括身体素质和心理素质；美是审美能力；劳是劳动技能和能力。就技能型、应用型人才来说，“德”与“美”的教育同

样不可或缺。

“才”是服务社会的本领。职业院校要密切联系社会经济发展的实际，深刻把握社会经济发展需求，用供给侧结构性改革的视角重新审视自身教育存在的不足，积极探索职业教育发展规律，完善技能教育的方式方法，提高技能型和应用型人才的有效供给。

德为人才发展提供根本的精神动力。要纠正一些职业院校过于“重技能”而忽视道德建设的办学理念，要“德才并举”，要想方设法切实加强职业院校的思想政治教育。2016 年 12 月，习近平总书记在全国高校思想政治工作会议上的讲话中明确指出，思想政治理论课教师应当把立德树人作为根本任务，努力提升思政课的亲和力与针对性，满足学生成长发展的需求和期待，实现全程育人、全方位育人。这段话是对高校思想政治理论课教师的总体要求，应成为高校思政课教师的努力方向和行动指南。

总之，要让职业教育培养的人才成为我国“高质量发展阶段”的有力支撑，职业教育院校就必须把“德”和“才”的培养有机结合起来，既要立德树人，又要技能服人。向社会输出的人才，既要有为人民服务的高超本领，又要有正确的价值观。

参考文献

[1] 党的十八大以来党和国家事业发生历史性变革．党的十九大报告辅导读本［C］．北京：人民出版社，2017：111 - 112.

[2] 清华大学发布“G20 国家非物质经济指数排名 英美德居前”［EB/OL］．中国新闻网 - http：//www. chinanews. com/cul/2013/12 - 01/5566276. shtml. ［2013 - 12 - 01］.

[3] 从“农民工大国”迈向“技工大国”［EB/OL］．http：//finance. huanqiu. com/data/2014 - 03/4894904. html. ［2014 - 03 - 11］.

[4] 张蕙杰，张玉梅，赵邦宏，等．我国新型职业农民队伍总量与结构的需求估算研究［J］．华中农业大学学报（社会科学版），2015（4）.

[5] 职业资格［EB/OL］．https：//baike. baidu. com/item/% E8% 81% 8C% E4% B8% 9A% E8% B5% 84% E6% A0% BC/257838？fr = aladdin.

“毛泽东思想和中国特色社会主义理论体系概论”课教学中融入十九大精神的思考

赵　静*

摘　要：“毛泽东思想和中国特色社会主义理论体系概论”课是高校思想政治理论课中最能直接体现和贯彻十九大精神的一门课程，在推进十九大精神“进教材、进课堂、进学生头脑”中肩负着重要责任。笔者认为，应以教师为主导，全面完整准确地理解和把握十九大精神；以教材建设为本位，及时调整、补充十九大精神的最新理论成果；以学生为主体，在“概论”课教学中讲好十九大精神要坚持时代导向、实践导向、问题导向。

关键词：十九大精神　教师　教材　学生

党的十九大是在全面建成小康社会决胜阶段、中国特色社会主义进入新时代的关键时期召开的一次重要的大会。党的十九大的理论成果，集中体现在习近平同志所做的《决胜全面建成小康社会　夺取新时代中国特色社会主义伟大胜利》报告和《中国共产党章程（修正案)》中。十九大报告内涵丰富、博大精深、思想深刻、亮点纷呈，提出了许多新思想、新观点、新论断，高校应该把深入学习贯彻党的十九大精神作为当前思想政治教育的首要政治任务，把十九大精神融入思想政治理论课教学。“毛泽东思想和中国特色社会主义理论体系概论”课（以下简称“概论”课）作为是最直接、最充分反映马克思主义中国化及其理论成果的一门课程，在推进十九大精神“进教材、进课堂、进学生头脑”过程中肩负重任。

* 赵静，女，博士，北京科技大学马克思主义学院副教授。

一、以教师为主导，全面完整准确地理解和把握十九大精神

“概论”课教师作为党的路线方针政策的宣讲者，对十九大新论断、新思想、新要求的理解和把握程度，关系到十九大精神“进教材、进课堂、进学生头脑”的效果和质量。

第一，深刻理解十九大的主题。大会的主题是：不忘初心，牢记使命，高举中国特色社会主义伟大旗帜，决胜全面建成小康社会，夺取新时代中国特色社会主义伟大胜利，为实现中华民族伟大复兴的中国梦不懈奋斗。中国共产党人的初心和使命，就是为中国人民谋幸福，为中华民族谋复兴。这个初心和使命是激励中国共产党人不断前进的根本动力。党的十九大是一次决定中国未来，引领世界未来，具有划时代意义的重要会议，是里程碑、宣言书、指南针和动员令。广大“概论”课教师要把学习宣传贯彻党的十九大精神作为首要任务，学懂弄通，武装头脑，指导实践，推动工作。要牢固树立“四个意识”，忠诚核心，紧跟核心，维护核心，不忘初心，牢记使命。

第二，准确把握对我国发展新的历史方位的科学判断，即“中国特色社会主义进入了新时代”，这也是贯穿党的十九大报告的一条主线。在新时代坚持和发展中国特色社会主义，就要深刻认识新时代的重大意义和丰富内涵，就要深刻认识新时代我国社会主要矛盾的历史性变化，从而牢牢把握我们党在新时代的历史使命，更好地进行伟大斗争、建设伟大工程、推进伟大事业、实现伟大梦想，在新时代中国特色社会主义的伟大实践中，以党的坚强领导和顽强奋斗，激励全体中华儿女不断奋进，凝聚起同心共筑中国梦的磅礴力量。

第三，深刻领会习近平新时代中国特色社会主义思想的精神实质和丰富内涵。习近平新时代中国特色社会主义思想是马克思主义基本原理同中国具体实际相结合的又一次飞跃，是对马克思列宁主义、毛泽东思想、邓小平理论、“三个代表”重要思想、科学发展观的继承和发展，是马克思主义中国化最新成果，是党和人民实践经验和集体智慧的结晶，是中国特色社会主义理论体系的重要组成部分，是全党全国人民为实现中华民族伟大复兴而奋斗的行动指南。深刻认识习近平新时代中国特色社会主义思想的核心要义，习近平新时代中国特色社会主义思想从理论和实践结合上系统回答了新时代坚持和发展什么样的中国特色社会主义、怎样坚持和发展中国特色社会主义这个重大时代课题，并根据新的实践对党和国家事业各方面做出了理论分析和政策指导，是全党全国各族人民为实现中华民族伟大复兴而奋斗的行动指南。把习近平新时代中国特色社会主义思想确立为党必须长期坚持的指导思想，这是党的指导思想

的又一次与时俱进，要深刻领会其精神实质和丰富内涵。

第四，提出了未来30年中国现代化发展的两步走战略，更加明确和细化了我们现代化发展第三步战略目标和步骤。从现在到2020年，是全面建成小康社会决胜期。从十九大到二十大，是“两个一百年”奋斗目标的历史交汇期。我们既要全面建成小康社会，实现第一个百年奋斗目标；又要乘势而上开启全面建设社会主义现代化国家新征程，向第二个百年奋斗目标进军。综合分析国际国内形势和我国发展条件，从2020年到21世纪中叶可以分两个阶段来安排。第一个阶段，从2020年到2035年，在全面建成小康社会的基础上，再奋斗15年，基本实现社会主义现代化。第二个阶段，从2035年到21世纪中叶，在基本实现现代化的基础上，再奋斗15年，把我国建成富强民主文明和谐美丽的社会主义现代化强国。[1]这一战略安排，表明我们党有能力带领全国各族人民提前15年完成原定的第二个百年目标，使中华民族伟大复兴的中国梦呈现出崭新图景。

二、以教材建设为本位，及时调整、补充十九大精神的最新理论成果

现行的“概论”课教材是2015年修订的，目前全国的高校本专科生都在用该教材。尽管在十九闭幕不久，中央马工程就开始启动十九大精神进教材的教材修订工作，但是新教材最快也要2018年春季或秋季才能投入使用。由于时间比较紧迫，当前推进十九大精神进“概论”课最切实可行的办法就是依据十九大报告和最新修订的党章，对现行教材的内容进行调整和补充。

第一章“马克思主义中国化两大理论成果”部分，增加了习近平新时代中国特色社会主义思想。习近平新时代中国特色社会主义思想同马克思列宁主义、毛泽东思想、邓小平理论、“三个代表”重要思想、科学发展观一道被确立为党的行动指南。深刻认识习近平新时代中国特色社会主义思想确立为党的指导思想的重大意义，习近平新时代中国特色社会主义思想既同改革开放以来形成的中国特色社会主义理论体系相衔接，又同中国特色社会主义进入了新时代这个重大论断相呼应。深刻认识习近平新时代中国特色社会主义思想的实践要求，习近平新时代中国特色社会主义思想在行动纲领层面表述为“坚持党对一切工作的领导、坚持以人民为中心、坚持全面深化改革、坚持新发展理念、坚持人民当家做主、坚持全面依法治国、坚持社会主义核心价值体系、坚持在发展中保障和改善民生、坚持人与自然和谐共生、坚持总体国家安全观、坚持党对人民军队的绝对领导、坚持‘一国两制’和推进祖国统一、坚持推

动构建人类命运共同体、坚持全面从严治党"[1]共"十四个坚持"的基本方略，"十四个坚持"构成习近平新时代中国特色社会主义思想的基本体系。

第二章"新民主主义革命理论"的相关内容主要集中在十九大报告的第二部分"新时代中国共产党的历史使命"。十九大报告在回顾新时代中国共产党的历史使命时阐述新民主主义革命，并将新民主主义革命放到中华民族5000年发展史以及中华民族伟大复兴历史进程中阐述。十九大报告指出，实现中华民族伟大复兴，必须推翻压在中国人民头上的帝国主义、封建主义、官僚资本主义三座大山，实现民族独立、人民解放、国家统一、社会稳定。我们党团结带领人民找到了一条以农村包围城市、武装夺取政权的正确革命道路，进行了28年浴血奋战，完成了新民主主义革命，1949年建立了中华人民共和国，实现了中国从几千年封建专制政治向人民民主的伟大飞跃。[1]对比之前对新民主主义革命历史任务的阐述，补充了"国家统一、社会稳定"。

第三章"社会主义改造理论"部分对三大改造重要意义的评价精神是一以贯之的。十九大报告指出，我们党深刻认识到，实现中华民族伟大复兴，必须建立符合我国实际的先进社会制度。我们党团结带领人民完成社会主义革命，确立社会主义基本制度，推进社会主义建设，完成了中华民族有史以来最为广泛而深刻的社会变革，为当代中国一切发展进步奠定了根本政治前提和制度基础，实现了中华民族由近代不断衰落到根本扭转命运、持续走向繁荣富强的伟大飞跃。[1]更突出了其现代意义，突出了对中国当今"富起来"的伟大意义——"为当代中国一切发展进步奠定了根本政治前提和制度基础，实现了中华民族由近代不断衰落到根本扭转命运、持续走向繁荣富强的伟大飞跃"。

第四章"社会主义建设道路初步探索的理论成果"部分最突出的变化是关于新时代社会主要矛盾的表述。十九大报告指出，中国特色社会主义进入新时代，我国社会主要矛盾已经转化为人民日益增长的美好生活需要和不平衡不充分的发展之间的矛盾。[1]在本章，重点应讲清楚主要矛盾与1956年八大对主要矛盾的论述变化的原因。

第五章"建设中国特色社会主义总依据"部分，需补充的新内容比较多。

一是中国特色社会主义进入了新时代的丰富内涵、根本依据和重要意义。丰富内涵主要包括五个方面，中国特色社会主义进入了新时代是承前启后、继往开来、在新的历史条件下继续夺取中国特色社会主义伟大胜利的时代；是决胜全面建成小康社会、进而全面建设社会主义现代化强国的时代；是全国各族人民团结奋斗、不断创造美好生活、逐步实现全体人民共同富裕的时代；是全体中华儿女勠力同心、奋力实现中华民族伟大复兴中国梦的时代；是我国日益走近世界舞台中央、不断为人类做出更大贡献的时代。[1]根本依据主要包括十八大以来取得了新成就、主要矛盾的变化、中国与世界的关系进入了新的历史时期。重要意义主要指“三个意味着”，即中国特色社会主义进入新时代，意味着近代以来久经磨难的中华民族迎来了从站起来、富起来到强起来的伟大飞跃，迎来了实现中华民族伟大复兴的光明前景；意味着科学社会主义在二十一世纪的中国焕发出强大生机活力，在世界上高高举起了中国特色社会主义伟大旗帜；意味着中国特色社会主义道路、理论、制度、文化不断发展，拓展了发展中国家走向现代化的途径，给世界上那些既希望加快发展又希望保持自身独立性的国家和民族提供了全新选择，为解决人类问题贡献了中国智慧和中国方案。[1]

二是主要矛盾的新变化。我国社会主要矛盾已经转化为人民日益增长的美好生活需要和不平衡不充分的发展之间的矛盾的重大政治论断，反映了我国社会发展的客观实际，是制定党和国家大政方针、长远战略的重要依据。我国社会主要矛盾的变化，没有改变我们对我国社会主义所处历史阶段的判断，我国仍处于并将长期处于社会主义初级阶段的基本国情没有变，我国是世界最大发展中国家的国际地位没有变。

三是基本路线的新变化，主要体现在基本路线表述中奋斗目标的变化。与“五位一体”的中国特色社会主义总布局相对应，紧扣我国社会主要矛盾变化，统筹推进经济建设、政治建设、文化建设、社会建设、生态文明建设，奋斗目标也在原来“富强、民主、文明、和谐”的基础上，增加了“美丽”二字，丰富为“富强、民主、文明、和谐、美丽”；把“现代化国家”改为“现代化强国”，提升了目标要求。

第六章“社会主义本质和建设中国特色社会主义总任务”部分，新内容主要涉及总任务和未来30年的发展规划。

关于中国特色社会主义的总任务是实现社会主义现代化和中华民族伟大复兴，在全面建成小康社会的基础上，分两步走在21世纪中叶建成富强民主文明和谐美丽的社会主义现代化强国。(具体分析前文已述)

十九大报告强调我们比历史上任何时期都更接近、更有信心和能力实现中华民族伟大复兴的目标，重新设计了未来30年的发展战略。(具体规划前文已述)

第七章“社会主义改革开放理论”部分，应增加全面深化改革开放的八大着力点和共建“一带一路”等相关内容。

增加全面深化改革开放的八大着力点：深化供给侧结构性改革，把提高供给体系质量作为主攻方向；深化农村土地制度改革，第二轮土地承包到期后再延长30年；深化金融体制改革，守住不发生系统性金融风险的底线；推动形成全面开放新格局，赋予自贸区更大改革自主权；改革生态环境监管体制，设立国有自然资源资产管理和自然生态监管机构；行政体制改革，在省市县对职能相近的党政机关探索合并或合署办公；深化国家监察体制改革，国家监察体制改革试点全国推开；完善干部考核评价机制，坚持严管和厚爱结合、激励和约束并重。

推动形成全面开放新格局。开放带来进步，封闭必然落后。中国开放的大门不会关闭，只会越开越大。要以"一带一路"建设为重点，坚持"引进来"和"走出去"并重，遵循共商共建共享原则，加强创新能力开放合作，形成陆海内外联动、东西双向互济的开放格局。中国坚持对外开放的基本国策，坚持打开国门搞建设，积极促进"一带一路"国际合作，努力实现政策沟通、设施联通、贸易畅通、资金融通、民心相通，打造国际合作新平台，增添共同发展新动力。

第八章"建设中国特色社会主义总布局"部分，对应"五位一体"的总布局，对中国特色社会主义经济、政治、文化、社会、生态都有许多新论述。

关于中国特色社会主义经济建设：以人民为中心的发展思想；新发展理念；建设现代化经济体系；经济由高速发展转向高质量发展阶段；深化供给侧改革，实现区域协调发展战略；高起点规划、高指标建设雄安新区；实施乡村振兴战略。

关于中国特色社会主义政治建设：我国社会主义民主是维护人民最根本利益的最广泛、最真实、最管用的民主；中国特色社会主义政治发展道路，绝不能生搬硬套外国政治模式；加强党的集中统一领导；协商民主是实现党的领导的重要方式，是我国社会主义民主政治的特有方式和独特优势；全面依法治国是国家治理的一场深刻革命。

关于中国特色社会主义文化建设：牢牢掌握意识形态工作领导权；构建中国特色哲学社会科学；坚持正确舆论导向，高度重视传播手段建设和创新；建立网络综合治理体系；旗帜鲜明反对和抵制各种错误观点；抵制腐朽落后文化侵蚀；讲好中国故事，提高国家文化软实力。

关于中国特色社会主义社会建设：带领人民创造美好生活，是我们党始终不渝的奋斗目标；保障和改善民生要抓住人民最关心最直接最现实的利益问题；优先发展教育事业；就业是最大的民生；坚决打赢脱贫攻坚战；实时监控中国战略，有效维护国家安全。

第九章"实现祖国完全统一的理论"部分，十九大报告对坚持"一国两制"和推进祖国统一问题非常重视，专门列了一部分来讲这个问题。坚持"一国两制"和推进祖国统一。保持香港、澳门长期繁荣稳定，实现祖国完全统一，是实现中华民族伟大复兴的必然要求。必须把维护中央对香港、澳门特别行政区全面管治权和保障特别行政区高度自治权有机结合起来，确保“一国两制”方针不会变、不动摇，确保“一国两制”实践不变形、不走样。必须坚持一个中国原则，坚持“九二共识”，推动两岸关系和平发展，深化两岸经济合作和文化往来，推动两岸同胞共同反对一切分裂国家的活动，共同为实现中华民族伟大复兴而奋斗。关于解决台湾问题，提出来要让台湾同胞分享大陆发展的机遇。要创造条件，扩大海峡两岸的经济文化交流合作，实现互利互惠，逐步为台湾同胞在大陆学习、创业、就业、生活提供与大陆同胞同等的待遇。强调，我们有坚定的意志、充分的信心、足够的能力挫败任何形式的“台独”分裂图谋。我们绝不允许任何人、任何组织、任何政党、在任何时候、以任何形式、把任何一块中国领土从中国分裂出去！[1]

第十章“中国特色社会主义外交和国际战略”部分，应补充构建人类命运共同体、总体国家安全观、实施“一带一路”外交战略等内容。

明确中国特色大国外交要推动构建新型国际关系，推动构建人类命运共同体。新型国际关系的内涵是相互尊重、公平正义、合作共赢，人类命运共同体含义包括持久和平、普遍安全、共同繁荣、开放包容、清洁美丽。

坚持总体国家安全观。统筹发展和安全，增强忧患意识，做到居安思危，是我们党治国理政的一个重大原则。必须坚持国家利益至上，以人民安全为宗旨，以政治安全为根本，统筹外部安全和内部安全、国土安全和国民安全、传统安全和非传统安全、自身安全和共同安全，完善国家安全制度体系，加强国家安全能力建设，坚决维护国家主权、安全、发展利益。

实施“一带一路”外交战略。积极促进“一带一路”国际合作，努力实现政策沟通、设施联通、贸易畅通、资金融通、民心相通，打造国际合作新平台，增添共同发展新动力。

第十一章“建设中国特色社会主义的根本目的和依靠力量理论”部分，增加十八大关于爱国统一战线和国防、军队建设的战略规划。

适应世界新军事革命发展趋势和国家安全需求，提高建设质量和效益，确保到2020年基本实现机械化，信息化建设取得重大进展，战略能力有大的提升。同国家现代化进程相一致，全面推进军事理论现代化、军队组织形态现代化、军事人员现代化、武器装备现代化，力争到2035年基本实现国防和军队现代化，到21世纪中叶把人民军队全面建成世界一流军队。[1]

加强军队党的建设，开展“传承红色基因、担当强军重任”主题教育，推进军人荣誉体系建设，培养有灵魂、有本事、有血性、有品德的新时代革命军人，永葆人民军队性质、宗旨、本色。继续深化国防和军队改革，深化军官职业化制度、文职人员制度等重大政策制度改革，推进军事管理革命，完善和发展中国特色社会主义军事制度。树立科技是核心战斗力的思想，推进重大技术创新、自主创新，加强军事人才培养体系建设，建设创新型人民军队。全面从严治军，推动治军方式根本性转变，提高国防和军队建设法治化水平。[1]

第十二章“中国特色社会主义领导核心理论”部分，应补充党建工作要坚持五大建设等内容。以党的政治建设为统领，以坚定理想信念宗旨为根基，以调动全党的积极性、主动性、创造性为着力点，全面推进党的政治建设、思想建设、组织建设、作风建设、纪律建设，把制度建设贯彻始终，深入推进反腐败斗争，不断提高党的建设质量，把党建设成为始终走在时代前列、人民衷心拥护、勇于自我革命、经得起各种风浪考验、朝气蓬勃的马克思主义执政党。

明确中国特色社会主义最本质的特征是中国共产党领导，中国特色社会主义制度的最大优势是中国共产党领导，党是最高政治领导力量，提出新时代党的建设总要求，突出政治建设在党的建设中的重要地位。党政军民学，东西南北中，党是领导一切的。正在深入推进的党的建设新的伟大工程是我们党的伟大工程。历史已经并将继续证明，没有中国共产党的领导，民族复兴必然是空想。必须增强政治意识、大局意识、核心意识、看齐意识，自觉维护党中央权威和集中统一领导，自觉在思想上政治上行动上同党中央保持高度一致。[1]

三、以学生为主体，在“概论”课中讲好十九大精神的建议

要推进十九大精神“进教材、进课堂、进学生头脑”，“概论”课在教学中要坚持学生主体地位，注意以下三个方面。

第一，时代是思想之母，坚持时代导向，给学生讲清楚理论成果与时代背景的关系。正如恩格斯所言：“每一时代的理论思维，从而我们时代的理论思维，都是一种历史的产物，在不同的时代具有非常不同的形式，并因而具有非常不同的内容。”[2]在当代中国，坚持和发展中国特色社会主义，必须把握时代特点、直面时代课题，在体现时代性、把握规律性、富于创造性中不断展现蓬勃的生机活力。中国特色社会主义理论体系中每一个重要的观点、论断的提出，都不是一次完成的，都有提出和发展的历史，都有其特有的时代背景。我们要熟读党的历代主要领导人的重要著作，通读党的十一届三中全会以来的文献汇编，循着中国特色社会主义实践进程和历史轨迹，系统地了解中国特色社会主义理论体系形成与发展的历史。习近平新时代中国特色社会主义思想、主要矛盾提法的变化、2020—2035 年的最近战略规划等无疑是十九大提出的最

新、最重要理论成果。我们在给学生讲清这些最新理论成果的新内涵新表述的同时，更需要给学生讲清楚提出这些最新理论成果的时代背景，帮助学生正确理解地看待中国经济从站起来、富起来再到强起来的辩证关系，讲清楚理论成果之间的继承性、发展性和创新性，能够使学生搞清提出最新理论成果的来龙去脉，正确理解中国特色社会主义是一脉相承又与时俱进的理论体系。

第二，实践是理论之源，坚持实践导向，给学生讲清楚理论成果与实践基础的联系。“概论”课教师应在理论学习上提出更高的标准，向着全面掌握理论体系的方向努力，力争做到对中国特色社会主义理论体系融会贯通，烂熟于心。“教学不是简单的照本宣科，必须是研究型教学。”[3]不能满足于只是阐述十九大的一些道理，不能满足于开展一般的政治宣传，而应该激发自己对一些重大问题的思考，并进入学术研究的领域，形成自己对这些问题的深入理解，既深入透彻又接地气地进行理论阐释，通过教师的高水准讲授对学生产生示范和帮助作用。如，我们在讲中国特色社会主义进入新时代这一判断时，应给学生讲清楚做出中国特色社会主义进入新时代的判断与十八大以来的历史性成就和历史性变革这一实践基础密不可分。十八大以来的五年，党和国家在以习近平同志为核心的党中央坚强领导下，取得了历史性成就，实现了历史性变革，从而奠定了中国特色社会主义进入新时代的实践基础。

第三，问题是时代的口号，坚持问题导向，调动学生学习十九大精神的积极性、主动性。问题是创新的起点，也是创新的动力源。马克思曾深刻指出：“主要的困难不是答案，而是问题。”[4]坚持问题导向是马克思主义的鲜明特点。回顾中国特色社会主义理论体系的形成发展历程，每一理论的提出都是对不断涌现的现实问题的回应和回答。教师可以通过随堂反馈、问卷调研、网上互动、集体备课等方式，及时收集学生关于十九大的新关切、新疑惑，做到精准设置问题，依托鲜明的时代气息，依靠真理的力量、思想的魅力，积极应对主动解答，激发学生情感上的强烈共鸣，帮助学生化解各种思想理论“困惑”，提升学生对中国特色社会主义的道路自信、理论自信、制度自信、文化自信。

参考文献

[1] 习近平．决胜全面建成小康社会　夺取新时代中国特色社会主义伟大胜利［N］．人民日报，2017－10－28（1）．

[2] 马克思恩格斯全集（第20卷）［M］．北京：人民出版社，1971：382．

[3] 顾钰民，闫宇豪．因事而化、因时而进、因势而新是提高教学质量和水平的核心［J］．思想教育研究，2017（1）．

[4] 马克思恩格斯全集（第40卷）［M］．北京：人民出版社，1982：289．

第五编

十九大精神进『概论』课课堂教学建议

要论提示：

1. 中国共产党第十九次全国代表大会是在全面建成小康社会决胜阶段、中国特色社会主义进入新时代的关键时期召开的一次极其重要的大会。习近平总书记代表十八届中央委员会在大会上所做的报告，站在历史和时代的高度，对新时代推进中国特色社会主义伟大事业和党的建设新的伟大工程做出全面部署，进一步指明我们党和国家的前进方向，为我们党迈向新时代、开启新征程、续写新篇章提供了伟大政治宣言和行动纲领。

2. 党的十九大审议批准了中央委员会和中央纪律检查委员会的报告，审议通过了党章修正案，产生了新一届中央委员会和中央纪律检查委员会，顺利实现了以习近平同志为核心的中央领导机构的新老交替，提出和解决了一系列重大理论和实践问题，在理论创新、实践创新、制度创新上有很多突破性的认识。

3. 党的十九大意义重大，影响深远，必将作为中国特色社会主义事业发展的里程碑载入史册。中共十九大在理论创新上至少有一些方面对于高校“概论”课教学具有重大的指导意义。

绪　论　将中共十九大精神充分贯彻到“概论”课教学当中

程美东*

一、中共十九大的理论创新

中国共产党第十九次全国代表大会是在全面建成小康社会决胜阶段、中国特色社会主义进入新时代的关键时期召开的一次极其重要的大会。习近平总书记代表十八届中央委员会在大会上所做的报告，站在历史和时代的高度，对新时代推进中国特色社会主义伟大事业和党的建设新的伟大工程做出全面部署，进一步指明我们党和国家的前进方向，为我们党迈向新时代、开启新征程、续写新篇章提供了伟大政治宣言和行动纲领。党的十九大审议批准了中央委员会和中央纪律检查委员会的报告，审议通过了党章修正案，产生了新一届中央委员会和中央纪律检查委员会，顺利实现了以习近平同志为核心的中央领导机构的新老交替，提出和解决了一系列重大理论和实践问题，在理论创新、实践创新、制度创新上有很多突破性的认识。党的十九大意义重大，影响深远，必将作为中国特色社会主义事业发展的里程碑载入史册。中共十九大在理论创新上至少有以下一些方面对于高校“概论”课教学具有重大的指导意义。

1. 明确提出了习近平新时代中国特色社会主义思想的概念，并将其列为党的指导思想。十九大报告明确指出：新时代中国特色社会主义思想，是对马克思列宁主义、毛泽东思想、邓小平理论、“三个代表”重要思想、科学发展观的继承和发展，是马克思主义中国化最新成果，是党和人民实践经验和集体智慧的结晶，是中国特色社会主义理论体系的重要组成部分，是全党全国人民

* 程美东（1969—　），男，安徽无为人，北京高校中国化马克思主义教学研究会会长；北京大学马克思主义学院教授、副院长；北京市哲学社会科学中国化马克思主义发展研究基地负责人兼首席专家。

为实现中华民族伟大复兴而奋斗的行动指南，必须长期坚持并不断发展。

2. 明确了当前中国所处的历史方位。习近平同志在十九大报告中指出：经过长期努力，中国特色社会主义进入了新时代，这是我国发展新的历史方位。这个新时代不是说从十九大才开始的，至少要从十八大开始。十八大以来的5年，是党和国家发展进程中极不平凡的5年，这个5年中我们党解决了许多长期想解决而没有解决的难题，办成了许多过去想办而没有办成的大事，取得了全方位、开创性的成就和实现了深层次、根本性的变革，开启了一个新时代。

3. 深化了对于当前中国社会主要矛盾的论述。中共十九大提出了关于目前我国社会主义主要矛盾是人民日益增长的美好生活需要和不平衡不充分的发展之间的矛盾。这一新的论断深化了改革开放以来我们对于社会主义主要矛盾是“人民日益增长的物质文化需要与落后的社会生产之间的矛盾”的一贯表述，虽然这个新表述没有改变我国仍然处在社会主义初级阶段的认识，没有改变“一个中心、两个基本点”的社会主义初级阶段基本路线，但是毫无疑问给具体工作中如何坚持“一个中心、两个基本点”提出了很多新要求，给中国未来的社会政策调整提供了方向和指南，这是一个重要的理论创新。

4. 提出了未来30年中国现代化发展的“两步走”战略，更加明确和细化了我们现代化发展第三步战略目标和步骤。中共十九大报告指出：“从2020年到2035五年，在全面建成小康社会的基础上，再奋斗十五年，基本实现社会主义现代化。从2035年到21世纪中叶，在基本实现现代化的基础上，再奋斗十五年，把我国建成富强、民主、文明、和谐、美丽的社会主义现代化强国。”这“两步走”的目标实现后，我国物质文明、政治文明、精神文明、社会文明、生态文明将全面提升，实现国家治理体系和治理能力现代化，成为综合国力和国际影响力领先的国家，全体人民共同富裕基本实现，我国人民将享有更加幸福安康的生活，中华民族将以更加昂扬的姿态屹立于世界民族之林。

5. 党的基本路线增加了新的内容。这个新的内容就是由原来的奋斗目标“富强民主文明和谐的社会主义现代化国家”变成了“富强、民主、文明、和谐、美丽的社会主义现代化强国”，相比较原来的目标，现在的目标不仅增加了“美丽”一词，还将“现代化国家”变为“现代化强国”，这个变化不是简单的文字变化，而是在现代化发展水平上有了质的新要求。

6. 在文化价值观上更加鲜明地突出了中国精神、中国价值、中国力量的地位和方向。十九大报告中特别指出，要“推动中华优秀传统文化创造性转化、创新性发展，继承革命文化，发展社会主义先进文化，不忘本来、吸收外来、面向未来，更好构筑中国精神、中国价值、中国力量，为人民提供精神指引”。这个变化更加鲜明地指出了我们文化价值观的发展方向，充分展现了我们的文化自信。

以上六个方面是十九大的重大理论创新之处，但远远不限于这些，在关于教育、人才培养、依法治国、创新发展等方面中共十九大都有新的论述，限于篇幅，这里不一一列举。深入系统地学习研究、掌握这些理论创新，对于我们每个大学生坚定信念、坚持方向、坚定不移地沿着中国特色社会主义道路前进具有深远的意义。

二、将十九大精神全面贯彻到现有的“概论”课教学体系的若干建议

现有的毛泽东思想和中国特色社会主义理论体系“概论”教材是2015年修订的，全国各高校本专科生都使用该教材。十九大精神进课堂首先就要进“概论”课课堂，如何将十九大那么多丰富的内容贯彻到“概论”课教学当中呢？我觉得，目前最可行的办法就是将十九大的最新理论观点放到现有的“概论”课教材当中加以阐述。这里我想就如何将十九大具体的观点贯穿到每章做一点说明。

1. 在第一章“马克思主义中国化理论成果”这部分，至少要重视两个方面的内容：其一，理解和掌握习近平新时代中国特色社会主义思想的形成发展过程、主要内容体系；其二，充分认识习近平新时代中国特色主义思想在整个马克思主义中国化进程中的历史地位和指导意义。围绕这两个方面，要重点讲清楚党的十八大以来我国发展面临的许多新情况新变化是习近平新时代中国特色社会主义思想形成的现实基础，当今世界格局的深刻变革调整是习近平新时代中国特色社会主义思想形成的外部条件；要讲清楚党的十九大报告精辟概括的以“八个明确”“十四个坚持”为主要内容的习近平新时代中国特色社会主义思想的基本体系。在这个基础上再突出习近平新时代中国特色社会主义重要思想的意义和价值，那就是：开辟了马克思主义新境界、为全党全国人民为实现中华民族伟大复兴而奋斗提供了行动指南、为全球治理贡献了中国智慧和中国方案。

2. 十九大报告与第二章“新民主主义革命理论”这部分内容相关的内容主要集中在第二部分“新时代中国共产党的历史使命”，该部分对中国共产党诞生及其历史使命，以及中国共产党领导的新民主主义革命、社会主义革命和改革开放进行了回顾。应该说，基本观点和原有的教材没有太大的差别，但是

在个别的表述和着墨的多少上还是有一些变化的。比如，与党的十七大、十八大报告相比，党的十九大报告对中国共产党诞生的历史背景、历史使命、现实意义进行了大篇幅的阐述。对于新民主主义革命的历史背景、历史使命、发展道路、历史和现实意义也做了更为系统和翔实的叙述。党的十七大报告在回顾改革开放的伟大历史进程语境下表述新民主主义革命，党的十八大报告在回顾中国特色社会主义道路形成的背景下表述新民主主义革命，均未对新民主主义革命的历史背景进行阐述。党的十九大报告则是在回顾新时代中国共产党的历史使命时阐述新民主主义革命，并将新民主主义革命放到中华民族5000年发展史以及中华民族伟大复兴历史进程中去阐述。报告回顾了中华民族5000多年的文明史，鸦片战争后中国人民的深重苦难，无数仁人志士为民族复兴所做的努力及其结局，指出要实现中华民族伟大复兴，必须要推翻压在中国人民头上的三座大山。

党的十七大报告、十八大报告未对新民主主义革命的历史使命展开阐述。党的十九大报告指出，新民主主义革命旨在推翻压在中国人民头上的帝国主义、封建主义、官僚资本主义三座大山，实现民族独立、人民解放、国家统一、社会稳定。与以往对新民主主义革命的历史任务“实现民族独立、人民解放”相比，增加了“国家统一、社会稳定”。“国家统一、社会稳定”这一使命的增加，有助于帮助人们认识中国共产党领导的新民主主义革命不仅仅要带领中国人民打破一个旧世界，还要领导中国人民建设一个新世界。

上述十九大报告关于新民主主义革命革命论述的一些新变化我们要在本章的具体授课中凸显出来，要把这些表述的内在依据讲出来，要从理论上把这些问题说得更加明白。

3. 十九大报告与第三章“社会主义改造理论”直接相关的表述如下：“我们党深刻认识到，实现中华民族伟大复兴，必须建立符合我国实际的先进社会制度。我们党团结带领人民完成社会主义革命，确立社会主义基本制度，推进社会主义建设，完成了中华民族有史以来最为广泛而深刻的社会变革，为当代中国一切发展进步奠定了根本政治前提和制度基础，实现了中华民族由近代不断衰落到根本扭转命运、持续走向繁荣富强的伟大飞跃。”这段话的基本取向与1981年中共十一届六中全会所通过的《关于建国以来若干历史问题的决议》中关于三大改造的评价精神是一致的，与改革开放以来中央关于三大改造历史价值的论述是一致的，但是它更突出了其现代意义，突出了其对中国当今“富起来”所具有的伟大意义——“为当代中国一切发展进步奠定了根本政治前提和制度基础，实现了中华民族由近代不断衰落到根本扭转命运、持续走向繁荣富强的伟大飞跃”。尤其是最后一句论述充分肯定了其对于中国繁荣富强起到了伟大飞跃的作用，这个表述我们在本章讲授中要突出出来。

4. 党的十九大报告与第四章“社会主义建设道路初步探索的理论成果”部分关系最大的是关于新时代社会主要矛盾的表述——“我国社会主要矛盾已经转化为人民日益增长的美好生活需要和不平衡不充分的发展之间的矛盾”，这一论断改变了20世纪50年代以毛泽东为代表的中共第一代领导人探索出的我国社会主义建设时期长期处于“人民日益增长的物质文化需要同落后的社会生产之间的矛盾”的表述，在本章一定要讲清楚这个变化的原因。

5. 十九大报告对于第五章“建设中国特色社会主义的总依据”的讲授提供了很多新内容、提出了很多新要求。具体说来，有如下方面：

中国特色社会主义新时代提出的根本依据。第一，十八大以来，中国特色社会主义理论体系得到了新的发展与创新；第二，十八大以来，中国特色社会主义实践取得了新的重大建设成就；第三，十八大以来，我国社会主要矛盾发生重大变化；第四，十八大以来，中华民族伟大复兴的进程达到了新的历史高度；第五，十八大以来，中国与世界的关系进入了新的历史时期。

中国特色社会主义进入新时代的意义。中国特色社会主义进入新时代意味着近代以来久经磨难的中华民族迎来了从站起来、富起来到强起来的伟大飞跃，迎来了实现中华民族伟大复兴的光明前景；中国特色社会主义进入新时代意味着科学社会主义在21世纪的中国焕发出强大生机活力，在世界上高高举起了中国特色社会主义伟大旗帜；中国特色社会主义进入新时代意味着中国特色社会主义道路、理论、制度、文化不断发展，拓展了发展中国家走向现代化的途径，给世界上那些既希望加快发展又希望保持自身独立性的国家和民族提供了全新选择，为解决人类问题贡献了中国智慧和中国方案。

中国特色社会主义进入新时代的内涵。中国特色社会主义新时代是承前启后、继往开来、在新的历史条件下继续夺取中国特色社会主义伟大胜利的时代；是决胜全面建成小康社会、进而全面建设社会主义现代化强国的时代；是全国各族人民团结奋斗、不断创造美好生活、逐步实现全体人民共同富裕的时代；是全体中华儿女勠力同心、奋力实现中华民族伟大复兴中国梦的时代；是我国日益走进世界舞台中央、不断为人类做出更大贡献的时代。

社会主要矛盾的新变化。党的历史就是不断地深刻认识和判断社会主要矛盾，不断解决中国社会主要矛盾的历史。十九大报告指出，社会主要矛盾已经由人民日益增长的物质文化需要同落后的社会生产之间的矛盾转变为人民日益增长的美好生活需要和不平衡不充分的发展之间的矛盾。

党的基本路线的新变化。党的基本路线以社会主义初级阶段总依据为理论基石，是党在一定历史时期为解决社会主要矛盾而制定的行动纲领，是总揽全局的根本指导方针，是我们制定和执行正确的总任务和总布局的基本依据。党的基本路线是党和国家的生命线、人民的幸福线。领导和团结全国各族人民，以经济建设为中心，坚持四项基本原则，坚持改革开放，自力更生，艰苦创业，为把我国建设成为富强民主文明和谐美丽的社会主义现代化强国而奋斗。

中国特色社会主义新时代的历史方位。中国特色社会主义进入新时代，我国社会主要矛盾发生变化，没有改变我们对我国社会主义所处历史阶段的判断，我国仍处于并将长期处于社会主义初级阶段的基本国情没有变，我国是世界上最大发展中国家的国际地位没有变。

6. 十九大报告与第六章“社会主义本质和建设中国特色社会主义总任务”的关系。这一章需要贯彻十九大报告精神的主要是关于未来30年中国社会主义发展战略的设计——第一个阶段，从2020年到2035年，在全面建成小康社会的基础上，再奋斗十五年，基本实现社会主义现代化；第二个阶段，从2035年到21世纪中叶，在基本实现现代化的基础上，再奋斗十五年，把我国建成富强民主文明和谐美丽的社会主义现代化强国。这个战略目标的战略步骤的设计比起邓小平同志20世纪80年代的“三步走”和中共十六大、十七大确定的新“三步走”战略步骤更加细化、更加明确，目标也更加高远。

7. 十九大报告与第七章“社会主义改革开放理论”的关系。这一章需要将十九大报告中的相关内容贯彻进去：

新时代全面深化改革的八大改革着力点。第一，深化供给侧结构性改革：把提高供给体系质量作为主攻方向；第二，深化农村土地制度改革：第二轮土地承包到期后再延长30年；第三，深化金融体制改革：守住不发生系统性金融风险的底线；第四，推动形成全面开放新格局：赋予自贸区更大改革自主权；第五，改革生态环境监管体制：设立国有自然资源资产管理和自然生态监管机构；第六，行政体制改革：在省市县对职能相近的党政机关探索合并或合署办公；第七，深化国家监察体制改革：国家监察体制改革试点全国推开；第八，完善干部考核评价机制：坚持严管和厚爱结合、激励和约束并重。

突破利益固化藩篱是全面深化改革的关键。加快政府职能转变，深化收入分配制度改革，推动行政性垄断行业改革，畅通向上流动渠道，推进民主法治建设。

共建“一带一路”，努力实现“五通”。政策沟通是“一带一路”建设的首要前提，设施联通是“一带一路”建设的优先领域，贸易畅通是“一带一路”建设的重要内容，资金融通是“一带一路”建设的关键动力，民心相通是“一带一路”建设的人文基础。

8. 十九大报告与第八章“建设中国特色社会主义总布局”的关系。十九大报告对于这一章的内容有很多新论述。

关于中国特色社会主义经济建设。以人民为中心的发展思想；新发展理念；建设现代化经济体系；经济已有高速增长阶段转向高质量发展阶段；深化供给侧结构性改革；实施区域协调发展战略；高起点规划、高标准建设雄安新区；实施乡村振兴战略。

关于中国特色社会主义政治建设。我国社会主义民主是维护人民最根本利益的最广泛、最真实、最管用的民主；中国特色社会主义政治发展道路；绝不能生搬硬套外国政治模式；加强党的集中统一领导；协商民主是实现党的领导的重要方式，是我国社会主义民主政治的特有形式和独特优势；全面依法治国是国家治理的一场深刻革命。

关于中国特色社会主义文化建设。新增加的内容：牢牢掌握意识形态工作领导权；推进马克思主义中国化时代化大众化；构建中国特色哲学社会科学；坚持正确舆论导向，高度重视传播手段建设和创新；建立网络综合治理体系；旗帜鲜明反对和抵制各种错误观点；抵制腐朽落后文化侵蚀；坚持以人民为中心的创作导向；讲好中国故事；提高国家文化软实力。

关于中国特色社会主义社会建设。带领人民创造美好生活，是我们党始终不渝的奋斗目标；保障和改善民生要抓住人民最关心最直接最现实的利益问题；优先发展教育事业；就业是最大的民生；坚决打赢脱贫攻坚战；实施健康中国战略；打造共建共治共享的社会治理格局；有效维护国家安全。

关于中国特色社会主义生态文明建设。人与自然是生命共同体；推进绿色发展；良好的生态是最普惠的民生福祉。

9. 十九大报告与第九章“实现祖国完全统一的理论”的关系。十九大报告关于本章的新论述主要有以下几点：全面贯彻“一国两制”方针，牢牢掌握宪法和基本法赋予的中央对香港、澳门全面管治权，推动两岸关系和平发展，加强两岸经济文化交流合作，实现两岸领导人历史性会晤；提出新时代的基本方略，确保“一国两制”方针不会变、不动摇，确保“一国两制”实践不变形、不走样；确定未来的工作重点，贯彻“一国两制”的方针，严格依照宪法和基本法办事，完善与基本法实施相关的制度和机制；坚决维护国家主权和领土完整，绝不容忍国家分裂的历史悲剧重演。

10. 十九大报告与第十章“中国特色社会主义外交和国际战略”的关系。十九大报告关于当前中国外交和国际战略方面的新思想主要有以下内容。

构建新型国际关系，推动构建人类命运共同体。新型国际关系的内涵是“相互尊重、公平正义、合作共赢”，人类命运共同体的含义是“建设持久和平、普遍安全、共同繁荣、开放包容、清洁美丽的世界”。

共商共建共享的全球治理观。“倡导国际关系民主化，坚持国家不分大小、强弱、贫富一律平等，支持联合国发挥积极作用，支持扩大发展中国家在国际事务中的代表性和发言权。中国将继续发挥负责任大国作用，积极参与全球治理体系改革和建设，不断贡献中国智慧和力量。”

实施“一带一路”外交战略。积极促进“一带一路”国际合作，实施共建“一带一路”倡议，发起创办亚洲基础设施投资银行，设立丝路基金，举办首届“一带一路”国际合作高峰论坛、亚太经合组织领导人非正式会议、二十国集团领导人杭州峰会、金砖国家领导人厦门会晤、亚信峰会。

11. 十九大报告与第十一章“建设中国特色社会主义的根本目的和依靠力量”的关系。十九大关于这一章的新思想主要有以下内容：

以人民为中心。“全党必须牢记，为什么人的问题，是检验一个政党、一个政权性质的试金石。带领人民创造美好生活，是我们党始终不渝的奋斗目标。必须始终把人民利益摆在至高无上的地位，让改革发展成果更多更公平惠及全体人民，朝着实现全体人民共同富裕不断迈进。”

总体国家安全观。强调以人民安全为宗旨，以政治安全为根本，以经济安全为基础，以军事、文化、社会安全为保障，以促进国际安全为依托，维护各领域国家安全，构建国家安全体系，走中国特色国家安全道路。习近平强调：“我们党要巩固执政地位，要团结带领人民坚持和发展中国特色社会主义，保证国家安全是头等大事。”

建设强大的人民军队。政治建军是我军的立军之本，要加强军队党的建设，要坚持富国和强军相统一，强化统一领导、顶层设计、改革创新和重大项目落实，深化国防科技工业改革，形成军民融合深度发展格局，构建一体化的国家战略体系和能力；军事斗争准备是军队的基本实践活动；培养有灵魂、有本事、有血性、有品德的新时代革命军人，永葆人民军队性质、宗旨、本色；推进军事管理革命，完善和发展中国特色社会主义军事制度。加强军事人才培养体系建设，建设创新型人民军队；全面从严治军，推动治军方式根本性转变，提高国防和军队建设法治化水平；军队是要准备打仗的，一切工作都必须坚持战斗力标准，向能打仗、打胜仗聚焦；深化国防和军队改革的关键是牵住党在新形势下的强军目标这个“牛鼻子”；必须全面贯彻新时代党的强军思想，贯彻新形势下军事战略方针，建设强大的现代化陆军、海军、空军、火箭军和战略支援部队，打造坚强高效的战区联合作战指挥机构，构建中国特色现代作战体系，担当起党和人民赋予的新时代使命任务。确保到2020年基本实现机械化，信息化建设取得重大进展，战略能力有大的提升。力争到2035年基本实现国防和军队现代化，到21世纪中叶把人民军队全面建成世界一流军队。

12. 十九大报告与第十二章“建设中国特色社会主义的领导核心”的关系。

十九大报告关于这一章的新思想主要有以下内容：

四种危险、四大考验。新形势下，党面临的执政考验、改革开放考验、市场经济考验、外部环境考验是长期的、复杂的、严峻的，精神懈怠的危险、能力不足的危险、脱离群众的危险、消极腐败的危险更加尖锐地摆在全党面前。要以改革创新的精神全面推进建设新的伟大工程，全面提高党的建设科学化水平。

党建工作坚持五大建设。以党的政治建设为统领，以坚定理想信念宗旨为根基，以调动全党积极性、主动性、创造性为着力点，全面推进党的政治建设、思想建设、组织建设、作风建设、纪律建设，把制度建设贯穿其中，深入推进反腐败斗争，不断提高党的建设质量，把党建设成为始终走在时代前列、人民衷心拥护、勇于自我革命、经得起各种风浪考验、朝气蓬勃的马克思主义执政党。

四个伟大，党的建设工程至为关键。伟大斗争，伟大工程，伟大事业，伟大梦想，紧密联系、相互贯通、相互作用，其中起决定性作用的是党的建设新的伟大工程。

第一章　马克思主义中国化理论成果

肖贵清*　江大伟**

一、教学目的

1. 整体上理解和掌握习近平新时代中国特色社会主义思想的形成发展过程、主要内容体系。

2. 充分认识习近平新时代中国特色社会主义思想在整个马克思主义中国化进程中的历史地位和指导意义。

3. 增强学生对新时代中国特色社会主义的政治认同、思想认同、情感认同。

二、基本内容

本章主要从总体上概述和分析马克思主义中国化两大理论成果及其相关内容。一是了解和把握马克思主义中国化的相关内容，在阐述马克思主义中国化历史进程的基础上，重点阐释马克思主义中国化提出的必要性和重要性、马克思主义中国化的科学内涵以及马克思主义中国化进程中先后形成的两大理论成果，即毛泽东思想和中国特色社会主义理论体系之间的关系。二是分别就马克思主中国化进程中两次历史性飞跃的理论成果“毛泽东思想”和“中国特色社会主义理论体系”进行总体介绍。其中，重点阐释作为中国特色社会主义理论体系最新理论成果的习近平新时代中国特色社会主义思想的形成发展、内容体系、历史地位和指导意义。三是深刻认识和把握党的思想路线和马克思主义中国化理论成果的精髓，即实事求是，只有把握了这个精髓，才能正确把握

* 肖贵清（1959—　），男，河北灵寿人，清华大学马克思主义学院副院长、教授。
** 江大伟（1982—　），男，河北围场人，北京理工大学马克思主义学院讲师。

马克思主义中国化理论成果的历史联系及其贯穿始终的最本质的东西。

三、重点难点

1. 习近平新时代中国特色社会主义思想的形成

党的十八大以来，以习近平为核心的党中央坚持以马克思列宁主义、毛泽东思想、邓小平理论、“三个代表”重要思想、科学发展观为指导，坚持解放思想、实事求是、与时俱进、求真务实，坚持辩证唯物主义和历史唯物主义，紧密结合新的时代条件和实践要求，以全新的视野深化对共产党执政规律、社会主义建设规律、人类社会发展规律的认识，进行艰辛理论探索，取得重大理论创新成果，创立了习近平新时代中国特色社会主义思想。

习近平新时代中国特色社会主义思想，是立足于我国社会主义初级阶段的基本国情，在深刻分析十八大以来我国社会发展的阶段性特征，不断总结我国改革开放的历史经验，深入把握我国经济社会发展中的深层次问题的基础上逐渐形成发展起来的。

社会主义初级阶段的基本国情是习近平新时代中国特色社会主义思想的根本依据。党的十八大以来我国社会发展取得了全方位、开创性的成就，党和国家事业发生了深层次、根本性的变革。但是我国仍然处于并将长期处于社会主义初级阶段的基本国情没有变，我国是世界最大发展中国家的国际地位没有变。我国目前的生产力总体发展水平还不高，全面发展中还面临着许多困难和挑战。中国特色社会主义新时代仍然是社会主义初级阶段长过程中的一个发展阶段，而不是社会主义初级阶段以外的新的发展阶段。坚持和发展新时代中国特色社会主义，仍然要牢牢把握社会主义初级阶段这个基本国情，牢牢立足社会主义初级阶段这个最大实际，这是新时代中国特色社会主义的总依据。

党的十八大以来我国发展面临的许多新情况新变化是习近平新时代中国特色社会主义思想形成的现实基础。世界格局的变革调整对我们统筹国际国内两个大局提出了更高要求。党执政面临的社会环境和现实条件发生深刻变化，发展理念和发展方式有重大转变，发展水平和发展要求更高。我国社会的主要矛盾已经由过去的人民日益增长的物质文化需要同落后的社会生产之间的矛盾转化为人民日益增长的美好生活需要和不平衡不充分的发展之间的矛盾。解决这一主要矛盾，经济建设仍然是中心任务，但需要更加注重全面协调可持续发展，需要着力解决好发展不平衡不充分的问题。习近平新时代社会主义思想正是在回答了实践和时代提出的新课题基础之上形成发展起来的，也正是在这一重大思想指引下，使 5 年来党和国家各项事业的面貌发生了历史性变革，我国发展站在了新的历史起点上。

当今世界格局的深刻变革调整是习近平新时代中国特色社会主义思想形成的外部条件。国际金融危机爆发以来，虽然影响世界和平与发展的不稳定不确定性因素增多，但和平与发展仍然是时代的主题。世界多极化、经济全球化、社会信息化、文化多样化深入发展，全球治理体系和国际秩序变革加速推进，各国相互联系和依存日益加深，国家力量对比更趋平衡。同时，世界面临的不稳定不确定性突出，世界经济增长动能不足，贫富分化日益严重，地区冲突不断，非传统安全威胁蔓延，人类面临着许多共同挑战。相比于世界总体情况，中国一直保持着良好的发展态势。随着中国经济实力的提升，中国对世界的重要性日益凸显，中国国际话语权不断增强，世界已经开始思考“中国道路”“中国经验”等问题。习近平新时代中国特色社会主义思想着眼于统筹国内国际两个大局，积极参与全球治理体系改革和建设，努力为中国发展营造更好的外部环境，不断为世界发展贡献中国智慧。

党的十八大以来，以习近平为主要代表的中国共产党人，紧紧围绕新时代坚持和发展什么样的中国特色社会主义、怎样坚持和发展中国特色社会主义这个重大时代课题，提出了一系列新思想、新观点、新论断、新要求，习近平新时代中国特色社会主义思想是对这些理论创新的集中概括。

2012 年 11 月 29 日，习近平在参观“复兴之路”展览时提出实现中华民族伟大复兴，是中华民族近代以来最伟大的梦想，强调实现中国梦就是要实现国家富强、民族振兴、人民幸福。中国梦的提出为坚持和发展社会主义注入了新内涵，确立起了新时代中国特色主义的总目标。为实现这一奋斗目标，习近平加强顶层设计，从整体上构建起中国特色社会主义事业的战略布局。在党的十八大提出的经济、政治、文化、社会和生态文明建设“五位一体”总布局的基础上，针对全面实现小康社会的阶段性目标，逐渐形成了全面发展的思想。2013 年 11 月党的十八届三中全会提出全面深化改革、2014 年 10 月党的十八届四中全会提出全面推进依法治国，同年 10 月习近平又在党的群众教育实践活动总结大会上的讲话中提出全面从严治党。2015 年 2 月，将全面建成小康社会、全面深化改革、全面推进依法治国、全面从严治党这“四个全面”定位为党的战略布局。为解决全面发展过程中遇到的深层次矛盾和问题，2015 年 10 月，党的十八届五中全会进一步提出要牢固树立并切实贯彻创新、协调、绿色、开放、共享的发展理念，成为新时代中国特色社会主义新的发展理念。为什么人的问题是最根本的问题，中国特色社会主义事业的发展必须始终站在人民立场上，坚持人民中心的价值取向，习近平着力强调要始终践行以人民为中心的发展思想，把实现人民幸福作为发展的目的和归宿。随着中国特色社会主义事业的深入推进，中国的发展取得了举世瞩目的成就，中国日益走近世界舞台的中央，习近平进一步强调要坚定中国特色社会主义道路自信、理论自信、制度自信、文化自信，坚定中国特色社会主义的发展方向，不断推进构建新型国际关系，推动构建人类命运共同体，这些重大思想和重大战略，以全新的视野深化了对共产党执政规律、社会主义建设规律、人类社会发展规律的认识，构建起新时代治国理政的“四梁八柱”，在此基础上，2017 年 10 月党的十九大创造性地提出了习近平新时代中国特色社会主义思想，并写入党章，成为全党全国人民为实现中华民族伟大复兴而奋斗的行动指南，实现了党的指导思想的又一次与时俱进。

2. 习近平新时代中国特色社会主义思想的主要内容

党的十八大以来，以习近平为主要代表的中国共产党人，顺应时代发展，从理论和实践结合上系统回答了新时代坚持和发展什么样的中国特色社会主义、怎样坚持和发展中国特色社会主义这个重大时代课题，全面深刻阐释了新时代坚持和发展中国特色社会主义的总目标、总任务、总体布局、战略布局和发展方向、发展方式、发展动力、战略步骤、外部条件、政治保证等基本问题，提出了一系列紧密联系、相互贯通的新思想、新观点、新论断，创立了习近平新时代中国特色社会主义思想，进一步深化了对中国特色社会主义的认识。习近平新时代中国特色社会主义思想的丰富内涵集中体现在党的十九大报告精辟概括的“八个明确”和新时代中国特色社会主义“十四个坚持”基本方略之中。

“八个明确”体现在：第一，明确坚持和发展中国特色社会主义，总任务是实现社会主义现代化和中华民族伟大复兴，在全面建成小康社会的基础上，分两步走在 21 世纪中叶建成富强民主文明和谐美丽的社会主义现代化强国；第二，明确新时代我国社会主要矛盾是人民日益增长的美好生活需要和不平衡不充分的发展之间的矛盾，必须坚持以人民为中心的发展思想，不断促进人的全面发展、全体人民共同富裕；第三，明确中国特色社会主义事业总体布局是“五位一体”、战略布局是“四个全面”，强调坚定道路自信、理论自信、制度自信、文化自信；第四，明确全面深化改革总目标是完善和发展中国特色社会主义制度、推进国家治理体系和治理能力现代化；第五，明确全面推进依法治国总目标是建设中国特色社会主义法治体系、建设社会主义法治国家；第六，明确党在新时代的强军目标是建设一支听党指挥、能打胜仗、作风优良的人民军队，把人民军队建设成为世界一流军队；第七，明确中国特色大国外交要推动构建新型国际关系，推动构建人类命运共同体；第八，明确中国特色社会主义最本质的特征是中国共产党领导，中国特色社会主义制度的最大优势是中国共产党领导，党是最高政治领导力量，提出新时代党的建设总要求，突出政治建设在党的建设中的重要地位。

为全面贯彻落实习近平新时代中国特色社会主义思想，党的十九大报告又进一步从具体实践形态层面提出了十四条基本方略：第一条，坚持党对一切工作的领导，讲的是领导力量问题；第二条，坚持以人民为中心，讲的是政治立场问题；第三条，坚持全面深化改革，讲的是发展动力问题；第四条，坚持新发展理念，讲的是发展导向问题；第五条，坚持人民当家做主，讲的是依靠力量问题；第六条，坚持全面依法治国，讲的是法治保障问题；第七条，坚持社会主义核心价值体系，讲的是精神力量问题；第八条，坚持在发展中保障和改善民生，讲的是发展目的问题；第九条，坚持人与自然和谐共生，讲的是人与自然关系问题；第十条，坚持总体国家安全观，讲的是国家安全问题；第十一条，坚持党对军队的绝对领导，讲的是国防和军队建设问题；第十二条，坚持“一国两制”和推进祖国统一，讲的是国家统一问题；第十三条，坚持推动构建人类命运共同体，讲的是中国和世界关系问题；第十四条，坚持全面从严治党，讲的是党的自身建设问题。

习近平新时代中国特色社会主义思想内容十分丰富，涵盖了经济、政治、法治、科技、文化、教育、民生、民族、宗教、社会、生态文明、国家安全、国防和军队，“一国两制”和祖国统一、统一战线、外交、党的建设等各方面。“八个明确”是这一重大思想创新观点的集中概括，“十四个坚持”是行动纲领方面的展开，共同构成了系统完备、逻辑严密、内在统一的科学体系。

3. 习近平新时代中国特色社会主义思想的历史地位和指导意义

习近平新时代中国特色社会主义思想是对马克思列宁主义、毛泽东思想、邓小平理论、“三个代表”重要思想、科学发展观的继承和发展，是马克思主义中国化的最新成果，是党和人民实践经验和集体智慧的结晶，是中国特色社会主义理论体系的重要组成部分，是全党全国人民为实现中华民族伟大复兴而奋斗的行动指南。

(1) 开辟了马克思主义新境界

习近平新时代中国特色社会主义思想贯穿改革发展稳定、内政外交国防、治党治国治军各个领域，紧密围绕新时代坚持和发展什么样的中国特色社会主义、怎样坚持和发展中国特色社会主义这一重大理论和实践问题，所形成的重大创新性理论成果，是运用马克思主义的立场、观点、方法指导中国现实实践的产物，实现了马克思主义基本原理同中国具体实际相结合的又一次飞跃。习近平中国特色社会主义思想是对新时代中国特色社会主义实践发展的正确理论原则和经验总结，对中国特色社会主义的认识达到了新的理论高度，是马克思主义中国化的最新理论成果，开拓了马克思主义的新境界，极大丰富了马克思主义理论宝库，在马克思主义中国化进程中具有里程碑意义。

（2）全党全国人民为实现中华民族伟大复兴而奋斗的行动指南

实现中华民族伟大复兴，这是中华民族近代以来的伟大梦想。今天的中国比以往任何时候更更加接近实现这一宏伟的目标和任务，更加迫切需要科学理论的指导。习近平新时代中国特色社会主义思想站在历史和时代的高度，围绕坚持和发展什么样的中国特色社会主义、怎样坚持和发展中国特色社会主义这一时代课题，深刻回答了新时代坚持和发展中国特色社会主义的总目标、总任务、总体布局、战略布局和发展方向、发展方式、发展动力、战略步骤、外部条件、政治保证等基本问题，并根据新的实践围绕改革发展稳定、内政外交国防、治党治国治军，做出理论分析和政策指导，为今后各项工作的开展提供了基本遵循。总之，无论从历史方位、战略安排还是行动的基本方略，习近平新时代中国特色社会主义思想都做出了明确的判断和具体说明，是中国共产党和全国人民在新时代开启新征程、续写新篇章的政治宣言和行动纲领，必须要长期坚持并不断发展。

（3）为全球治理贡献中国智慧和中国方案

中国特色社会主义是党和人民长期实践取得的根本成就，是当代中国发展进步的根本方向，是科学社会主义理论逻辑和中国社会发展逻辑的辩证统一。历史和现实已经充分证明，中国特色社会主义是实现中华民族伟大复兴的必由之路。在习近平新时代中国特色社会主义思想指导下，我国国家发展取得了全方位、开拓性的历史成就，实现了深层次和根本性的历史性变革，今天中国人民应该更加充满对中国特色社会主义的道路自信、理论自信、制度自信、文化自信，为世界提供更多的发展路径。习近平新时代中国特色社会主义思想蕴含的立场方法、价值原则、发展理念，很多方面对世界发展提供了可资借鉴的地方，为人类发展做出了重大贡献。

四、教学建议

1. 教学内容处理

（1）本章教学主要通过让学生在总体了解马克思主义中国化历史进程的基础上，重点把握马克思主义中国化的必要性和可能性，以及在这一历史过程中马克思主义中国化理论成果形成的历史必然性及其重要指导意义。

（2）对于马克思主义历史进程中形成的重大理论成果，本章主要从整体角度让学生有一个基本认知，教材之后章节会对其具体内容展开分析和讲述。

（3）关于党的十九大报告的最新精神、思想，本章讲授内容中着重需要从马克思主义中国化整体的进程中把握习近平新时代中国特色社会主义思想与其他理论成果的关系。明确习近平新时代中国特色社会主义思想是对马克思列宁主义、毛泽东思想、邓小平理论、“三个代表”重要思想、科学发展观的继承和发展，是马克思主义中国化的最新理论成果，是中国特色社会主义理论体系的重要组成部分。本章还要从整体认知角度重点阐述好习近平新时代中国特色社会主义思想的形成发展、内容体系、历史地位和指导意义。

2. 教学素材

除原有教材列出的阅读书目外，补充文献有：

（1）习近平．决胜全面建成小康社会　夺取新时代中国特色主义伟大胜利——在中国共产党第十九次全国代表大会上的报告［M］．北京：人民出版社，2017.

（2）中国共产党章程［M］．北京：人民出版社，2017.

（3）党的十九大报告辅导读本［M］．北京：人民出版社，2017.

（4）党的十九大报告学习辅导百问［M］．北京：党建读物出版社、学习出版社，2017.

（5）电视专题片：《将改革进行到底》《法治中国》《大国外交》《巡视利剑》《辉煌中国》《强军》《不忘初心，继续前进》《举旗定向》。

3. 教学方法和教学内容安排

（1）课堂内教学可设计专题进行系统讲授。

（2）实践教学环节安排学生进一步学习党的十九大报告，参观砥砺奋进的五年大型成就展网上展馆，网址为 http：//dlfj5. cctv. com。

第二章　新民主主义革命理论

张治银[*]

一、教学目的

1. 结合帝国主义、封建主义、官僚资本主义给中国人民造成的深重灾难，深刻认识新民主主义革命的历史必然性。

2. 结合新民主主义革命实践，理解新民主主义革命的内容、道路和三大法宝。

3. 理论联系实际，认识新民主主义革命理论是马克思主义中国化的重要成果。

二、基本内容

本章主要分析新民主主义革命的历史必然性、总路线和基本纲领、道路和基本经验。

第一节“新民主主义革命的历史必然性”。主要阐述帝国主义、封建主义和官僚资本主义给中国人民带来的深重灾难，阐述新民主主义革命是人民群众的必然要求。为了实现中华民族伟大复兴，中国共产党坚持实事求是的思想路线，不断克服党内“左”的和右的倾向，领导中国人民推翻帝国主义、封建主义和官僚资本主义三座大山，在实现民族独立、人民解放、国家统一、社会稳定的问题上一步步走向成熟，形成了新民主主义革命理论。

第二节“新民主主义革命的总路线和基本纲领”。主要阐述新民主主义革命的对象、动力、领导力量、性质和前途，以及新民主主义革命的经济、政

---

* 张治银（1975—　），男，湖北天门人，共青团中央中国特色社会主义理论体系研究中心研究人员，中央团校马克思主义学院教师。

治、文化三大纲领。

第三节“新民主主义革命的道路和基本经验”。主要阐述农村包围城市、武装夺取政权道路的形成，解析统一战线、武装斗争和党的建设三大法宝，从理论和实践两方面阐明新民主主义革命理论的意义。

三、重点难点

1. 重点

(1) 十九大报告的新论述

党的十九大报告在第二部分“新时代中国共产党的历史使命”部分对中国共产党的诞生及其历史使命，以及中国共产党领导的新民主主义革命、社会主义革命和改革开放进行了回顾。新民主主义革命是党的历史使命的一部分。

(2) 中国共产党诞生的历史背景、历史使命和重大意义

与党的十七大、十八大报告相比，党的十九大报告对中国共产党的诞生进行了大篇幅的阐述。报告指出，中国共产党是在近代以后中国社会的剧烈运动中，在中国人民反抗封建统治和外来侵略的激烈斗争中，在马克思列宁主义同中国工人运动的结合过程中应运而生的。中国共产党自成立起，即将实现共产主义作为党的最高理想和最终目标，肩负起实现中华民族伟大复兴的历史使命。中国共产党成立后，中国人民谋求民族独立、人民解放和国家富强、人民幸福的斗争就有了主心骨，中国人民就从精神上由被动转为主动。

(3) 新民主主义革命的历史背景

党的十七大报告在回顾改革开放的伟大历史进程语境下表述新民主主义革命，党的十八大报告在回顾中国特色社会主义道路形成的背景下表述新民主主义革命，均未对新民主主义革命的历史背景进行阐述。党的十九大报告则是在回顾新时代中国共产党的历史使命时阐述新民主主义革命，并将新民主主义革命放到中华民族五千年发展史以及中华民族伟大复兴历史进程中去阐述。报告回顾了中华民族五千多年的文明史，鸦片战争后中国人民的深重苦难，无数仁人志士为民族复兴所做的努力及其结局，指出要实现中华民族伟大复兴，必须要推翻压在中国人民头上的三座大山。

(4) 新民主主义革命的历史使命

党的十七大报告、十八大报告未对新民主主义革命的历史使命展开阐述。党的十九大报告指出，新民主主义革命旨在推翻压在中国人民头上的帝国主义、封建主义、官僚资本主义三座大山，实现民族独立、人民解放、国家统

一、社会稳定。与以往对新民主主义革命的历史任务“实现民族独立、人民解放”相比，增加了“国家统一、社会稳定”。“国家统一、社会稳定”这一使命的增加，有助于帮助人们认识中国共产党领导的新民主主义革命不仅仅要带领中国人民打破一个旧世界，还要领导中国人民建设一个新世界。

（5）新民主主义革命的道路

党的十七大报告、十八大报告未对新民主主义革命道路展开阐述。党的十九大报告指出，我们党团结带领人民找到了一条以农村包围城市、武装夺取政权的正确革命道路，进行了28年浴血奋战，完成了新民主主义革命。实际指出新民主主义革命的道路是农村包围城市、武装夺取政权，是一条符合中国国情的正确道路。

（6）新民主主义革命的意义

党的十七大报告、十八大报告将新民主主义革命的意义归入以毛泽东同志为核心的党的第一代中央领导集体的历史功绩中去表述。党的十七大报告指出新民主主义革命的胜利、社会主义基本制度的确立为当代中国一切发展进步奠定了根本政治前提和制度基础。党的十八大报告指出，以毛泽东同志为核心的党的第一代中央领导集体带领全党全国各族人民完成了新民主主义革命，进行了社会主义改造，确立了社会主义基本制度，成功实现了中国历史上最深刻最伟大的社会变革，为当代中国一切发展进步奠定了根本政治前提和制度基础。党的十九大报告指出，新民主主义革命的伟大意义是推翻了压在中国人民头上的帝国主义、封建主义、官僚资本主义三座大山，建立了中华人民共和国，实现了中国从几千年封建专制政治向人民民主的伟大飞跃。

2. 热点

（1）新旧民主主义革命的联系和区别

人民民主与封建专制是相对的一对范畴。民主主义革命旨在推翻封建专制。与世界资本主义国家不同的是，中国的农民阶级、资产阶级改良派、资产阶级革命派都未能完成推翻封建专制的历史任务。这一历史任务留给了新生的工人阶级的政党——中国共产党。既然民主主义革命是中国共产党领导的，其所处时代、指导思想、革命前途与旧民主主义革命有着本质的区别。中国共产党要领导人民取得新民主主义革命的成功，不能照搬已经被历史证明了的行不通的做法，而是需要从中国实际出发，采取新的措施。

（2）新民主主义革命与社会主义建设和改革开放的联系

党的十九大报告指出，新民主主义革命实现了民族独立、人民解放、国家统一、社会稳定。“国家统一、社会稳定”这两个词组的增加，实际强化了新民主主义革命与社会主义建设和改革开放之间的联系。中国共产党领导人民开展的新民主主义革命不仅仅是要推翻压在人民头上的三座大山，而且要在此基础上实现国家统一、社会稳定，为人民建设美好家园奠定根本政治前提和制度基础。没有新民主主义革命，就不可能有社会主义的建设和改革开放。

3. 解疑释惑

(1) 理论方面的难点

中国人民为什么选择了马克思主义？近代中国灾难深重，无数仁人志士给中国开出药方，若干国外的思潮也涌入中国，为什么是马克思主义最终成了中国人民的指导思想呢？一是马克思主义原本是人民群众的救世学说。从唯物主义的立场出发，坚持用辩证的方法为绝大多数人谋利益，这本是蕴含在人类生息繁衍过程中的基本思维方式。马克思、恩格斯对人民群众的观念方法进行提炼，创立了马克思主义学说。这种学说再回到人民群众中去，容易唤起人民群众对马克思主义的认同。二是十月革命给中国树立了好的样板。十月革命前四十多年，中国就有人介绍巴黎公社。但马克思主义在中国广泛传播是在俄国十月革命之后。十月革命的成功让“中国先进分子从马克思列宁主义的科学真理中看到了解决中国问题的出路”。从当时的世情看，没有哪一种思想能够像马克思主义那样给中国人以强大的冲击。三是马克思主义与工人运动相结合产生了巨大的影响力。马克思主义传入中国后，中国的知识分子即到工人中去宣传马克思主义。工人由此认识到世界是人民群众创造的，认识到资本家剥削工人剩余价值，造成了工人阶级的贫困。工人运动的兴起扩大了马克思主义的影响力。这种影响力是当时任何一种思潮都不能企及的。

新民主主义革命为什么要由中国共产党来领导？一是近代以来历次革命和运动的失败，说明农民阶级、资产阶级改良派和资产阶级革命派无法完成新民主主义革命的任务。二是中国共产党以马克思主义为信仰，能够为了人民群众的利益约束自己，甚至不惜牺牲个人生命，因此能够得到人民群众的拥护。三是中国共产党产生于知识分子和工人之中，与工人阶级、农民阶级有着密切的联系，最能够号召起千千万万的工人和农民参与革命，求得民族独立、人民解放、国家统一、社会稳定。

(2) 学生理解方面的难点

新民主主义革命的必要性问题。帝国主义国家武力入侵中国，中国人民生命和财产损失惨重。地主阶级凭借土地剥削农民，官僚资产阶级凭借国家机器欺压人民。“三座大山”不会良心发现，自行从人民头上移走。只能由中国共产党带领人民群众用暴力的手段去推翻。

新民主主义革命的正义性问题。近代以来中国共产党领导中国人民用暴力手段推翻三座大山，是中国人民呼唤的正义行为。帝国主义、封建主义和官僚资本主义三座大山不义在先，给中国人民造成了深重灾难。要推翻三座大山，必须使用武装的革命来反对武装的反革命，并且使用的手段要比三座大山的暴力手段更强大，才有实现的可能。土地革命、武装斗争，都是反抗三座大山的必要手段。我们不能拿今天的人民内部矛盾来类比当年的敌我阶级矛盾。放弃暴力革命的手段，寄希望于帝国主义、封建主义和官僚资本主义的良心发现，实质是坐视人民群众饱受三座大山欺压，是对人民群众和历史不负责任的表现。

（3）社会的错误思潮

帝国主义侵华有功。一些人认为帝国主义入侵中国，造成了中国封建专制的部分解体，并在一定程度上促进了中国资本主义的发展，促进了中国人民的觉醒，因而认为中国人民应该感谢帝国主义国家的侵略。这种思潮的错误实质是没有区分帝国主义侵华的主要矛盾和次要矛盾。帝国主义国家侵华，不是为了帮助中国人民从封建专制的水深火热之中解脱出来，而是为了掠夺中国的资源，将中国变成其殖民地。帝国主义国家侵略中国的过程中可能会造成封建专制的局部解体，带来部分先进的技术，也能够用血的事实教育中国人民，但这些均不是帝国主义侵华的主要目的。

地主阶级和官僚资产阶级的财产是劳动所得。一些人认为地主阶级和官僚资产阶级的财产是劳动积累，因而没收地主土地、没收官僚资本是错误的。这种思潮错误的实质是没有看到地主阶级和官僚资产阶级是怎样通过剥削工人农民的剩余价值而积累财产的，看不到地主阶级和官僚资产阶级是怎样将原本是工人农民创造的财富转移到自己的名下。20%的人占有80%的财产，80%的人占有20%的财产，这正是半殖民地半封建社会不合理的社会制度和分配制度的必然结果。

四、教学建议

1. 教学内容处理

（1）从教材内容上看，《毛泽东思想和中国特色社会主义理论体系概论》与《中国近现代史纲要》有重复之处。以新民主主义革命为例，《中国近现代史纲要》的第四章“开天辟地的大事变”、第五章“中国革命的新道路”、第六章“中华民族的抗日战争”、第七章“为新中国而奋斗”均属新民主主义革命的内容。两本教材重复之处可以不用理会。

(2)《中国近现代史纲要》重在讲历史，为《毛泽东思想和中国特色社会主义理论体系概论》的发论做史实的铺垫。《毛泽东思想和中国特色社会主义理论体系概论》重在讲理论，是对《中国近现代史纲要》史实的抽象和拔高。二者定位即有较大差异。

(3) 实际操作中，《中国近现代史纲要》与《毛泽东思想和中国特色社会主义理论体系概论》一般分在大学一年级和二年级完成，时间的间隔反倒需要一定程度的重复，以保证两门课程的连续性。实际教学中，教师一般以教材框架为思路，另行搜集材料说明教材观点。这也说明两本教材重复的问题完全可以忽略不计。

2. 教学素材

(1) 思想的历程 [M]. 北京：中央编译出版社，2011.

(2) 新民主主义论 [M] //毛泽东选集（第 2 卷）. 北京：人民出版社，1991.

(3) 沦陷区惨状记：日军侵华暴行实录 [M]. 北京：中国文史出版社，2016.

(4) 杨奎松. 国民党的联共与反共 [M]. 广西：广西师范大学出版社，2016.

(5) 金一南. 苦难辉煌 [M]. 北京：华艺出版社出版，2009.

3. 教学方法和教学内容安排

(1) 实践教学

学生提前一周分赴北京不同红色文化纪念馆，拍照并围绕参观主题讲述参观感想。

(2) 实践教学地址

北京新文化运动纪念馆、北大红楼、李大钊纪念馆、中央编译局马克思主义传播史展览馆、中国人民抗日战争纪念馆、卢沟桥、焦庄户、军事博物馆、中国国家博物馆、天安门。

第三章　社会主义改造理论

张秀荣*

一、教学目的

通过讲授从新民主主义向社会主义的转变、社会主义改造的道路和历史经验、社会主义制度在中国的确立等内容，使学生深入了解社会主义道路是历史和人民的选择，深刻领会习近平总书记关于社会主义基本制度的确立“完成了中华民族有史以来最为广泛而深刻的社会变革，为当代中国一切发展进步奠定了根本政治前提和制度基础，实现了中华民族由近代不断衰落到根本扭转命运、持续走向繁荣富强的伟大飞跃”的论断。

二、基本内容

本章的内容分为三大板块：一是从新民主主义到社会主义的转变，包括新民主主义社会的性质——过渡性的社会、过渡时期总路线的提出及其理论依据等。二是社会主义改造道路和历史经验，包括适合中国特点的农业、手工业和资本主义工商业的社会主义改造道路，三大改造的历史经验等。三是社会主义制度在中国的确立，包括社会主义基本制度的确立及其理论依据、确立社会主义基本制度的重大意义等。十九大报告对社会主义改造的阐述主要体现在两个方面：一是从民族复兴的角度高度评价了社会主义制度确立的意义。二是从站起来、富起来、强起来的角度定位了社会主义制度确立的划时代贡献，提出了社会主义制度的确立“实现了中华民族由近代不断衰落到根本扭转命运、持续走向繁荣富强的伟大飞跃”的新论断。

---

* 张秀荣（1961—　），北京市人，北京高校中国化马克思主义研究会理事；中国地质大学马克思主义学院教授，副院长。

三、重点难点

本章的教学重点有三：一是讲清楚新民主主义社会是一个过渡性质的社会这一问题；二是使学生切实掌握适合中国特点的社会主义改造道路及其历史经验；三是使学生深刻理解社会主义基本制度确立的重大意义。在这三个重点中，十九大报告直接涉及的内容是关于社会主义制度在中国确立的重大意义，具体阐述为："我们党深刻认识到，实现中华民族伟大复兴，必须建立符合我国实际的先进社会制度。我们党团结带领人民完成社会主义革命，确立社会主义基本制度，推进社会主义建设，完成了中华民族有史以来最为广泛而深刻的社会变革，为当代中国一切发展进步奠定了根本政治前提和制度基础，实现了中华民族由近代不断衰落到根本扭转命运、持续走向繁荣富强的伟大飞跃。"与现行教材❶"确立社会主义基本制度的重大意义"这一目的内容相比较，十九大报告在原有"社会主义基本制度的确立是中国历史上最深刻最伟大的社会变革，为当代中国一切发展进步奠定了制度基础，也为中国特色社会主义制度的创新和发展提供了重要条件，是马克思列宁主义关于社会主义革命理论在中国的正确运用和创造性发展的成果"等论述的基础上，从站起来、富起来、强起来的角度定位了社会主义制度确立的划时代贡献，提出了社会主义制度的确立"实现了中华民族由近代不断衰落到根本扭转命运、持续走向繁荣富强的伟大飞跃"的论断。这是本章教学需要重点阐述和分析的内容。

结合十九大报告的内容，本章教学的难点主要体现在四个方面：一是如何正确理解和深刻把握习近平总书记关于社会主义制度的确立"实现了中华民族由近代不断衰落到根本扭转命运、持续走向繁荣富强的伟大飞跃"的论断；二是真正讲清楚社会主义改造的必要性问题，驳斥"既有今日，何必当初?"之类否定社会主义改造的错误观点；三是关于社会主义与中国特色社会主义的辩证关系问题；四是如何正确认识社会主义改造过程中出现的失误和偏差问题。

正确理解和深刻把握习近平总书记关于社会主义制度的确立"实现了中华民族由近代不断衰落到根本扭转命运、持续走向繁荣富强的伟大飞跃"的论断。从1840年开始，近代中国进入了屈辱期，资本—帝国主义国家对中国进行军事侵略、经济掠夺、文化渗透，强迫中国签署了一系列不平等条约，国土沦丧，人民生活困苦，中国在半殖民半封建的泥淖中越陷越深。面对列强侵

---

❶《毛泽东思想和中国特色社会主义理论体系概论》，高等教育出版社2015年版。

略的铁蹄和统治者的对外献媚，对内镇压，中国人民知耻而后勇，进行了艰苦卓绝的抗争，积极探索救亡图存的道路，为实现民族独立，人民解放和国家富强、人民富裕进行了长期斗争。1921 年中国共产党诞生后，中国人民谋求民族独立、人民解放和国家富强、人民幸福的斗争就有了主心骨，中国人民就从精神上由被动转为主动。在中国共产党的领导下，中国人民找到了一条以农村包围城市、武装夺取政权的正确革命道路。通过 28 年的浴血奋战，推翻了帝国主义、封建主义和官僚资本主义的统治，建立了新中国，取得了新民主主义革命的胜利，完成了民族独立、人民解放的历史任务，近代以来屡遭屈辱的中国人民站起来了。通过社会主义革命，中国人民一方面完成了民主革命遗留的任务，恢复和发展了国民经济，巩固了站起来的成果。另一方面则通过社会主义改造，最终完成了由新民主主义社会向社会主义社会的转变，建立了社会主义制度。社会主义制度确立后，中国共产党领导全国人民转入全面的大规模的社会主义建设，向实现国家富强、人民富裕的目标迈进。富起来、强起来成为了社会主义改造完成之后中国社会的发展主线。社会主义制度的确立“实现了中华民族由近代不断衰落到根本扭转命运、持续走向繁荣富强的伟大飞跃”的论断正是对上述事实的精准概括。

“既有今日，何必当初”是社会上存在的一种否定社会主义改造的错误观点，持此论者认为既然十一届三中全会之后中国还要进行社会主义改革，那么 20 世纪 50 年代的社会主义改造就显得多余和没有必要。对这一错误观点的批驳主要从两个方面入手。一是社会主义改造和社会主义改革各自进行的必要性；二是社会主义改造和社会主义改革的区别与联系。鉴于教材第七章“社会主义改革开放理论”将对社会主义改革的必要性进行详细说明，有关社会主义改造和社会主义改革的区别与联系会在这一章进行重点分析。因此，本章需要重点解决的问题是社会主义改造的必要性问题，让学生明白“既有今日，仍需当初”的道理。关于社会主义改造的必要性问题，可以从理论依据和现实依据两个角度进行阐述。首先介绍马克思、恩格斯、列宁等关于过渡时期的理论，阐明进行社会主义改造的理论依据，从理论上说清楚社会主义改造的必要性。其次从现实的角度阐明进行社会主义改造的客观必要性。主要包括以下几点：实现社会主义工业化是国家独立和富强的物质基础；对资本主义工商业进行社会主义改造，是迅速实现国家工业化，建设社会主义强大国家的需要；对个体农业和手工业的社会主义改造，是发展农业生产和提高整个社会生产力的需要。总之，社会主义改造既是马克思主义的要求，同时也是中国现实社会发展的需要，是实现中华民族由站起来到富起来、强起来转变的关键之所在。

关于社会主义与中国特色社会主义辩证关系的问题。核心是要使学生明白中国特色的社会主义首先是社会主义，是切合中国实际的社会主义，不是别的什么主义，更不是西方的资本主义。其次才是中国特色。社会主义改造建立的社会主义制度，确立的社会主义道路是中国特色社会主义的前提和基础，中国特色社会主义是对社会主义的继承和发展。

关于正确认识社会主义改造过程中出现的失误和偏差问题。十九大报告并没有提及社会主义改造过程中出现的失误和偏差。因这一内容在以前的备课教学过程中已多次涉及并得到了妥善解决，在此不再做展开说明。

四、教学建议

1. 融入热点

在备课和授课过程中将习近平总书记关于社会主义改造的阐述全面融进去，让学生深刻领会十九大报告关于社会主义改造的新论断。

2. 运用视频资料进行教学

建议截取十九大习近平总书记汇报“我们党深刻认识到，实现中华民族伟大复兴，必须建立符合我国实际的先进社会制度。我们党团结带领人民完成社会主义革命，确立社会主义基本制度，推进社会主义建设，完成了中华民族有史以来最为广泛而深刻的社会变革，为当代中国一切发展进步奠定了根本政治前提和制度基础，实现了中华民族由近代不断衰落到根本扭转命运、持续走向繁荣富强的伟大飞跃”的视频，让学生观看后结合教材谈感想，找区别与联系，进行总结和概括。

3. 实践教学

教师组织学生集体或学生自行前往国有大型企业北京同仁堂进行实地学习考察，让学生掌握社会主义改造过程中同仁堂等民族资本主义工商业公司合营的过程，深刻领会社会主义改造过程中和平赎买政策的内容及其实际作用。

第四章　社会主义建设道路初步探索的理论成果

刘　锋*

一、教学目的

如何在中国这样一个经济文化比较落后的东方大国建设和巩固社会主义，是党面临的一项崭新问题。中华人民共和国成立以后，特别是我国社会主义基本制度确立以后，以毛泽东为代表的中国共产党人对此问题进行了艰辛的初步探索。在探索中，虽然出现了一些失误，但在思想理论创新与现代化建设实践上取得了重要成就。通过本章的教学，要实现以下三个层面的教学目的：

一是促使学生了解以毛泽东为代表的中国共产党人初步探索社会主义建设道路的实践成就和思想理论成果的基本内容。二是促进学生充分认识以毛泽东为代表的中国共产党人对社会主义建设初步探索在我国现代化建设历程中的重要地位，对巩固新生的中华人民共和国、社会主义制度，开创和发展中国特色社会主义的重大意义，以及这一艰辛探索对世界社会主义事业发展的重要贡献。三是引导学生以唯物史观为指导，从大历史的视野来把握以毛泽东为代表的中国共产党人初步探索社会主义建设道路的经验教训，加深对毛泽东思想科学体系的认识，正确把握改革开放前和改革开放后两个历史时期之间的关系，增进学生对中国特色社会主义的基本路线、基本纲领、基本方略的认同感。

二、基本内容

本章主要讲述了以毛泽东为代表的中国共产党人在社会主义制度建立之后

---

* 刘锋（1988—　），男，河南南阳人，北京工业大学马克思主义学院讲师；北京高校中国特色社会主义理论研究协同创新中心（北京工业大学）研究人员。

对社会主义建设道路进行的初步探索，尤其是思想理论上的重要成果。同时，也总结了在这一探索历程中出现一些失误的重要经验教训。结合教材和党的十九大报告，就基本内容来讲，主要有四个方面：

一是调动一切积极因素为社会主义事业服务。这是毛泽东在《论十大关系》中提出的重要观点。党的十九大报告指出，“要高举爱国主义、社会主义旗帜，牢牢把握大团结大联合的主题，坚持一致性和多样性统一，找到最大公约数，画出最大同心圆”。按照这一要求，要处理好中国共产党与民主党派的关系、各民族之间的关系、贯彻落实好党的宗教政策、加强党外知识分子工作，做好新的社会阶层人士工作、构建新型政商关系、广泛团结联系海外侨胞和归侨侨眷等，来巩固和发展爱国统一战线。

二是正确认识和处理社会主义社会的矛盾。毛泽东明确阐述了社会主义社会的基本矛盾、社会主义社会的矛盾在政治生活中的表现，特别是党的八大提出了我国的主要矛盾，即人民对建立先进工业国的要求同落后的农业国的现实之间的矛盾，是人民对经济文化迅速发展的需要同当前经济文化不能满足人民需要的状况之间的矛盾。而党的十九大报告创造性地论述了新时代我国的主要矛盾，即“中国特色社会主义进入新时代，我国社会主要矛盾已经转化为人民日益增长的美好生活需要和不平衡不充分的发展之间的矛盾”。

三是走中国工业化道路的思想。毛泽东以苏为鉴，提出了以农业为基础、以工业为主导、以农轻重为序发展国民经济的总方针，以及一整套“两条腿走路”的思路。关于现代化建设问题，党的十九大报告指出，“坚持新发展理念，推动新型工业化、信息化、城镇化、农业现代化同步发展”，“要坚持农业农村优先发展，加快推进农业农村现代化”。

四是社会主义建设道路初步探索的重大意义与经验教训。以毛泽东为代表的中国共产党人对社会主义建设道路的初步探索，为开创中国特色社会主义提供了宝贵经验、理论准备和物质基础，也积累了必须正确认识社会主义社会的主要矛盾和根本任务、发扬民主、集体领导、对外开放等经验教训，为新时代中国特色社会主义的发展提供了重要借鉴。

三、重点难点

结合教材第四章的基本内容，以及党的十九大报告，联系教学实践中的困惑、学生在学习中的难题等，确定以下三个方面为本章的重点难点。

一是关于我国社会主要矛盾的问题，既是本章节的重点，也是本章节的难点，更是党的十九大之后思想界、学术界关注的焦点问题，是学生学习中遇到的新难题。要成功推进党和国家事业，就必须科学把握我国社会的主要矛盾。中华人民共和国成立以后特别是我国社会主义基本制度建立后，党的八大明确指出："国内的主要矛盾，已经是人民对建立先进的工业国的要求同落后的农业国的现实之间的矛盾，已经是人民对于经济文化迅速发展的需要同当前经济文化不能满足人民需要的状况之间的矛盾。"这个提法是符合当时我国社会发展实际的，但由于党的注意力和主要任务发生了变化，这一主要矛盾的科学论断没有坚持下来。党的十一届三中全会以后，党科学分析了社会主义初级阶段的基本国情，对党的八大的观点进行了进一步的提炼。党的十一届六中全会通过的《关于建国以来党的若干历史问题的决议》指出，"我国所要解决的主要矛盾，是人民日益增长的物质文化需要同落后的社会生产之间的矛盾"。这为我们部署党和国家的全局工作提供了科学指引。

经过改革开放近40年来的艰辛探索和长期努力，我国社会生产力水平显著提高，综合国力跃居世界前列；经济发展进入新常态，发展格局有了重大变化；人民生活显著改善，社会事业加快发展；我国国际地位和影响力大幅提升，日益走向世界舞台中央等。中国特色社会主义进入了新时代，这是我国发展新的历史方位。认清发展所处的历史方位问题是决定发展成功的根本性问题。基于新时代的历史方位，党的十九大报告做出了"中国特色社会主义进入新时代，我国社会主要矛盾已经转化为人民日益增长的美好生活需要和不平衡不充分的发展之间的矛盾"这一崭新论断。这一新表述是由我国现阶段的客观实际决定的。新时代我国社会生产和社会需要发生了新的变化。原来关于"人民日益增长的物质文化需要同落后的社会生产之间的矛盾"的表述，已经不能准确反映这样变化了的客观实际了，这就客观上要求对我国社会主要矛盾的问题做出与时俱进的概述。

需要指出的是，我国社会主要矛盾的变化没有改变我们对当前我国社会主义所处历史阶段的判断。要正确处理我国社会主要矛盾的变化同社会主义初级阶级阶段的关系问题。社会主义初级阶段是一个很长的历史进程。在这一历程中，我国社会的主要矛盾必然随着社会发展而变化。但这些变化并不意味着社会主义初级阶段的基本国情发生了变化，而是在社会主义初级阶段这个历史阶段中发生的变化。

二是科学评价党领导人民进行社会主义建设的改革开放前和改革开放后两个历史时期之间的关联，廓清思想界的有些论者将这两个历史时期相割裂、甚至相对立的错误观点，是本章的一个重点问题，也是一个思想界、学术界持续探讨的热点问题。虽然改革开放前和改革开放后两个历史时期在进行社会主义建设的思想指导、方针政策、实际工作上有很大差别，但两者绝不是彼此割裂的，更不是根本对立的。

关于此问题，习近平曾强调："我们党领导人民进行社会主义建设，有改革开放前和改革开放后两个历史时期，这是相互联系又有重大区别的时期，但本质上都是我们党领导人民进行社会主义建设的实践探索。中国特色社会主义是在改革开放历史新时期开创的，但也是在新中国已经建立起社会主义基本制度并进行了20多年建设的基础上开创的。"这一论述启发我们对改革开放前与改革开放后这两个历史时期要正确评价，不能用改革开放前的历史时期否定改革开放后的历史时期，也不能用改革开放前的历史时期否定改革开放后的历史时期。改革开放前的社会主义建设的探索尤其是以毛泽东为代表的中国共产党人对社会主义建设道路的初步探索为改革开放后的接续探索积累了条件，改革开放后的社会主义实践探索是对前一个时期的坚持、改革、发展。总之，如果没有1949年建立中华人民共和国并进行社会主义革命和建设，积累了重要的思想、物质、制度条件，积累了正反两方面的经验，改革开放也很难顺利推进。我们要充分认识到以毛泽东为代表的中国共产党人对社会主义建设道路的初步探索在中华人民共和国成立以来现代化建设过程中的重大意义、历史地位。同时，假若没有1978年以来我们党果断决定实行改革开放，并坚定不移推进改革开放，社会主义中国就不可能有今天这么好的发展局面。

三是科学认识毛泽东思想和中国特色社会主义理论体系的关系，是在本章的基础上衍生出来的一个深层次难题，也是学生在学习中经常会遇到的困惑。要想搞清楚毛泽东思想和中国特色社会主义理论体系这一马克思主义中国化两大理论成果的关系，从本质上讲，主要是要弄清楚毛泽东社会主义建设思想与中国特色社会主义理论体系之间的关系。对此，笔者认为首先要搞清楚毛泽东社会主义建设思想的基本内容以及中国特色社会主义理论体系的形成和发展的历史起点。

具体来讲，第一，毛泽东社会主义建设思想主要体现在《论十大关系》《关于正确处理人民内部矛盾的问题》等文献中。就理论成果而言，主要包括调动一切积极因素为社会主义事业服务的思想、正确认识和处理社会主义社会的矛盾的思想、走中国工业化道路的思想。除此之外，还包括关于社会主义发展阶段的观点、社会主义现代化建设的战略目标和步骤的观点、经济建设的方针、所有制结构的调整、经济体制和运行机制改革、社会主义民主政治建设的观点、教育科学文化工作的方针、知识分子工作的观点，以及国防建设和军队建设、实现祖国统一、外交和国际战略、执政党建设等方面。党在探索社会主义建设道路过程中取得的重要理论成果是毛泽东思想的重要组成部分，是中国特色社会主义理论体系的重要思想来源。第二，学界关于中国特色社会主义理论体系的形成和发展的历史起点主要有四种观点："1949 年中华人民共和国成立说""1956 年社会主义制度建立说""1975 年邓小平全面整顿说""1978 年十一届三中全会说"。笔者更倾向于第四种观点，即 1978 年十一届三中全会真正揭开了改革开放和社会主义现代化建设的序幕，应当成为中国特色社会主义理论体系的形成和发展的历史起点。中华人民共和国成立后至十一届三中全会召开之前，我党对社会主义的艰辛探索应属于毛泽东社会主义建设思想范围之内。第三，毛泽东思想的内容体系中关于社会主义建设的思想与中国特色社会主义理论体系的关系最为密切，但必须认识到毛泽东思想和中国特色社会主义理论体系是马克思主义中国化飞跃的历程中两个不同的重大理论成果。这两大理论成果尽管在思想渊源、精髓、活的灵魂等方面具有高度的一致性，但二者所回答的时代课题、核心内容、产生的历史背景等方面，是不同的。第四，中国特色社会主义理论体系不包括毛泽东社会主义建设思想，但这一科学体系是对毛泽东社会主义建设思想的坚持和继承、纠正和完善、创新和发展。

四、教学建议

一是内容处理层面，将正确认识与处理社会主义社会矛盾的思想与邓小平开启当代中国改革开放大潮的理论依据相联系起来进行讲解，充分地论述毛泽东关于社会主义社会矛盾的学说的现实意义。

二是案例和素材方面，应结合党的八大会议的视频、《论十大关系》等经典文献阐述思想理论成果，还要着重选取有代表性的案例从事教学。就案例而言，比如，"两弹一星"让中国成为具有重要影响力的大国的案例、人工合成胰岛素揭开生命奥秘的案例等。以"两弹一星"为例，我们知道 1964 年 10 月 16 日 15 时，我国第一颗原子弹爆炸成功。1966 年 10 月 27 日，我国第一颗装有核弹头的导弹飞行爆炸成功。1967 年 6 月 17 日，我国第一颗氢弹爆炸成功。1970 年 4 月 24 日，我国第一颗人造卫星发射成功。通过这个案例来展示毛泽东等中国共产党人探索社会主义建设道路所取得的重大成就。众所周知，我国是在"一穷二白"的条件下，独立研制成功原子弹、氢弹和人造地球卫星，从而成功打破了美苏垄断核武器和航天技术并到处挥舞"核大棒"的国际局面，显著地增强了我国的国际地位。"两弹一星"的成功告诉我们：旧中国积贫积弱，任人宰割；只有在中国共产党的领导下，发挥社会主义集中力量办大事的优势，自主创新，才能实现科技的辉煌、国家的强盛、国防的稳固。如果没有"两弹一星"，我国就没有现在这样的国际影响力。

三是教学方法方面，要处理好理论讲授与历史梳理之间的关系，把握好该章节的重点与难点部分，分配好每一部分的授课时间。该章着重讲述以毛泽东为代表的中国共产党人对社会主义建设道路初步探索的理论成果。在理论阐释过程中，应坚持历史梳理与理论阐释相结合的方法，否则理论的讲授就会显得枯燥乏味。此外，该章涉及的理论内容非常多，都是毛泽东思想中关于社会主义建设的重要思想理论成果，不可能面面俱到地讲授。应当围绕该章节的重点、难点部分，合理分配教学时间。

第五章　建设中国特色社会主义的总依据

宋振美*

一、教学目的

通过本章的学习，使学生全面、准确地掌握社会主义初级阶段的科学内涵、主要特征、长期性以及我国发展的现阶段特征；全面、准确地理解中国特色社会主义新时代的根本依据和“三个意味”的具体内涵以及和社会主义初级阶段的关系。深入理解和掌握社会主要矛盾的新概括；理解和掌握社会主义初级阶段的基本路线、基本纲领的新变化。帮助学生理性地认识中国社会主义所处的历史阶段和历史方位，不妄自菲薄，也不急于求成，坚定走中国特色社会主义道路的决心和信心。

二、基本内容

社会主义初级阶段理论的形成和发展的历史过程，社会主义初级阶段的含义、九个方面的主要特征及我国发展的阶段性特征。十八大以来的 5 年取得全方位的、开创性的成就，5 年来深层次的、根本性的社会变革，中国特色社会主义进入新时代。新时代提出的根本依据、新时代的“三个意味”以及具体内涵。社会主义新时代与社会主义初级阶段的关系，我国社会主义历史方位与历史阶段的关系，我国仍处于并将长期处于社会主义初级阶段的基本国情没有变，我国是世界最大发展中国家的国际地位没有变。

中国特色社会主义进入新时代，我国社会主要矛盾由人民日益增长的物质

* 宋振美（1976—　），女，河北乐亭人，北京第二外国语学院马克思主义学院副教授，北京高校第八届青年教师教学基本功比赛二等奖。

文化需要同落后的社会生产之间的矛盾，转化为人民日益增长的美好生活需要和不平衡不充分的发展之间的矛盾。我国社会主要矛盾的变化是关系全局的历史性变化，对党和国家工作提出了许多新要求。

社会主义初级阶段基本路线的主要内容发生了新变化，党的十七大、十九大先后在富强、民主、文明奋斗目标的基础上增加了和谐与美丽的内容。社会主义初级阶段的经济、政治、文化、和谐社会、生态文明的基本纲领。

三、重点难点

1. 为什么说社会主义初级阶段是建设中国特色社会主义的总依据

社会主义初级阶段是当代中国最大的国情，是我们党制定现阶段理论路线、战略策略的基本出发点，是改革发展的根本立足点，是建设中国特色社会主义的总依据。

2. 中国特色社会主义新时代提出的根本依据

第一，十八大以来，中国特色社会主义理论体系得到了新的发展与创新；第二，十八大以来，中国特色社会主义实践取得了新的重大建设成就；第三，十八大以来，我国社会主要矛盾发生重大变化；第四，十八大以来，中华民族伟大复兴的进程达到了新的历史高度；第五，十八大以来，中国与世界的关系进入了新的历史时期。

3. 中国特色社会主义进入新时代的意义

中国特色社会主义进入新时代意味着近代以来久经磨难的中华民族迎来了从站起来、富起来到强起来的伟大飞跃，迎来了实现中华民族伟大复兴的光明前景；中国特色社会主义进入新时代意味着科学社会主义在21世纪的中国焕发出强大生机活力，在世界上高高举起了中国特色社会主义伟大旗帜；中国特色社会主义进入新时代意味着中国特色社会主义道路、理论、制度、文化不断发展，拓展了发展中国家走向现代化的途径，给世界上那些既希望加快发展又希望保持自身独立性的国家和民族提供了全新选择，为解决人类问题贡献了中国智慧和中国方案。

4. 中国特色社会主义进入新时代的内涵

中国特色社会主义新时代是承前启后、继往开来、在新的历史条件下继续夺取中国特色社会主义伟大胜利的时代；是决胜全面建成小康社会、进而全面建设社会主义现代化强国的时代；是全国各族人民团结奋斗、不断创造美好生活、逐步实现全体人民共同富裕的时代；是全体中华儿女勠力同心、奋力实现中华民族伟大复兴中国梦的时代；是我国日益走进世界舞台中央、不断为人类做出更大贡献的时代。

5. 社会主要矛盾的新变化

党的历史就是不断地深刻认识和判断社会主要矛盾，不断解决中国社会主要矛盾的历史。十九大报告指出，社会主要矛盾已经由人民日益增长的物质文化需要同落后的社会生产之间的矛盾转变为人民日益增长的美好生活需要和不平衡不充分的发展之间的矛盾。

6. 党的基本路线的新变化

党的基本路线以社会主义初级阶段总依据为理论基石，是党在一定历史条件下为解决社会主要矛盾而制定的行动纲领，是总揽全局的根本指导方针，是我们制定和执行正确的总任务和总布局的基本依据。党的基本路线是党和国家的生命线、人民的幸福线。领导和团结全国各族人民，以经济建设为中心，坚持四项基本原则，坚持改革开放，自力更生，艰苦创业，为把我国建设成为富强民主文明和谐美丽的社会主义现代化强国而奋斗。

7. 中国特色社会主义新时代的历史方位与社会主义初级阶段的基本国情之间的关系

中国特色社会主义进入新时代，我国社会主要矛盾发生变化，没有改变我们对我国社会主义所处历史阶段的判断，我国仍处于并将长期处于社会主义初级阶段的基本国情没有变，我国是世界最大发展中国家的国际地位没有变。

8. 社会主要矛盾发生变化的主要表现

目前人民对美好生活需要，已不仅对物质文化生活提出了更高要求，而且在民主、法治、公平、正义、安全、环境等方面的要求日益增长；我国社会生产力水平总体上显著提高，更突出矛盾是城乡、区域、收入分配等存在的不平衡、不充分等问题，这已成为满足人民日益增长的美好生活需要的主要制约因素。

9. 社会主要矛盾发生变化对党和国家工作提出的新要求

在创新发展、协调发展、绿色发展、开放发展和共享发展的基础上，着力解决好发展不平衡不充分问题，大力提升发展质量和效益，在发展中更加注重社会公平，不断消除地区差距、收入差距和城乡差距，努力让全体人民共享改革开放和发展的成果。更好地满足人民在经济、政治、文化、社会、生态等方面日益增长的需要，更好推动人的全面发展、社会全面进步。

四、教学建议

1. 教学内容处理

与《中国近现代史纲要》课程第十章“改革开放与现代化建设新时期”的重复问题。“概论”课第五章的讲解，尤其是国情的分析，要避免与《中国近现代史纲要》课程第十章的简单重复，而是以《中国近现代史纲要》课程第十章的讲解为基础，着重从理论上阐述初级阶段的特征和历史发展过程中的阶段性特征。要突出学理性的概括和分析，使学生在《中国近现代史纲要》课程第十章学习的基础上，对社会主义初级阶段的历史方位、现实国情、发展道路有更深刻的理解和认识。

本章第二节“社会主义初级阶段的基本纲领”与在第八章的重复问题。本章第二节“社会主义初级阶段的基本纲领”部分重点内容为政治、经济、文化、和谐社会、生态文明的总布局。这部分内容可以说是本书第八章的主要内容或中心思想。所以，在本章中，这部分内容不宜展开，要侧重从基本路线和基本纲领的关系入手，提纲挈领地介绍这五个方面的内容。建议同学们迅速地浏览第八章的内容，告知学生这部分内容与第八章的关系，以引起学生的重视。

2. 教学素材

通过讲述《跑马乡的故事》这一案例，让学生认识到如果不能正确认识国情，超越阶段，党就不能制定出正确的路线、方针和政策，就会犯下各种“左”或右的错误。跑马乡的故事，就是因为当时党对国情认识不清，对社会主义建设的长期性缺乏充分认识，急于求成而造成的。❶

讲解“一个中国，四个世界”和“一个中国，四种社会”的案例，让学生了解“一个中国，四个世界”之中，第一世界是指已经进入世界高收入组的地区，包括上海、北京、深圳；第二世界是指相当于世界上中等收入组的地区，如天津、广东、浙江、江苏等沿海地区；第三世界是指相当于世界中下等收入水平的地区；第四世界是相当于低收入水平的地区，主要分布在中西部的贫困地区。

“一个中国，四种社会”，一是指农业社会；二是指工业社会；三是指服务社会；四是知识社会。

---

❶ 薄一波. 若干重大决策与事件的回顾（下卷）［M］. 北京：人民出版社，1997.

通过“一个中国，四个世界”和“一个中国，四种社会”的案例讲解，使学生了解这是对中国地区发展不平衡状况的形象概括，这种经济社会发展不平衡现状已经受到了党和政府的高度重视。“科学发展观”“五大发展理念”都是我们党针对国情状况做出的理论回应。❶

中国国家博物馆坚持“以人为本”的科学发展理念，以“贴近实际、贴近生活、贴近群众”为宗旨，是我国最高的历史文化艺术殿堂。博物馆的部分内容和经常开展的各种展览的部分内容对于师生了解中国国情和社会现实具有重要的作用和意义。

3. 教学方法和教学内容安排

（1）专题式教学

本章主要围绕中国国情展开，要讲清我国社会主义的性质，还要讲清我国社会主义的发展程度和水平，更要讲清中国特色社会的新时代以及未来发展的方向。所以这一讲可以围绕四个大的问题来展开：第一，社会主义初级阶段是建设中国特色社会主义的总依据；第二，正确理解中国特色社会主义新时代；第三，正确理解社会主要矛盾的新概括；第四，党的基本路线与总依据、总任务和总布局的关系。

（2）研究性教学

本章内容与社会现实联系紧密，相关理论内容在学术界和思想界存在一定的分歧和争议，学生对某些问题存在思想上的困惑和疑虑，所以在教学过程中，要有问题意识，围绕相关理论知识引导学生思考和研究，从而达到思想的澄明。引导学生认清中国当前是“权贵资本主义”“封建的社会主义”的错误思想，指导学生判断中国可以甩掉“初级阶段”帽子的错误论断。

（3）实践教学

围绕社会主义初级阶段主要特征和新时代的主要特征设计若干实践主题，如家乡地区发展状况、产业结构状况、文化教育发展状况等，学生可以通过搜集查阅资料、实践调研、参观考察等方式，完成实践报告或是制作 PPT、视频等进行课堂展示，由此达到巩固课堂理论学习和自我教育的目的。

---

❶ 胡鞍钢. 2020 中国全面建成小康社会［M］. 北京：清华大学出版社，2012.

第六章　社会主义本质和建设中国特色社会主义总任务

吴宝晶*

一、教学目的

通过本章的教学，使学生们掌握以下一些内容：

1. 深刻把握社会主义的本质提出的背景、科学内涵和重要意义。

2. 深刻理解社会主义的根本任务是不断解放和发展生产力。

3. 深刻把握我国分“三步走”实现现代化的发展战略，特别是掌握新时代中国特色社会主义发展战略；深刻把握小康社会的提出及其发展历程，掌握决胜全面建成小康社会的内容和意义。明确实现中华民族伟大复兴中国梦的科学内涵和基本要求。

二、基本内容

“什么是社会主义、怎样建设社会主义”是建设中国特色社会主义的首要基本理论问题。邓小平指出：“社会主义的本质，是解放生产力，发展生产力，消灭剥削，消除两极分化，最终达到共同富裕。”邓小平提出的社会主义本质理论，把我们对社会主义的认识提高到了一个新的科学水平。社会主义本质理论是对科学社会主义的重大发展，也对建设中国特色社会主义具有重要的指导意义。

解放和发展生产力是社会主义的根本任务，也是社会主义本质的必然要

* 吴宝晶（1963—　），女，北京市人，博士，北京高校中国化马克思主义教学研究会副会长；北京工业大学马克思主义学院教授；北京高校中国特色社会主义理论研究协同创新中心（北京工业大学）研究人员。

求。科学技术是第一生产力，是先进生产力的集中体现和主要标志，必须坚持走中国特色的自主创新道路，深化科技体制改革，提高科技创新能力。坚持发展是硬道理，是党执政兴国的第一要务，坚持科学发展，全面贯彻落实科学发展观。

1987 年党的十三大报告中提出了“三步走”发展战略和基本实现现代化战略构想。1997 年党的十五大报告中又提出了 21 世纪新“三步走”的战略部署。党的十六大从我国总体上实现的还是低水平、不全面、发展很不平衡的小康的实际出发，提出大体用 20 年的时间，全面建设一个惠及十几亿人口的更高水平的小康社会。党的十八大报告中鲜明地提出了 2020 年全面建成小康社会的目标任务。随着“两个一百年”的临近，实现中华民族伟大复兴的中国梦将不再遥远。

十九大报告中指出：发展是解决我国一切问题的基础和关键，发展必须是科学发展，必须坚定不移贯彻创新、协调、绿色、开放、共享的发展理念。

从十九大到二十大，是“两个一百年”奋斗目标的历史交汇期。我们既要全面建成小康社会、实现第一个百年奋斗目标，又要乘势而上开启全面建设社会主义现代化国家新征程，向第二个百年奋斗目标进军。

综合分析国际国内形势和我国发展条件，从 2020 年到 21 世纪中叶可以分两个阶段来安排。第一个阶段，从 2020 年到 2035 年，在全面建成小康社会的基础上，再奋斗 15 年，基本实现社会主义现代化。第二个阶段，从 2035 年到 21 世纪中叶，在基本实现现代化的基础上，再奋斗 15 年，把我国建成富强民主文明和谐美丽的社会主义现代化强国。

从全面建成小康社会到基本实现现代化，再到全面建成社会主义现代化强国，是新时代中国特色社会主义发展的战略安排。

三、重点难点

1. 决胜全面建成小康社会

习近平总书记在党的十九大报告中指出：“从现在到 2020 年，是全面建成小康社会决胜期。”

全面建成小康社会标志着我们跨过了实现现代化建设第三步战略目标必经的承上启下的重要发展阶段。党的十三大提出了“三步走”发展战略，第一步，实现国民生产总值比 1980 年翻一番，解决人民的温饱问题。第二步，到 20 世纪末，使国民生产总值再增长一倍，人民生活达到小康水平。第三步，到21世纪中叶，人均国民生产总值达到中等发达国家水平，人民生活比较富裕，基本实现现代化。

1997年在十五大报告中又提出了21世纪新“三步走”的战略部署，即2010年实现国民生产总值比2000年翻一番，使人民的小康生活更加宽裕，形成比较完善的社会主义市场经济体制；建党一百年时，使国民经济更加发展，各项制度更加完善；建国一百年时，基本实现现代化，建成富强民主文明的社会主义国家。

2002年11月召开的党的十六大宣布，经过改革开放10多年的经济社会发展，我们国家“总体上达到了小康水平”。并首次提出了“全面建设小康社会”的目标，明确了2020年全面建设小康社会的任务，报告中指出：根据十五大提出的到2010年、建党100年和新中国成立100年的发展目标，我们要在21世纪头20年，集中力量，全面建设惠及十几亿人口的更高水平的小康社会，使经济更加发展、民主更加健全、科教更加进步、文化更加繁荣、社会更加和谐、人民生活更加殷实。努力建设惠及十几亿人口的更高水平、更全面、更均衡的小康社会。

全面建设小康社会的奋斗目标，是根据我国社会主义现代化建设的客观进程和社会经济发展阶段性变化的实际情况提出来的，充分体现了中国特色和时代精神，与我国现代化的目标相一致。这个奋斗目标，是团结全党全国各族人民共同奋斗的基石。同时，江泽民同志提出21世纪头20年是全面建设小康社会的阶段，从而深化了邓小平同志关于分阶段、有步骤地实现现代化的战略思想。

小康的概念，在我国古以有之。早在西汉儒家的《礼记·礼运》中，就对小康社会进行了详尽的描述。古人将其与“大同”并列为两种不同的理想模式。在古代思想家看来，“大同”是天下为公、路不拾遗、井然有序的理想社会，“小康”是天下为家、温馨和睦、讲究礼仪的亲情社会。那时，“小康生活”反映的是自给自足的小农生活状态，寄托了普通百姓对丰衣足食、安居乐业的美好生活的朴素向往。

改革开放以后，邓小平创造性地将小康的概念用来描述我国社会主义现代化建设的阶段性目标。

1979年12月，日本首相大平正芳来华访问。在会谈中，中国改革开放和社会主义现代化建设的总设计师邓小平最先借用了“小康”的概念，用“小康”“小康之家”回答了大平正芳“整个现代化的蓝图是如何构思的”这个问题。这是中国政府首次将建设小康社会作为国家的发展目标，并且对小康社会的具体指标有了大致的规划。

2012 年 11 月，党的十八大报告在建设小康社会的措辞上发生了重要变化，由原来的“全面建设小康社会”变成了“全面建成小康社会”，并且提出了“两个一百年”奋斗目标，进一步细化了“三步走”战略的第三步。从“全面建设小康社会”到“全面建成小康社会”，“建设”是一个过程，“建成”才是最终的结果。虽只有一字之改，但却反映了我国发展阶段的新飞跃，它将全面小康社会的美好图景更具体更生动地呈现在全国人民面前，也把我们党对发展中国特色社会主义的坚定决心和信心展现出来。

与此同时，十八大报告对全面建成小康社会提出了新的目标要求，经济持续健康发展，包括转变经济发展方式取得重大进展，实现国内生产总值和城乡居民人均收入比 2010 年翻一番等；人民民主不断扩大，包括民主制度更加完善，民主形式更加丰富，依法治国基本方略全面落实等；文化软实力显著增强，包括社会主义核心价值体系深入人心，公共文化服务体系基本建成等；人民生活水平全面提高，包括基本公共服务均等化总体实现，教育现代化基本实现，就业更加充分，收入分配差距缩小，扶贫对象大幅减少等；资源节约型、环境友好型社会建设取得重大进展，单位国内生产总值能源消耗和二氧化碳排放大幅下降，主要污染物排放总量显著减少。包括主体功能区布局基本形成、人居环境明显改善等。总之，全面建成小康社会的核心在于“全面”，即惠及人群的全面性，覆盖地区的全面性，涉及领域的全面性，是经济、政治、文化、社会和环境等方面的全面小康。

全面建成小康社会标志着我国从中等收入国家向高收入国家发展迈出坚实步伐。小康是中国式现代化的话语范畴。按照国际标准，我国在 1999 年由低收入国家进入中等收入国家，目前人均国民总收入超过 8000 美元，属于中等偏上收入国家，与高收入国家门槛（2016 年划分标准为人均 12475 美元）还有约 34% 的差距。近年来我国经济保持中高速增长，到 2020 年全面建成小康社会时，我国人均国民收入有望达到或超过 1 万美元，更加接近高收入国家标准。[1] 这表明，我国全面建成小康社会进程与国际上现代化发展阶段是衔接的。

2. 新时代中国特色社会主义发展战略

十九大报告中根据我国发展的阶段性特征，提出了新时代中国特色社会主义发展战略。我们既要全面建成小康社会、实现第一个百年奋斗目标，又要乘势而上开启全面建设社会主义现代化国家新征程，向第二个百年奋斗目标进军。

习近平指出，这个新时代，是承前启后、继往开来、在新的历史条件下继续夺取中国特色社会主义伟大胜利的时代，是决胜全面建成小康社会、进而全面建设社会主义现代化强国的时代，是全国各族人民团结奋斗、不断创造美好生活、逐步实现全体人民共同富裕的时代，是全体中华儿女勠力同心、奋力实现中华民族伟大复兴中国梦的时代，是我国日益走近世界舞台中央、不断为人类做出更大贡献的时代。[2]

从我国发展呈现的前所未有的阶段性特征来看我国的历史方位。第一，社会生产力水平大幅度攀升，综合国力跃居世界前列。改革开放近40年来，我国已经从低收入国家进入中上等收入国家行列，正在向高收入国家迈进。经济总量从世界第十一位跃居世界第二位；成为世界第一制造大国，第一货物出口大国、重要对外投资国。2016年我国GDP占世界的份额为14.8%，比1978年提高了13个百分点。近些年，我国对世界经济增长的贡献率超过30%。第二，经济发展进入新常态，产业结构日趋合理，经济发展格局发生重大转变。1978—2012年我国GDP年均增长9.8%。2013—2016年，GDP年均增长7.2%，增速位居世界主要国家前列。结构调整取得显著成效，服务业增加值在GDP中占比超过半壁江山，消费成为经济增长的主要拉动力，城乡、区域发展差距缩小。我国经济发展格局正在由主要依靠投资、出口拉动向依靠消费、投资、出口协调拉动转变，由主要依靠第二产业带动向依靠第一、二、三产业协调带动转变，这些变化为经济长期保持中高速增长奠定了坚实的基础。第三，人民生活显著改善，社会事业加快发展。从社会层面来看，人民美好生活需要日益广泛，不仅对物质文化生活提出了更高要求，而且在民主、法治、公平、正义、安全、环境等方面的要求日益增长。我国社会主要矛盾已经转化为人民日益增长的美好生活需要和不平衡不充分的发展之间的矛盾。近些年居民收入增速超过经济增速，其中农村居民收入增长快于城镇居民，贫困人口持续下降。建立起覆盖14亿人口的社会保障网。人民生活在实现从贫困到温饱再到总体小康历史性跨越基础上，正向更加美好的生活迈进。第四，我国国际地位和影响力大幅提升，正在从世界体系边缘走近世界舞台中央。经过近40年的经济社会发展，我国经济实力、科技实力、国防实力、综合国力已经进入世界前列，国家与社会面貌发生了前所未有的变化，国际地位实现了前所未有的提升。我国的迅速崛起，深刻改变了世界政治经济的格局。我国实施共建“一带一路”倡议，发起创办亚投行等新型多边金融机构，成功举办了20国集团杭州峰会等一系列重大主场外交活动，彰显了深度参与和引领塑造全球治理的实力和能力。可以说，今天的中国，已不再是处于世界体系边缘的旁观者，也不再是国际秩序的被动接受者，而是积极的参与者、建设者、引领者，为解决人类问题不断贡献中国智慧和中国方案。

新时代中国特色社会主义发展战略的主要内容，习近平提出，综合分析国际国内形势和我国发展条件，从2020年到21世纪中叶可以分两个阶段来安排。

第一个阶段，从2020年到2035年，在全面建成小康社会的基础上，再奋斗15年，基本实现社会主义现代化。到那时，我国经济实力、科技实力将大幅跃升，跻身创新型国家前列；人民平等参与、平等发展权利得到充分保障，法治国家、法治政府、法治社会基本建成，各方面制度更加完善，国家治理体系和治理能力现代化基本实现；社会文明程度达到新的高度，国家文化软实力显著增强，中华文化影响更加广泛深入；人民生活更为宽裕，中等收入群体比例明显提高，城乡区域发展差距和居民生活水平差距显著缩小，基本公共服务均等化基本实现，全体人民共同富裕迈出坚实步伐；现代社会治理格局基本形成，社会充满活力又和谐有序；生态环境根本好转，美丽中国目标基本实现。[3]

第二个阶段，从2035年到21世纪中叶，在基本实现现代化的基础上，再奋斗15年，把我国建成富强民主文明和谐美丽的社会主义现代化强国。到那时，我国物质文明、政治文明、精神文明、社会文明、生态文明将全面提升，实现国家治理体系和治理能力现代化，成为综合国力和国际影响力领先的国家，全体人民共同富裕基本实现，我国人民将享有更加幸福安康的生活，中华民族将以更加昂扬的姿态屹立于世界民族之林。[4]

习近平强调，从全面建成小康社会到基本实现现代化，再到全面建成社会主义现代化强国，是新时代中国特色社会主义发展的战略安排。

四、教学建议

1. 教学资料

可以在网上观看砥砺奋进的五年成就展。

2. 教学方法

以采用多媒体手段进行讲授为主，适当安排讨论环节，播放相关的视频和课后作业。

可以组织学生参观和走访村镇、企业、社区，实地调查和感受我国发展战略的实现程度和小康社会的建设成就。

参考文献

[1] 本书编写组．党的十九大报告辅导读本［M］．北京：人民出版社，2017：168.

[2]［3］［4］习近平．决胜全面建成小康社会　夺取新时代中国特色社会主义伟大胜利——在中国共产党第十九次全国代表大会上的报告［M］．北京：人民出版社，2017.

第七章　社会主义改革开放理论

李　娟*

一、教学目的

1. 了解改革开放提出的历史背景和理论依据；新时代全面深化改革的基本方略、重点领域和关键环节；全面深化改革在“四个全面”中的战略定位；“一带一路”建设是实施互利共赢战略是重大举措。

2. 运用我国改革开放的伟大成就和宝贵经验，科学阐释我国社会主要矛盾的转化和新发展。

3. 理解和支持改革开放这项基本国策，对我国在新的历史方位下解决社会问题具有建设性态度。

二、基本内容

1. 改革开放是解决新时代社会主要矛盾的必由之路

近40年的成就充分证明，改革开放是决定当代中国命运的关键抉择。我国基本解决了人民日益增长的物质文化需要和落后的社会生产之间的矛盾。中国特色社会主义进入新时代，我国社会主要矛盾已经转化为人民日益增长的美好生活需要和不平衡不充分的发展之间的矛盾。在新的历史方位下，必须以更大的勇气和决心全面深化改革。

2. 全面深化改革必须坚持正确方向

十九大报告明确提出，全面深化改革的总目标是完善和发展中国特色社会

* 李娟（1982—　），女，四川射洪人，北京师范大学马克思主义学院副教授。

主义制度，推进国家治理体系和治理能力现代化。不实行改革开放死路一条，搞否定社会主义方向的“改革开放”也是死路一条。坚持改革的正确方向，就是要坚持四项基本原则这个立国之本。最核心的是在改革中坚持和完善党的领导，坚持和完善中国特色社会主义制度。

3. 新时代全面深化改革的重点领域和关键环节

深化供给侧结构性改革，把提高供给体系质量作为主攻方向；深化农村土地制度改革，第二轮土地承包到期后再延长30年；深化金融体制改革，守住不发生系统性金融风险的底线；推动形成全面开放新格局，赋予自贸区更大改革自主权；改革生态环境监管体制，设立国有自然资源资产管理和自然生态监管机构；行政体制改革，在省市县对职能相近的党政机关探索合并或合署办公；深化国家监察体制改革，国家监察体制改革试点全国推开；完善干部考核评价机制，坚持严管和厚爱结合、激励和约束并重。

4. 实施互利共赢的开放战略

中国坚持对外开放的基本国策，坚持打开国门搞建设，积极促进“一带一路”国际合作，努力实现政策沟通、设施联通、贸易畅通、资金融通、民心相通，打造国际合作新平台，增添共同发展新动力。中国支持多边贸易体制，促进自由贸易区建设，推动建设开放型世界经济。

三、重点难点

1. 全面深化改革必须坚持正确方向

向着什么方向改革，是一个根本性的大问题。国内外的经验教训告诫人们：方向正确，改革事业就能够乘风破浪、开拓前进；方向发生偏差，改革就会走向歧路乃至最终失败。中国的改革是全面的、深刻的、伟大的革命，但中国是一个社会主义性质的大国，绝不能在改革的根本性问题上出现颠覆性错误，一旦出现就无法挽回、无法弥补。

党的十九大报告明确提出，全面深化改革总目标是完善和发展中国特色社会主义制度、推进国家治理体系和治理能力现代化。牢牢把握改革的正确方向，最根本的是两条，一是坚持中国特色社会主义道路；一是坚持党的领导。坚持和发展中国特色社会主义事业，必须坚持和改善党的领导，这两条又是一致的。

事实反复证明，中国共产党是中国特色社会主义事业的坚强领导核心，是各项事业成功的根本保证。办好中国的事情关键在党，正是因为不断加强和改善党的领导，我们才能在改革开放的征程中闯过一个个难关，啃下一根根硬骨头。

十九大报告指出，“坚持党对一切工作的领导”。全面深化改革也必然坚持党的领导。坚持和加强党对全面深化改革的集中统一领导，有利于充分发挥党总揽全局、协调各方的制度优势，有利于全党全国在改革上统一思想、坚定信心，有利于调动国内外一切可以调动的积极因素，有利于改革涉险滩、闯难关、啃硬骨头，有利于有计划、有步骤稳定地推进各项改革，为全面深化改革提供根本政治保证。

2. 新时代全面深化改革的八大改革着力点

过去5年，我国全面深化改革取得重大突破。改革全面发力、多点突破、纵深推进，拓展改革广度和深度，推出1500多项改革举措，重要领域和关键环节改革取得突破性进展，主要领域改革主体框架基本确立。在中国特色社会主义新时代，十九大报告指明了未来全面深化改革的八大重点领域和关键环节。

第一，深化供给侧结构性改革：把提高供给体系质量作为主攻方。

我国经济已由高速增长阶段转向高质量发展阶段，必须坚持质量第一、效益优先。提高供给体系质量，需要加快建设制造强国，支持传统产业优化升级，加快发展现代服务业，加强基础设施网络建设。

第二，深化农村土地制度改革：第二轮土地承包到期后再延长30年。

目前，我国大部分地区农村承包地处于第二轮承包期。十九大报告明确提出，保持土地承包关系稳定并长久不变，第二轮土地承包到期后再延长30年。这是给广大农民吃了个“定心丸”，有利于稳定农民预期，有利于推进农业的规模化经营，培育以家庭农场、农业企业为主的新型农业经营主体，引导更多资金、技术、人才流入农村和农业。

第三，深化金融体制改革：守住不发生系统性金融风险的底线。

防范系统性金融风险，是坚决打好防范化解重大风险攻坚战的重要任务。尤其是同业、理财、表外三个重点领域，因为这三个领域覆盖了比较突出的风险点，比如，影子银行、交叉金融、房地产泡沫、地方政府债务等。同时，还有与其相关的操作性风险，所以要集中精力整治。

第四，推动形成全面开放新格局：赋予自贸区更大改革自主权。

当前，自贸区的部分阶段性改革目标已经实现。随着国内经济转型升级迫切、国际经济形势快速变化，自贸区改革需要加速，有必要赋予更大自主权，在现有自贸区对标国际先进开放水平的基础上，看齐国际最高开放标准。比如探索人才、物资等要素的完全自由流动，实现金融与国际市场的充分融通。探索建设自贸港，有利于进一步提升我国对外开放水平。

第五，改革生态环境监管体制：设立国有自然资源资产管理和自然生态监管机构。

十九大报告提出，设立国有自然资源资产管理和自然生态监管机构；统一行使全民所有自然资源资产所有者职责，统一行使所有国土空间用途管制和生态保护修复职责，统一行使监管城乡各类污染排放和行政执法职责。这顶层设计有利于整合机构职能，形成监管合力，充分体现了报告提出的“保护生态环境做出我们这代人的努力”的决心和智慧。

第六，行政体制改革：在省市县对职能相近的党政机关探索合并或合署办公。

十九大报告提出，赋予省级及以下政府更多自主权。在省市县对职能相近的党政机关探索合并设立或合署办公。这两项改革举措是适应国家治理体系现代化的重要内容，将更好更有针对性地解决目前我国各地发展不平衡不充分的现状，有助于破解基层党政机构重合雷同、分工不清、冗员过多等问题。

第七，深化国家监察体制改革：国家监察体制改革试点全国推开。

十九大报告提出，深化国家监察体制改革，将试点工作在全国推开；制定国家监察法，依法赋予监察委员会职责权限和调查手段，用留置取代“两规”措施。报告中提出的相关改革举措，是对前期试点经验的进一步总结和明确，也通过立法从根本上保障改革顺利推进。

第八，完善干部考核评价机制：坚持严管和厚爱结合、激励和约束并重。

十九大报告提出，坚持严管和厚爱结合、激励和约束并重，完善干部考核评价机制，建立激励机制和容错纠错机制，旗帜鲜明为那些敢于担当、踏实做事、不谋私利的干部撑腰鼓劲。这些改革方向将极大激活广大干部创新和奋进的积极性与主动性。

3. 突破利益固化藩篱是全面深化改革的关键

十九大报告指出，全面深化改革要“坚决破除一切不合时宜的思想观念和体制机制弊端，突破利益固化的藩篱”，构建系统完备、科学规范、运行有效的制度体系，充分发挥我国社会主义制度优越性。

全面深化改革不仅要突破当前利益固化的藩篱，实现现代化成果的公平分享，更重要的是以此为契机，从根本上打破利益固化的制度安排，通过新的制度设计来彻底规避和防范新的利益固化的形成。这是新时代在突破利益固化藩篱问题上全面深化改革的更深要义所在。

突破利益固化藩篱，保障改革顺利向纵深推进，必须从人民群众最关心、最迫切、最需要、最受益的问题入手，善于抓住重点领域和关键环节。

第一，加快政府职能转变。要处理好政府和市场的关系，切实发挥市场在资源配置中的基础性作用，加快形成统一开放、竞争有序的市场体系，着力清除市场壁垒，提高资源配置效率，把错装在政府身上的手换成市场的手。要继续把深化行政审批制度改革作为重要抓手和突破口，继续简政放权，清理压减行政审批事项，切实加大放权力度，增强经济发展内生动力。

第二，深化收入分配制度改革。要调节利益分配，综合运用税收、社会保障、转移支付等手段，调节过高收入、增加低收入群体保障，着力解决收入差距过大的问题，把社会各阶层收入差距和利益分化控制在适度的范围内。

第三，推动行政性垄断行业改革。要尽可能引入竞争机制，推进市场化取向的分类改革，通过竞争性领域放开市场、资本多元化改造、可竞争性环节分离等措施，着力打破行业垄断与地区封锁，化解民企市场准入的“玻璃门”，保证各种所有制经济依法平等使用生产要素、公平参与市场竞争、同等受到法律保护。

第四，畅通向上流动渠道。要积极推进公共服务均等化，改革户籍制度，破除附着在户籍身份上的不平等公民待遇，在教育、医疗、社会保障等方面实现国民待遇的统一化和标准化，着力提高社会成员向上流动的能力，增强社会各阶层参与和支持改革的自觉性。

第五，推进民主法治建设。要提高运用民主法治思维和方式突破利益固化藩篱的能力，对利益固化藩篱实现“阳光突破”，杜绝以深化改革之名，借公权力之便，行谋取私利之实，造成新的利益固化。要营造公平公正的环境，按照“权利公平、机会公平、规则公平”的要求，通过制度安排，依法保障人民权益，让全体人民依法平等享有权利和履行义务。

4. 共建“一带一路”，努力实现“五通”

十九大报告指出，中国坚持对外开放的基本国策，坚持打开国门搞建设，积极促进“一带一路”国际合作，努力实现政策沟通、设施联通、贸易畅通、资金融通、民心相通，打造国际合作新平台，增添共同发展新动力。

政策沟通是“一带一路”建设的首要前提。政策沟通的关键在于能否获得国际社会的广泛认同。目前，中国已经同40个国家和国际组织签署了“一带一路”合作协议，同时越来越多的国家表现出对“一带一路”的认同和支持，“一带一路”已不仅仅是中国方案，更是全球共识。

设施联通是“一带一路”建设的优先领域。不连不通、连而不通、通而不畅的现象是“一带一路”沿线最大的“痛点”之一，严重制约着经济的发展。中国企业在“一带一路”沿线承担了多个大型项目，在电力、通信设施和交通领域均有重要进展，一批标志性项目落地。未来 10 年，“一带一路”沿线基础设施投资将进一步加大，累积达到 8 万亿美元，为互联互通注入强劲动力。

贸易畅通是“一带一路”建设的重要内容。古代丝绸之路首先是一条贸易之路，只有在贸易畅通的情况下才会产生设施联通和资金融通的需求，才有了民心相通的物质基础。互联网技术的发展为贸易畅通提供了新渠道，在提高交易效率的同时大大降低了贸易成本，中国将利用自身国内市场的发展经验，搭建跨境电商平台，继续推动电子商务“走出去”。

资金融通是“一带一路”建设的关键动力。“一带一路”沿线基础设施建设和贸易规模的不断扩大需要资金融通进行有力的支撑。目前，我国对“一带一路”沿线国家累积的直接投资已经达到我国对外直接投资总额的 20%，其中 1/5 以上是人民币直接投资。未来中国将进一步拓展人民币离岸业务，利用人民币离岸市场，把握金融领域的数字化、网络化大趋势，创新区域金融合作方式，同时稳定人民币汇率，为“一带一路”建设提供金融动力。

民心相通是“一带一路”建设的人文基础。国之交在于民相亲，民相亲在于心相通。目前，我国与“一带一路”沿线的 24 个国家已达成学历互认。一系列文化交流活动丰富多彩，如文化年、旅游年、艺术节、电影节等。同时依托“孔子学院”在丝路国家不断推广中国传统文化，如汉语、书法等。民心相通在于相互理解和相互认同，首先我们要有文化自觉和自信，充分把握传统文化与时代的共鸣点，讲好中国故事，塑造好国家形象，增强话语的说服力和感召力；其次要尊重和欣赏不同文化，文化交流互鉴的理想境界应该是各美其美，美人之美，美美与共，天下大同。唯有民心相通，“一带一路”才能成为和谐的“大合唱”而不是中国的“独角戏”。

四、教学建议

1. 教学内容处理

本章和硕士研究生“中国特色社会主义理论与实践研究”课程第一讲的第四节“全面深化改革”有内容重复之处。在本科生的课程讲授中，要侧重于历史背景的清晰梳理，让学生把握中国共产党实行改革开放的国情依据和逻辑思路，让学生深刻透悟改革开放是决定当代中国命运的关键抉择，是发展中国特色社会主义的必由之路。

本章要结合十九大的最新精神，新加入三个内容：一是阐释新时代全面深化改革的重点领域和关键环节；二是阐释在新时代社会主要矛盾转化的情况下，全面深化改革对于解决不平衡不充分发展问题的现实意义；三是“五通”是共建“一带一路”的强大动力。

2. 教学素材

（1）案例教学

案例 1：北京市疏解非首都功能的改革实践与启示

党的十八大以来，习近平总书记明确了首都城市战略定位和战略目标，指明了新时期首都工作方向。结合北京市近几年推动京津冀协同发展、加快疏解非首都功能、集中力量打造北京城市副中心的实践努力，阐述北京市在强化依法科学高效的规划管控体系、构筑国际一流水平的城乡建设格局、建立精细智能的城市管理体制等重大改革上取得新突破，说明全面深化改革是推进国家治理体系和治理能力现代化的现实路径。❶

案例 2：戈尔巴乔夫的改革与苏联的毁灭

苏联前领导人戈尔巴乔夫面对政治和经济困境，鼓吹新思潮和人道的民主的社会主义，经济上推行私有化，从根本上改变当时苏联社会主义的经济基础，导致自由化思潮的泛滥，不仅没能行得通，反而将苏联、俄罗斯先后引向一条绝路和迷途。由此说明，改革要坚持正确方向，对我国而言就是要坚持四项基本原则，最核心的是在改革中坚持和完善中国共产党的领导，坚持和完善中国特色社会主义制度。❷

（2）观看视频

视频 1：车轮滚滚三十年：记录北京公交改革开放以来 30 年变迁（8 分钟）

透过北京市公交汽车这一微视角，生动展示改革开放以来我国社会主义事业的蓬勃发展，说明我国改革开放从一开始就深深扎根于人民群众之中，以促进社会公平正义、增进人民福祉为出发点，让人们有更多获得感，因而能得到人民群众的衷心拥护，并将同人民一道把全面深化改革推向前进。

视频 2：“一带一路”·合作共赢：阿富汗青年的创业故事（5 分钟）

---

❶ 资料来源：北京疏解非首都功能的四大思路和三大方法［EB/OL］. 中国改革论坛网 - http：//www. chinareform. org. cn/area/northeast/Practice/201504/t20150414_222987. htm.

❷ 资料来源：谭索. 戈尔巴乔夫的改革与苏联的毁灭［M］. 北京：社会科学文献出版社，2006.

阿富汗普通青年搭乘中国“一带一路”的“便车”，成功开创了自己的事业。这说明“一带一路”建设秉持的是共商、共建、共享原则，不是封闭的，而是开放包容的；不是中国一家的独奏，而是沿线国家的合唱。“一带一路”是打造互利共赢的利益共同体和共同发展繁荣的命运共同体的重大举措。

3. 教学方法和教学内容安排

运用1978—2016年的数据对比，阐释改革开放是决定当代中国的关键抉择。

结合党的十九大报告精神，理论讲解我国全面深化改革的总目标、重要领域和关键环节。

以苏联的解体和如今俄罗斯的经济社会现状为反面案例，说明改革开放必须坚持四项基本原则，核心是坚持中国共产党的领导，在复杂的国际国内环境中，把握和处理好一些重大关系。

阐述我国毫不动摇坚持对外开放的原因。重点以“一带一路”为例，讲解我国实施互利共赢开放战略的基本内涵和现实举措。

第八章　建设中国特色社会主义总布局

贺大兴*

一、教学目的

通过课堂讲授、课外实践等方式，帮助学生了解党的十九大会议关于“五位一体”总布局的新思想、新论述、新判断和新战略，理解新时代下国内外形势变化对经济、政治、文化、社会、生态建设带来的新挑战和新要求，熟知十八大以来党领导全国人民在社会主义建设方面取得的巨大成就，领会社会主义制度的优越性，体会党的领导和新时代中国特色社会主义思想在决胜全面建成小康社会、实现中华民族伟大复兴的重要性和必要性，坚定走中国特色社会主义道路的信心和决心。

二、基本内容

1. 中国特色社会主义经济建设

新增加的内容：以人民为中心的发展思想；新发展理念；建设现代化经济体系；经济已由高速增长阶段转向高质量发展阶段；深化供给侧结构性改革；实施区域协调发展战略；高起点规划、高标准建设雄安新区；实施乡村振兴战略。

2. 中国特色社会主义政治建设

新增加的内容：我国社会主义民主是维护人民最根本利益的最广泛、最真实、最管用的民主；中国特色社会主义政治发展道路；绝不能生搬硬套外国政治模式；加强党的集中统一领导；协商民主是实现党的领导的重要方式，是我国社会主义民主政治的特有形式和独特优势；全面依法治国是国家治理的一场

---

* 贺大兴（1981—　），男，湖北宜都人，北京大学马克思主义学院副教授。

深刻革命。

3. 中国特色社会主义文化建设

新增加的内容：牢牢掌握意识形态工作领导权；推进马克思主义中国化时代化大众化；构建中国特色哲学社会科学；坚持正确舆论导向，高度重视传播手段建设和创新；建立网络综合治理体系；旗帜鲜明反对和抵制各种错误观点；抵制腐朽落后文化侵蚀；坚持以人民为中心的创作导向；讲好中国故事；提高国家文化软实力。

4. 中国特色社会主义社会建设

新增加内容：带领人民创造美好生活，是我们党始终不渝的奋斗目标；保障和改善民生要抓住人民最关心最直接最现实的利益问题；优先发展教育事业；就业是最大的民生；坚决打赢脱贫攻坚战；实施健康中国战略；打造共建共治共享的社会治理格局；有效维护国家安全。

5. 中国特色社会主义生态文明建设

新增加的内容：人与自然是生命共同体；推进绿色发展；良好的生态是最普惠的民生福祉。

三、重点难点

本小节根据十九大报告及其辅导读本、习近平同志关于"五位一体"总布局相关论述摘编的内容，对习近平同志关于五大建设部分重大理论创新进行了归纳和整理，以帮助学生对习近平新时代中国特色社会主义思想有一定程度的了解。

1. 以人民为中心的发展思想

十九大报告反复强调，人民是历史的创造者，是决定党和国家前途命运的根本力量。必须坚持人民主体地位，全心全意为人民服务。把人民对美好生活的向往作为奋斗目标，依靠人民创造历史伟业。党的一切工作必须以最广大人民根本利益为最高标准。课堂讲授要注意三个方面的内容：(1) 以人民为中心的发展思想，首次提出时间是党的十八届五中全会，体现了党全心全意为人民服务的宗旨，体现了人民是推动发展的根本力量的唯物史观。(2) 以人民为中心的发展思想，不能停留在口头上，要体现在经济社会发展的各个环节中。(3) 共享理念的实质就是坚持以人民为中心的发展思想，体现的是逐步实现共同富裕的要求。

2. 贯彻新发展理念

新发展理念是党的十八届五中全会提出的新发展理念，包括创新、协调、绿色、开放和共享五个方面。其中创新发展解决发展动力问题，协调发展解决发展不平衡问题，绿色发展解决人与自然和谐的问题，开放发展解决内外联动问题，共享发展解决社会公平正义问题。课堂讲授时应注意五个方面的内容：(1) 理念和行动的关系。理念是行动的先导。发展理念是否对头，决定发展成效乃至成败。但发展是一个动态的过程，发展环境变化，发展理念也随之变化。(2) 五大发展理念，是在总结国内外发展经验教训，分析国内外发展大势的基础上提出的，和马克思主义政治经济学是相通的，反映了当对我国经济发展的新认识。(3) 创新放在五大理念的第一位，是因为创新是引领发展的第一动力。(4) 贯彻落实新发展理念，涉及发展观念转变和知识能力提升，也涉及利益关系调整和体制机制创新。(5) 新发展理念的提出是对辩证法的运用；新发展理念的实施，离不开辩证法的指导。要坚持系统的观点，依照新发展理念的整体性和关联性进行系统设计，做到相互促进、齐头并进。

3. 建设现代化经济体系

建设现代化经济体系是十九大报告首次提出的新概念。现代化市场经济体系有着丰富的内涵：坚持质量第一、效率优先，以供给侧结构性改革为主线；建立协同发展的产业体系；构建市场机制有效、微观主体有活力、宏观调控有度的经济体制。课堂讲授时应注意三个方面的内容：(1) 突出十九大报告的创新。十八届三中全会关于全面深化改革的决议，侧重点是坚持和完善基本经济制度、完善现代市场体系，十八届五中全会侧重新发展理念，没有提到现代化经济体系的概念。这个概念是十九大报告的创新，讲课时要强调这一点。(2) 讲清楚现代化经济体系与其他概念的区别和联系。基本经济制度主要涉及所有制的结构，现代市场体系主要强调如何进行机制和制度设计，使市场在资源配置中起决定性作用。现代化经济体系和前面两个概念有区别，也有联系：首先，建设现代化经济体系要坚持基本的经济制度，也要发挥市场在资源配置中的决定性作用；其次，现代化经济体系是“现代化”和“经济体系”的有机融合。现代化是社会主义的现代化，社会主义制度、党的领导等内容是它的应有之义。现代化也是科技发展意义上的现代化。现代化要求发展方式、经济结构、增长动力等方面要不断突破、不断创新。经济体系要求用系统观、整体观的角度看待经济发展。经济体制不仅涉及经济体制，还包括发展战略、发展方式、改革措施、发展目标等。(3) 强调建设现代化市场经济体系的重要性。我国经济正处在攻关期，建设现代化经济体系是跨越关口的迫切要求和经济发展的战略目标。建设现代化经济体系对应于经济发展的新阶段，既是目的，也是手段。

4. 深化供给侧结构性改革

习近平同志在2015年中央财经工作小组第十一次会议上指出，“推进经济结构性改革……在适度扩大总需求的同时，着力加强供给侧结构性改革”，正式提出供给侧结构性改革。十九大报告将深化供给侧结构性改革作为建设现代化经济体系的主要任务之一。供给侧结构性改革有着丰富的内涵：必须把发展经济的着力点放在实体经济上；建设制造强国；支持传统产业优化升级，加快发展现代服务业；优化存量资源配置，扩大优质增量供给。课堂讲授时，应注意如下问题：（1）需求侧和供给侧的关系。需求侧管理主要解决总量问题，注重短期调控，主要手段是税收、财政支出、货币信贷等；供给侧管理主要解决结构性问题，注重激发经济增长动力。（2）供给侧结构性改革和传统政治经济学的关系。供给侧结构性改革，既强调供给又关注需求，既突出发展社会生产力又注重完善生产关系。从政治经济学的角度看，供给侧结构性改革的根本，是使我国供给能力更好满足广大人民日益增长、不断升级和个性化的物质文化和生态环境需要，从而实现社会主义生产目的。（3）供给侧结构性改革和西方“供给学派”的关系。两者截然不同。供给学派强调供给会自动创造需求，应该从供给着手推动经济发展；增加生产和供给首先要减税，以提高人们储蓄、投资的能力和积极性。供给侧结构性改革，重点是解放和发展社会生产力，用改革的办法推进结构调整，减少无效和低端供给，扩大有效和中高端供给，增强供给结构对需求变化的适应性和灵活性，提高全要素生产率。这不只是一个税收和税率问题，而是要通过一系列政策举措，特别是推动科技创新、发展实体经济、保障和改善人民生活的政策措施，来解决我国经济供给侧存在的问题。

5. 高起点规划、高标准建设雄安新区

2017 年 4 月 1 日，党和政府宣布设立雄安新区。十九大报告将其作为实施区域协调发展战略的重要内容，指出要高起点规划、高标准建设雄安新区。课堂讲授时应注意以下几点：（1）雄安新区的战略定位。雄安新区是以习近平同志为核心的党中央做出的一项重大的历史性战略选择，是继深圳经济特区和上海浦东新区之后又一具有全国意义的新区，是千年大计、国家大事。（2）雄安新区的发展定位。规划建设雄安新区，要在党中央领导下，坚持稳中求进工作总基调，牢固树立和贯彻落实新发展理念，适应把握引领经济发展新常态，以推进供给侧结构性改革为主线，坚持世界眼光、国际标准、中国特色、高点定位，坚持生态优先、绿色发展，坚持以人民为中心、注重保障和改善民生，坚持保护弘扬中华优秀传统文化、延续历史文脉，建设绿色生态宜居新城区、创新驱动发展引领区、协调发展示范区、开放发展先行区，努力打造贯彻落实新发展理念的创新发展示范区。（3）雄安新区的重点任务。一是建设绿色智慧新城，建成国际一流、绿色、现代、智慧的城市。二是打造优美生态环境，构建蓝绿交织、清新明亮、水城共融的生态城市。三是发展高端高新产业，积极吸纳和集聚创新要素资源，培育新动能。四是提供优质公共服务，建设优质公共设施，创建城市管理新样板。五是构建快捷高效交通网，打造绿色交通体系。六是推进体制机制改革，发挥市场在资源配置中的决定性作用并更好发挥政府作用，激发市场活力。七是扩大全方位对外开放，打造扩大开放新高地和对外合作新平台。

6. 我国社会主义民主是维护人民根本利益的最广泛、最真实、最管用的民主

我国社会主义民主是维护人民根本利益的最广泛、最真实、最管用的民主，这是十九大报告中关于社会主义政治制度的重要判断。课堂讲授时应注意如下问题：（1）坚定政治自信和制度自信。最广泛、最真实、最管用的民主，从民主的参与性、实用性、高效性的角度对社会主义民主做出了肯定判断，是政治自信和制度自信的表现。（2）维护人民利益，是评判党的工作和民主的重要标准。社会主义民主符合中国实际，是因为它维护人民的根本利益。（3）不能脱离资料抽象评判社会主义民主。课堂讲授时应结合社会主义民主发展的历史、成果，用事实来证明社会主义民主政治建设的成就。（4）制度自信不是自我满足、裹足不前，而是要把坚定制度自信和不断改革创新统一起来。

7. 牢牢掌握意识形态工作主导权

十九大报告指出，意识形态工作决定文化前进方向和发展道路。牢牢掌握意识形态工作领导权，必须推进马克思主义中国化时代化大众化，要加强理论武装，深化马克思主义理论研究和建设，坚持正确舆论导向，加强互联网管理，落实意识形态工作责任制。课堂讲授时应注意如下方面：（1）坚持党管媒体，坚持政治家办报，加强马克思主义新闻观教育。（2）坚持正面宣传为主，不放弃舆论斗争。（3）互联网已成为舆论的主战场和意识形态斗争的最前沿。（4）增强阵地意识。（5）坚持党性原则。（6）高校是思想政治工作的前沿阵地。

8. 讲好中国故事

十九大报告指出，推进国际传播能力建设，讲好中国故事，展现真实、立体、全面的中国，提高国家软实力。课堂讲授时应注意如下方面：（1）讲好中国故事的背景。随着我国经济社会发展和国际地位提高，国际社会对中国发展道路和发展模式的理性认识逐步加深，同时对我们的误解也还不少，“中国威胁论”“中国崩溃论”等论调不绝于耳。国际舆论格局是西强我弱，西方媒体左右着世界舆论，我们往往有理说不出，或者说了传不开。这需要讲好中国故事。（2）介绍中国，既要介绍特色的中国，也要介绍全面的中国；既要介绍古老的

中国，也要介绍当代的中国；既要介绍中国的经济社会发展，也要介绍中国的人和文化。(3) 介绍中国，官方介绍是不够的，文艺交流是最好的交流方式。

9. 坚决打赢脱贫攻坚战

十九大报告指出，坚决打赢脱贫攻坚战。让贫困人口和贫困地区同全国一道进入全面小康社会是我们党的庄严承诺。课堂讲授时应注意如下方面：(1) 打赢脱贫攻坚战的意义。全面建成小康社会，最艰巨最繁重的任务在农村、特别是贫困地区。(2) 打赢脱贫攻坚战的关键点。紧紧扭住发展这个促使贫困地区脱贫致富的第一要务。紧紧扭住农村公共服务体系建设这个基本保障。紧紧扭住教育这个脱贫致富的根本之策。(3) 打赢脱贫攻坚战的重要举措。中国在扶贫攻坚战中采取的重要举措，就是实施精准扶贫方略，找到“贫根”，对症下药，靶向治疗。(4) 打赢脱贫攻坚战的重要手段。要按照贫困地区和贫困人口的具体情况，实施“五个一批”工程。

10. 有效维护国家安全

十九大报告指出，有效维护国家安全。国家安全是安邦定国的重要基石，维护国家安全是全国各族人民根本利益所在。有效维护国家安全主要内容包括：完善国家安全战略和国家安全政策；健全国家安全体系；严密防范和坚决打击各种渗透颠覆破坏活动、暴力恐怖活动、民族分裂活动、宗教极端活动；加强国家安全教育。课堂讲授时应注意如下方面：(1) 有效维护国家安全的重要意义。国泰民安是人民群众最基本、最普遍的愿望。实现中华民族伟大复兴的中国梦，保证人民安居乐业，国家安全是头等大事。(2) 安全和发展之间的关系。安全和发展是一体两翼、驱动之双轮。安全是发展的保障，发展是安全的目的。(3) 国家安全与互联网安全。没有网络安全就没有国家安全，没有信息化就没有现代化。

11. 建设美丽中国

十九大报告指出，加快建设生态文明体制改革，建设美丽中国。建设美丽中国的总体要求是：人与自然是生命共同体，人类必须尊重自然、顺应自然、保护自然；我们要建设的现代化是人与自然和谐共生的现代化；还自然以宁静、和谐、美丽。建设美丽中国的重点任务是：推进绿色发展；着力解决突出环境问题；加大生态系统保护力度改革生态环境监管体制。课堂讲授时应注意如下方面：(1) 建设美丽中国的重要意义。建设生态文明，关系人民福祉关乎民族未来。(2) 建设美丽中国的指导理念。贯彻新发展理念，推动形成绿色发展方式和生活方式。(3) 建设美丽中国的制度保障。完善生态文明制度体系，用最严格的制度、最严密的法治保护生态环境。

四、教学建议

1. 辅助教学资料

在时间允许的情况下，可以在课堂放一些视频资料，如《辉煌中国》《将改革进行到底》《不忘初心，继续前进》《大国外交》《打铁还需自身硬》，也可以作为学生的课后作业。

推荐学生阅读党的十九大报告，可推荐部分积极的学生阅读十八大以来党的重要文件及习近平同志系列重要讲话。

2. 课外活动

可组织安排学生参观中国国家博物馆，了解近代以来的中国历史及党带领人民实现中华民族伟大复兴中国梦的伟大实践。

3. 素材

可以收集北京市在改革开放以后特别是进入新时代以来，在五大建设方面取得的巨大成就，帮助学生坚定四个自信。

参考文献

[1] 习近平．决胜全面建成小康社会夺取新时代中国特色社会主义伟大胜利［M］．北京：人民出版社，2017.
[2] 本书编者组．党的十九大报告辅导读本［M］．北京：人民出版社，2017.
[3] 中共中央文献研究室．习近平关于社会主义经济建设论述摘编［M］．北京：中央文献出版社，2017.
[4] 中共中央文献研究室．习近平关于社会主义经济建设论述摘编［M］．北京：中央文献出版社，2017.
[5] 中共中央文献研究室．习近平关于社会主义政治建设论述摘编［M］．北京：中央文献出版社，2017.
[6] 中共中央文献研究室．习近平关于社会主义文化建设论述摘编［M］．北京：中央文献出版社，2017.
[7] 中共中央文献研究室．习近平关于社会主义社会建设论述摘编［M］．北京：中央文献出版社，2017.
[8] 中共中央文献研究室．习近平关于社会主义生态文明建设论述摘编［M］．北京：中央文献出版社，2017.

第九章　实现祖国完全统一的理论

周良书*

一、教学目的

1. 学习我们党关于实现祖国统一的基本立场、战略策略和方针政策，把握“和平统一、一国两制”构想形成的确立过程、基本内容和重要意义。

2. 了解“一国两制”科学构想在香港、澳门的成功实践及其对解决台湾问题的重大推动作用，使学生认清实现祖国完全统一是中华民族的根本利益之所在。

3. 了解新“和平统一、一国两制”构想在新形势下的坚持和发展，深刻认识台湾问题、实现祖国完全统一的极端重要性。

二、基本内容

1. 本章主要内容

（1）阐述实现祖国完全统一是中华民族的根本利益。（2）阐述以毛泽东为主要代表的中国共产党人在解决台湾问题上从武力解放到和平解放的转变。（3）阐述“和平统一、一国两制”的科学构想。（4）阐述新形势下“和平统一、一国两制”构想的重要发展。本章既有对历史的总结，对现实的审视，又有对未来的展望，遵循了从历史到现实、从理论到实践的逻辑，使上述四项内容有机联系在一起。

2. 十九大报告的创新与发展

（1）对过去工作的总结，全面贯彻“一国两制”方针，牢牢掌握宪法和

* 周良书（1975—　），安徽肥东人，北京中国化马克思主义教学研究会常务理事，北京师范大学马克思主义学院教授、副院长。

基本法赋予的中央对香港、澳门全面管治权，推动两岸关系和平发展，加强两岸经济文化交流合作，实现两岸领导人历史性会晤。(2) 提出新时代的基本方略，确保“一国两制”方针不会变、不动摇，确保“一国两制”实践不变形、不走样。(3) 确定未来的工作重点，贯彻“一国两制”的方针，严格依照宪法和基本法办事，完善与基本法实施相关的制度和机制；坚决维护国家主权和领土完整，绝不容忍国家分裂的历史悲剧重演。

三、重点难点

1. 如何理解中国共产党实现祖国完全统一战略构想的一贯性和连续性

这个问题，教材中有集中论述，其核心观点包括：一是“一个中国”；二是两制并存，主体是社会主义；三是和平统一、但不承诺放弃武力；四是在台、港、澳地区实行高度自治。

对此，需要从三个方面加以理解。第一，主权是国家根本利益的集中体现，它高于自治权。关于主权，邓小平曾毫不含糊地指出：“中国在这个问题上没有回旋余地。坦率地讲，主权不是一个可以讨论的问题。”高度自治是“一国两制”内容本身所要求的，让港、澳、台实行不同于大陆的制度，就必然要授予它高度自治的权力，同时高度自治也保证了“一国两制”的顺利实施。关于高度自治的内容教材中有详细的说明，这里就不再赘述，需要明确的是高度自治权不是特别行政区所固有的，而是中央政府所授予的。

第二，用“一国两制”方式实现祖国的和平统一，不是权宜之计，不是短期打算，而是中国共产党和中国政府要长期坚持的基本方针和基本国策。邓小平说：“香港在一九九七年回到祖国以后五十年政策不变，包括我们写的基本法，至少要管五十年。我还要说，五十年以后更没有变的必要。……对台湾的政策按照‘一国两制’方针解决统一问题后五十年也不变”。邓小平所强调的50年以后更没有变的必要，是指保留两种不同社会制度在中国的长期并存。

第三，明确台湾和香港、澳门问题既有区别又有联系，是理解中国共产党实现祖国统一战略构想的重要前提。台湾和香港、澳门问题的区别归因于历史、政治以及所处的国际环境诸因素。港澳问题是中国与英国、葡萄牙之间的外交问题，是由殖民统治引起的。而台湾问题是内战的遗留问题，属于中国的内政，但由于以美国为代表的国际势力的介入，显得格外错综复杂。台湾的回归和香港、澳门的收回主权具有一致性，都属于祖国统一的范畴，但其影响、作用又不尽一致。解决台湾问题难度更大、影响也更大。香港、澳门的顺利回归对台湾问题的解决具有重要的示范和促进作用，同时，我们也必须清醒地认识到，如果台湾问题解决不好反过来又可能会影响到香港和澳门的繁荣、发展。

十九大报告在以下两个方面体现这一战略思想的一贯性和连续性。一是对“和平统一、一国两制”方针的再确认。台湾地区民进党重新执政以来，有些人对两岸关系能否继续和平发展产生疑虑，还有些人基于香港地区在实践“一国两制”过程中出现的一些问题，对坚持中国特色社会主义的制度自信与“一国两制”的关系问题，产生了一些模糊的认识。事实上，“一国两制”上承中国历史上对边疆地区“因俗而治”的政治传统，近接20世纪50年代解决台湾问题上有关“一纲四目”的政治安排，已经构成中国特色社会主义理论的一个重要组成部分。坚持理论自信、道路自信、制度自信和文化自信，恰恰要求我们坚持在“一国两制”问题上的底线思维，处理好“一国”和“两制”的对立统一关系。通过增强“两制”的包容性，促进台湾方面对“一国”的认同，也是报告的题中应有之义。

二是对“九二共识”的再一次重申。九二共识是用于概括海峡两岸关系协会与海峡交流基金会在1992年香港会谈中就“一个中国”问题及其内涵进行讨论所形成之认识见解的名词。其核心内容与精神是“海峡两岸均坚持一个中国原则”。这也充分体现出中央对台方针政策的稳定性和延续性。报告明确指出两岸同属一个中国的核心问题，这是两岸对话的政治基础。只要认同这一基础，中共不排除与民进党当局对话。报告确定体现一个中国原则的“九二共识”明确界定了两岸关系的根本性质，是确保两岸关系和平发展的关键。承认“九二共识”的历史事实，认同两岸同属一个中国，两岸双方就能开展对话，协商解决两岸同胞关心的问题，台湾任何政党和团体同大陆交往也不会存在障碍。尽管台湾内部发生了政党再轮替，尽管民进党当局个别政客不久前刚刚发出鲁莽的政治挑衅，中共中央制定的对台大政方针不为所动，表明大陆对台政策已相当的成熟与稳健。

2. 如何理解十九大对实现祖国完全统一战略构想的创新性和发展性

这主要体现在两大方面。第一，关于反对国家分裂的新表述。十九大报告指出：坚决维护国家主权和领土完整，绝不容忍国家分裂的历史悲剧重演。一切分裂祖国的活动都必将遭到全体中国人民的坚决反对。我们有坚定的意志、充分的信心、足够的能力挫败任何形式的“台独”分裂图谋。绝不允许任何人、任何组织、任何政党、在任何时候、以任何形式、把任何一块中国领土从中国分裂出去。

“六个任何”第一次进入党的报告中，展现出大陆的底线意识、底线思维，以及遏制“台独”的决心和信心。现阶段，“台独”是两岸关系最大的障碍和隐忧，“台独”势力随着形势的发展和岛内政治力量的变化出现了新变种、新迹象和新态势，对此，十九大报告语气坚定、逻辑清晰、囊括打击了“台独”的所有可能变种，展现出中央洞察“台独”蔓延势头和规律以及打击“台独”势力的一贯立场和决心。

十九大报告强调六个“任何”，对比十八大报告“绝不允许任何人任何势力以任何方式把台湾从祖国分裂出去”的提法，这次明确了任何势力的内容包括任何组织和政党；其中任何一块中国领土的提法，既是针对“台独”分裂势力的图谋，也涵盖了“港独”“疆独”和“藏独”等分裂势力，表明党中央维护国家主权和领土完整的坚定立场。

第二，阐发“两岸一家亲”的新理念。十九大报告坚持从民族的整体高度来解决统一问题，强调尊重台湾现有的社会制度和台湾同胞生活方式，愿意率先同台湾同胞分享大陆发展的机遇。将扩大两岸经济文化交流合作，实现互利互惠，逐步为台湾同胞在大陆学习、创业、就业、生活提供与大陆同胞同等的待遇，增进台湾同胞福祉。将推动两岸同胞共同弘扬中华文化，促进心灵契合。

对比十八大报告有关“深化经济合作，厚植共同利益。扩大文化交流，增强民族认同。密切人民往来，融洽同胞感情”的提法，十九大的报告向前推进了一大步，意味着社会层面的对台工作今后将更为重要。

大陆对台政策体现出鲜明的刚柔并济色彩，通过“两岸一家亲”“心灵契合”的亲情喊话，和两岸同胞“同等待遇”在发展和制度面上的宏观规划与具体政策，落实“两岸经济社会融合”的要求，凸显鲜明的人本、务实色彩。两岸关系的基础是政治共识，但落脚点是两岸同胞的利益福祉，这是大陆对台战略思想的重要突破。

这也充分体现党的十八大以来，以习近平为核心的党中央的新发展和新创造。在 2015 年 5 月 4 日，习近平在会见国民党主席朱立伦时强调，“两岸是割舍不断的命运共同体”，两岸关系的路如何走，攸关中华民族和国家未来。从民族整体高度审视两岸统一问题，主要体现在以下四点：血脉相连、命运与共、齐心协力、携手同心。

“血脉相连、命运与共”讲的是“实然”问题。强调尊重历史事实，就是说，统一要尊重历史，两岸血脉相连，都是中华儿女，不可分割，割不断的血脉关系。由此，台湾是中华民族血脉的一部分，台湾回归祖国正是血脉延续的一个重要表征，也是回归中华民族大家庭的重要表征。血脉相连，决定了命运与共，凸显了祖国大陆和台湾之间的命运息息相关，祖国大陆需要台湾，台湾也需要祖国大陆，台湾的发展离不开祖国大陆，祖国大陆的繁荣和安全也需要台湾。祖国的繁荣昌盛是台湾发展的坚强后盾，台湾的稳定和繁荣本身就是中华民族发展的重要内容，因此，两岸同胞命运与共，息息相关，要树立两岸命运共同体理念，不断为两岸的前途命运贡献力量。

"齐心协力、携手同心"讲的是"应然"问题。既然两岸血脉相连、命运与共，那么就必须要加强合作，要齐心，形成合力，从而表明未来的对台政策，主要是坚持两岸和平发展、加强两岸合作、同心协力，共创未来。这里表明习近平对台的基本方针，就是要齐心协力办好中国的事情，办好两岸的事情，办好两岸的合作事宜，相互促进，共同发展。同时，要携手同心共同应对时代的挑战，应对南海等周边复杂局势的挑战，携手维护中华民族的整体利益和国家安全，树立中华民族整体安全观。在当前，面对周边局势日趋复杂的环境下，面对西方一些国家咄咄逼人的国际局势，如何携手共同应对复杂局势的挑战，携手维护中华民族的整体安全，这不仅是祖国大陆面临的挑战，也是台湾面临的挑战，两岸有义务共同维护中华民族的安全和整体利益。因此，习近平谈"齐心协力、携手同心"，就是秉持中华民族的古训，弘扬中华传统文化中的维护民族利益的合作价值观："兄弟同心，其利断金。"

四、教学建议

1. 专题式教学设计

邀请台湾问题研究专家，讲解台湾地区的历史、政治、经济、社会、军事概况，就中华人民共和国成立以来中央对台政策的发展过程、台湾岛内的政治动态、围绕台湾问题的中美斗争以及未来两岸关系的走向等方面，详细阐述台湾问题与对台政策。通过讲座，使同学们了解为什么说台湾是中国不可分割的一部分，"台独"没有出路，统一是大势所趋。

2. 案例式教学设计

（1）观看教学片。组织学生观看《世纪谈判》（央视网视频，北京电视台《档案》栏目首播，2011 年 3 月 9 日）。20 世纪 80 年代初，香港回归问题提上日程，中英两国间将有一场外交较量，中国领导人邓小平与铁娘子撒切尔，中英双方谈判代表都是资深的外交官，上演了一场唇枪舌战的外交较量。正是这场谈判奏响了香港回归的序曲。

（2）组织主题读书活动。结合当前香港和澳门回归后的情况，歌颂"一国两制”的伟大政策，组织一次主题读书竞赛活动。可参考的原著有《邓小平文选》中关于祖国统一的文献，如《一个国家，两种制度》《我们对香港问题的基本立场》等。通过这种读书竞赛活动，既可以让学生了解党的方针政策，也可以营造浓厚的读书气氛，培养学生养成多读书、读好书的良好读书习惯。

3. 研讨式教学设计

从教学内容出发，教师精心拟定问题，组织学生辩论和讨论，目的是使学生更深刻地理解中国共产党和中国政府在祖国统一问题上长期坚持的基本方针和基本国策。

基本步骤：

（1）准备工作。教师要以教学内容为基础，考虑到班级、专业、民族、地区和学生兴趣等因素，综合考虑选择一个恰当的讨论题目，如本章可以选择“祖国统一对于实现中华民族伟大复兴的伟大意义”。这一题目有开放性，但又划定了考察的思路，可以给学生较大的发挥余地。另外，提前把讨论题目告诉学生，要求学生预先阅读相关材料，为讨论做好准备，同时教师做好分组等工作。

（2）组织课堂讨论。为保证讨论达到教学要求，教师要组织好讨论，安排发言秩序，老师一般应当围绕总问题，为讨论设计好若干小问题，掌控好讨论的方向。仍以上文所拟题目为例，教师可以设计两个问题引导学生深入讨论：

第一，为什么不放弃“非和平方式”解决台湾问题的承诺。

第二，“一国两制”对港澳台地区经济与社会发展的利与弊。

（3）老师点评总结。这是非常重要的一个环节，教师全程参与课堂讨论，在结束后对学生的发言给予点评，对学生发言中不恰当甚至不正确的地方，指出并纠正；对讨论会进行总结，对问题进行升华，最后达到强化教学效果，学生对所学知识入脑入心的目的。

第十章　中国特色社会主义外交和国际战略

杨　倩*

一、教学目的

1. 让学生认清当今世界多极化、经济全球化、社会信息化、文化多样化深入发展的国际环境，以及和平与发展的时代主题。

2. 让学生掌握独立自主和平外交政策的发展过程与基本原则，理解建设相互尊重、公平正义、合作共赢的新型国际关系的战略选择，坚定中国特色社会主义大国的自信感和认同感。

3. 引导学生辩证统一地看待我国根本利益和世界共同利益两者之间的关系，既要深化以发展全球伙伴关系为目标的全方位外交布局，又要展现捍卫国家主权、安全、发展利益的决心和意志。

二、基本内容

我国外交政策和国际战略的形成基于“和平与发展仍然是当今时代主题”的科学判断。面对世界多极化和经济全球化趋势在曲折中发展的客观趋势，我们应该抓住和利用好重要战略机遇期，善于发掘和充分利用一切有利于发展的资源。相应地，我们在外交工作中坚定地走和平发展道路，以世界和平的建设者、全球发展的贡献者、国际秩序的维护者为国际角色定位，不断进取开创出了具有鲜明的中国特色、中国风格、中国气派的大国外交局面，营造了有利于我国发展的和平国际环境和良好周边环境，为解决人类问题和国际争端贡献了

---

* 杨倩（1974—　），女，广西玉林人，中国传媒大学马克思主义学院副教授，中国人民大学哲学院博士

中国智慧和中国方案。

十九大对新时代的中国特色大国外交做了顶层设计，高度凝练了“推动构建新型国际关系、推动构建人类命运共同体”的总目标。十九大报告概括了5年来以习近平同志为核心的党中央深刻思考并洞察人类前途命运、中国和世界发展大势，紧紧围绕实现“两个一百年”奋斗目标和实现中华民族伟大复兴中国梦，统筹国内国际两个大局，统筹发展安全两件大事，在外交领域提出了明确构建人类命运共同体的宏伟蓝图、以“一带一路”建设为统领的对外开放新格局、创新全球治理理念和实践等一系列新理念新思想新战略。十九大对外交工作的论述创新性地回答了什么是中国特色大国外交、如何开展中国特色大国外交等重大问题。

三、重点难点

1. 十九大报告的新论述

习近平总书记在十九大报告中指出了新时代的中国特色大国外交的总目标，就是要推动构建新型国际关系，推动构建人类命运共同体。报告还明确阐述了新型国际关系的内涵包括“相互尊重、公平正义、合作共赢”，清晰界定了人类命运共同体的含义是“建设持久和平、普遍安全、共同繁荣、开放包容、清洁美丽的世界”。当今世界处于大变革大调整中，存在经济增长动能不足、贫富分化日益严重、地区热点此起彼伏、部分大国“逆全球化”声音抬头等不稳定性、不确定性的风险和挑战。十八大以来党中央深刻洞察世界发展态势和国际格局变化，站在人类历史发展进程的高度，在保持对外大政方针稳定性与连续性的基础上，提出打造人类命运共同体的重要倡议，并在国内国际重要场合多次阐释“命运共同体”理念：2013年3月，习近平主席首次出访，在俄罗斯阐明这个世界“越来越成为你中有我、我中有你的命运共同体”，在坦桑尼亚指出“中非从来都是命运共同体”；在博鳌亚洲论坛2015年年会上，提出推动建设人类命运共同体的“四点主张”；在联合国成立70周年系列峰会上，系统阐述打造人类命运共同体“五位一体”的总布局和总路径；在日内瓦万国宫，全面阐述构建人类命运共同体的理念，为人类社会发展进步描绘了蓝图……2017年3月17日，倡议同心打造人类命运共同体的理念首次载入联合国安理会决议。在外交实践上，从携手建设中国—东盟命运共同体、推动建设从周边到亚洲的命运共同体，到打造中国—阿拉伯国家命运共同体，我们秉持的就是正确的义利观、共商共建共享的原则和“一带一路”发展战略的愿景。

十九大报告表明了正确义利观的重要外交思想，彰显出大国外交的道德形象。中华民族从来都不是一个见利忘义的民族，“重义轻利、先义后利、取利有道”是中华民族源远流长的传统美德，“舍生取义”更是始于中国古圣先贤的伦理命题。中华人民共和国成立之后的外交工作也一直践行中华民族的义利观，自1953年周恩来总理在会见印度代表团时提出和平共处五项原则以来，我国历任最高领导人都始终坚持把这一惠及全球共同利益特别是发展中国家利益的国际关系原则作为自己的历史传统和智慧遗产。1988年邓小平同志明确提出了以和平共处五项原则为准则、建立国际政治经济新秩序的主张。2013年3月，习主席访问非洲期间首次提出“义利兼顾、以义为先”的正确义利观。他还进一步指出了坚持正确的利益观要做到“讲信义、重情义、扬正义、树道义”。提出正确的义利观，体现了中国维护世界和平与国际正义的决心，强调了中国立足发展中国家的原则，明确了中国是国际社会负责任的成员的定位。对周边国家，坚持“亲、诚、惠、容”四字理念，全面加强友好合作努力使自身发展更好惠及周边国家。对发展中国家，贯彻“真、实、亲、诚”的合作原则，致力于共同推动和发展中国的人民利益与发展中国家的人民利益。中国—东盟“2 + 7合作框架”、中非“十大合作计划”、中拉标志性合作项目、中阿能源产业升级项目等，都是用实际行动践履永远做发展中国家的可靠朋友和真诚伙伴的承诺。同时，中国的对外援助对象国家主要分布在东南亚、南亚、非洲、拉美、中东欧等地区，主要领域集中在基础设施建设、互联互通建设、可持续发展、减少贫困等领域，包括无偿援助、开发性基金和优惠性贷款。中国对外援助工作本着“义利兼顾”的精神，发扬舍利求义、重义轻利的风格，不附带任何政治条件，不干涉受援国内政，充分尊重各国自主选择发展道路和模式的选择。正确义利观继承了中国外交的优良传统，体现了中国特色社会主义国家的理念，是新时期中国外交的一面旗帜。

十九大报告强调了共商共建共享的全球治理观，树立起大国外交的责任意识。面对复杂多变的国际形势和全球性问题的挑战日益增多，加强全球治理已经成为大势所趋。随着国际力量对比的消长变化，中国前所未有地走近世界舞台的中心，正以更加积极的姿态倡导共商共建共享的全球治理，推动全球治理体系的变革，促进国际关系的民主化。党的十八大以来，习近平总书记两次就全球治理主持中央政治局集体学习，提出共商共建共享的全球治理理念，为中国深入参与全球治理进行了顶层设计和行动规划。从2014年北京亚太经合组织领导人非正式会议上启动亚太自贸区，到2016年20国集团领导人G20杭州峰会上首次全面阐释中国的全球经济治理观、达成28份重要成果，再到2017年世界经济论坛年会上坚定推动经济全球化，中国奏响了演绎参与全球治理的三部曲。同时，我国在联合国国际舞台上还积极参与制定海洋、极地、网络、外空、核安全、反腐败、气候变化等新兴领域治理规则。中国在2015年联合国70周年纪念峰会上宣布设立中国—联合国和平与发展基金和“南南合作援助基金 ”等一系列重大举措。2015年巴黎气候变化大会上成功通过《巴黎协定》，中国被盛赞做出了“历史性贡献”。中国还一如既往地积极参与联合国维和、开展国际人道主义救援。索马里护航、西非埃博拉疫情救治、尼泊尔地震救援、也门撤侨等一系列重大事件，世界各国在危机中的难民看到了熟悉的中国身影就看到了获救的希望。中国的议程设置权、规则制定权和国际话语权得到显著增强，源自中国能够言行一致、不遗余力地以共商共建共享原则推动全球治理体系变革。我国一向旗帜鲜明地反对以强凌弱、以富压贫、对别国内政横加干涉的强权政治，主张根据事件的是非曲直决定本国根本立场，通过维护国际正义实现和平发展。日益富强的中国，更加致力于推动国际关系民主化，呼吁摒弃结盟对抗的旧思维，代之以共商共建共享的原则，打造“对话不对抗、结伴不结盟”的和平发展环境，建立以合作共赢为核心的新型国际关系。

十九大报告突出了“一带一路”国际合作，贡献了大国外交的中国方案。2000多年前张骞担负和平使命的“凿空西域”之旅给后人开拓了一条连接东西方文明的“丝绸之路”，促进了人类文明的交流与融合。2000多年后的今天，随着中华民族的伟大复兴，这条记忆中承载着友好情谊和美好梦想的古丝绸之路又逢重启机遇。2013年秋天习近平主席分别在中亚和东亚的出访期间，开创性提出了“丝绸之路经济带”和“21世纪海上丝绸之路”倡议。2013年11月十八届三中全会通过的《中共中央关于全面深化改革若干重大问题的决定》明确指出“加快周边国家和区域基础设施互通互联建设，推进丝绸之路经济带、海上丝绸之路建设，形成全方位开放新格局”，标志着“一带一路”正式成为新时期的国家大战略。从此，“一带一路”从外交倡议开始，历经政策规划、外交协调、达成共识，到付诸行动，从愿景变为现实，目前已成为中国向国际社会提供的最重要公共产品，赢得了全球100多个国家、国际组织的积极响应和参与。“一带一路”的规划路线和方向，即中国经中亚、俄罗斯至欧洲（波罗的海），中国经中亚、西亚至波斯湾、地中海，中国至东南亚、南亚、印度洋的“丝绸之路经济带”；从中国沿海港口过南海到印度洋，延伸至欧洲，从中国沿海港口过南海到南太平洋的“21世纪海上丝绸之路”。根据“一带一路”走向，陆上依托国际大通道，以沿线中心城市为支撑，以重点经贸产业园区为合作平台，共同打造新亚欧大陆桥、中蒙俄、中国—中亚—西亚、中国—中南半岛四大国际经济合作走廊；海上以重点港口为节点，共同建设通畅安全高效的运输大通道，着重推进中巴、孟中印缅两个经济走廊。从六大走廊中还可以看出欧亚、中亚和泛亚三个方向。“一带一路”恢宏图景有其清晰的基本战略内涵，即借用古代丝绸之路的历史符号，充分依靠中国与有关国家既有的双多边机制，借助已有的、行之有效的区域合作平台，促进经济要素有序自由流动、资源高效配置和市场深度融合，共同打造开放、包容、均衡、普惠的区域经济合作新框架。为配合“一带一路”的践行，中国2014年率先投资400亿美元最为配套的丝路基金，2015年创立亚洲基础设施投资银行，旨在促进政策沟通、设施联通、贸易畅通、资金融通、民心相通等方面的合作内容，高举和平发展的旗帜，积极发展与沿线国家的经济合作伙伴关系。

2. 热点

问：中国还是发展中国家吗？

答：中国前所未有地走近世界舞台中心，前所未有地接近实现中华民族伟大复兴的中国梦，前所未有地具有实现这个目标的能力和信心。中国必须有自己特色的大国外交，要有鲜明的中国特色、中国风格和中国气派。这是习近平总书记为当代中国标注的历史新方位，也是新时期中国外交的基准坐标。

外交部部长王毅：“经过几十年的快速发展，中国当然已经是一个响当当的世界大国，但同时我们又是一个发展中国家。更重要的是，我们还是一个坚持共产党领导的社会主义大国……”

3. 解疑释惑

问：“一带一路”沿路区域是不是美国等西方发达国家引诱中国陷入贫困、战乱地区的阴谋？

答：金融危机之后，发达国家陷入“逆全球化”大潮，自顾不暇。相反只有中国是发展中国家可靠的朋友，欢迎他们搭乘中国发展的顺风车，为世界人民为做出贡献。

问：中国对外援助成就斐然，却不时招来负面评价。外媒常见的有新殖民主义、掠夺资源论、破坏环境论、漠视人权论的指责，内部的舆论有做冤大头、打肿脸充胖子、好心办坏事的风凉话，该怎么看待？

答：树立正确的义利观来看待这些不实的评论。

问：“中国威胁论”真的存在吗？

答：中国爱好和平的历史传统和社会主义国家的制度性质，都决定着不会重蹈“修昔底德陷阱”的覆辙。

四、教学建议

1. 教学素材

（1）视频

［1］《大国外交》六集大型政论专题片。

［2］大国外交 - 全集在线观看 - 综艺。百度视频 - http：//v. baidu. com/show/20965. htm？ &q = % E5% A4% A7% E5% 9B% BD% E5% A4% 96% E4% BA% A4.

［3］大国外交解说词 - https：//www. liuxue86. com/k _% E5% A4% A7% E5% 9B% BD% E5% A4% 96% E4% BA% A4% E8% A7% A3% E8% AF% B4% E8% AF% 8D/.

（2）著作

［1］王帆，凌胜利．中国角色中国方案——中国特色大国外交［M］．北京：世界知识出版社，2017.

［2］徐进，李巍．改革开放以来中国对外政策变迁研究［M］．北京：社会科学文献出版社，2017.

［3］罗建波．中国特色大国外交研究［M］．北京：中国社会科学出版社，2016.

［4］许利平．中国与周边命运共同体：构建与路径［M］．北京：社会科学文献出版社，2016.

［5］李志永．自主性外交理论：内外联动时代的外交行为与外交战略［M］．北京：社会科学出版社，2016.

［6］庞中英．重建世界秩序——关于全球治理的理论与实践［M］．北京：中国经济出版社，2015.

（3）文章

［1］陈奕平．伟大复兴会与伟大外交相呼应（学者访谈）［EB/OL］．人民网 - http：//paper. people. com. cn/rmrbhwb/html/2017 - 11/06/content_1815081. htm.

［2］许勤华．十九大报告谱写中国大国外交新篇章［EB/OL］．人民网 - http：//theory. people. com. cn/n1/2017/1107/c40531 - 29630807. html.

［3］勇立时代潮头 开创外交新局（大国外交·天下）——十九大专题报

道［EB/OL］．人民网 - http：//cpc. people. com. cn/n1/2017/1016/c414305 - 29588229. html.

（4）海外评论

［1］外国政要纷纷评价习近平的外交智慧［EB/OL］．中国干部学习网 - http：//www. ccln. gov. cn/hotnews/164703. shtml.

［2］四大关键词读懂 2016 中国外交［EB/OL］．环球网 - http：//world. huanqiu. com/hot/2016 - 12/9830152. html.

2. 教学方法和教学内容安排

以讲授为主，适当安排互动提问、视频播放和课后作业。课堂内主要采用多媒体手段进行地理图示解说、视频短片节选、背景知识链接等。课堂外可辅以参观北京市主场外交重大事件的场所（如 2014 年亚太经合组织（APEC）领导人会议的地点，怀柔雁栖湖国际会展中心）为补充。

第十一章　建设中国特色社会主义的根本目的和依靠力量

朱建平*

一、教学目的

通过学习使学生了解建设中国特色社会主义是一项伟大而艰巨的事业，掌握为了谁、依靠谁，始终是完成这项事业的至关重要的问题。理解和把握建设中国特色社会主义的根本目的；理解和把握建设中国特色社会主义的依靠力量；理解和把握巩固和发展中国特色社会主义爱国统一战线的政策和内容，理解和把握建设中国特色社会主义巩固国防和一流军队的丰富内涵。

二、基本内容

本章主要内容是建设中国特色社会主义的根本目的和依靠力量。主要包括四个部分：一是建设中国特色社会主义的根本目的。这个目的就是一切为了人民、实现共同富裕、坚持经济社会发展与人的全面发展的统一。二是建设中国特色社会主义的依靠力量。其中工人、农民和知识分子是建设中国特色社会主义事业的根本力量；新的社会阶层是中国特色社会主义事业的建设者；巩固和发展全国各族人民的大团结。三是巩固和发展新时代爱国统一战线。其中包括爱国统一战线的内容和主要任务；加强党对统一战线的领导；全面贯彻党的民族宗教政策。四是建设巩固国防和强大军队。其中包括巩固国防和一流军队是国家安全的重要保障；建设一支听党指挥能打胜仗作风优良的人民军队；构建中国特色现代作战体系；推动军民融合深度发展。

---

* 朱建平（1973—　），男，辽宁抚顺人，北方工业大学马克思主义学院副教授。

三、重点难点

1. 建设中国特色社会主义的根本目的

党的十八大指出，为人民服务是党的根本宗旨，以人为本、执政为民是检验党一切执政活动的最高标准。任何时候都要把人民利益放在第一位，始终与人民心连心、同呼吸、共命运，始终依靠人民推动历史前进。

党的十九大报告充分体现和论述了建设中国特色社会主义的根本目的。第一，党的十九大报告的主题是："不忘初心，牢记使命，高举中国特色社会主义伟大旗帜，决胜全面建成小康社会，夺取新时代中国特色社会主义伟大胜利，为实现中华民族伟大复兴的中国梦不懈奋斗。"而中国共产党人的初心和使命，就是为中国人民谋幸福，为中华民族谋复兴。这个初心和使命是激励中国共产党人不断前进的根本动力。大会号召全党同志一定要永远与人民同呼吸、共命运、心连心，永远把人民对美好生活的向往作为奋斗目标，以永不懈怠的精神状态和一往无前的奋斗姿态，继续朝着实现中华民族伟大复兴的宏伟目标奋勇前进。

第二，党的十九大对建设中国特色社会主义根本目的的论述体现在对新时代我国社会主要矛盾的概括上。党的十九大指出："我国社会主要矛盾已经转化为人民日益增长的美好生活需要和不平衡不充分的发展之间的矛盾。我国稳定解决了十几亿人的温饱问题，总体上实现小康，不久将全面建成小康社会，人民美好生活需要日益广泛，不仅对物质文化生活提出了更高要求，而且在民主、法治、公平、正义、安全、环境等方面的要求日益增长。同时，我国社会生产力水平总体上显著提高，社会生产能力在很多方面进入世界前列，更加突出的问题是发展不平衡不充分，这已经成为满足人民日益增长的美好生活需要的主要制约因素。"由此可见，建设新时代中国特色社会主义的核心问题就是满足人民日益增长的美好生活需要。

第三，习近平新时代中国特色社会主义思想的主要内容鲜明体现了建设中国特色社会主义的根本目的。党的十九大报告指出："明确新时代我国社会主要矛盾是人民日益增长的美好生活需要和不平衡不充分的发展之间的矛盾，必须坚持以人民为中心的发展思想，不断促进人的全面发展、全体人民共同富裕。"

第四，习近平新时代中国特色社会主义思想的基本方略体现了建设中国特色社会主义的根本目的。党的十九大报告指出："坚持以人民为中心。人民是历史的创造者，是决定党和国家前途命运的根本力量。必须坚持人民主体地位，坚持立党为公、执政为民，践行全心全意为人民服务的根本宗旨，把党的群众路线贯彻到治国理政全部活动之中，把人民对美好生活的向往作为奋斗目标，依靠人民创造历史伟业。”同时指出：“坚持在发展中保障和改善民生。增进民生福祉是发展的根本目的。必须多谋民生之利、多解民生之忧，在发展中补齐民生短板、促进社会公平正义，在幼有所育、学有所教、劳有所得、病有所医、老有所养、住有所居、弱有所扶上不断取得新进展，深入开展脱贫攻坚，保证全体人民在共建共享发展中有更多获得感，不断促进人的全面发展、全体人民共同富裕。建设平安中国，加强和创新社会治理，维护社会和谐稳定，确保国家长治久安、人民安居乐业。”

第五，党的十九大报告的第八部分“提高保障和改善民生水平，加强和创新社会治理”充分论述了建设中国特色社会主义的根本目的。报告指出：“全党必须牢记，为什么人的问题，是检验一个政党、一个政权性质的试金石。带领人民创造美好生活，是我们党始终不渝的奋斗目标。必须始终把人民利益摆在至高无上的地位，让改革发展成果更多更公平惠及全体人民，朝着实现全体人民共同富裕不断迈进。”报告从优先发展教育事业、提高就业质量和人民收入水平、加强社会保障体系建设、坚决打赢脱贫攻坚战、实施健康中国战略、打造共建共治共享的社会治理格局、有效维护国家安全七个方面明确了人民最关心最直接最现实的利益问题。

习近平总书记系列讲话也充分体现了建设中国特色社会主义的根本目的。2012 年，习近平总书记在十八届中央政治局常委同中外记者见面时强调：“我们的人民热爱生活，期盼有更好的教育、更稳定的工作、更满意的收入、更可靠的社会保障、更高水平的医疗卫生服务、更舒适的居住条件、更优美的环境，期盼孩子们能成长得更好、工作得更好、生活得更好。人民对美好生活的向往，就是我们的奋斗目标。”

党的十八大以来，党中央高度重视、大力推进民生工作和社会治理工作，以期让改革开放成果更多更公平惠及全体人民。民生是人民幸福之基、社会和谐之本，改善民生是推动发展的根本目的，抓民生也是抓发展，改善民生要实现经济发展和民生改善良性循环。习近平指出：“让老百姓过上好日子是我们一切工作的出发点和落脚点。”人民是否真正得到了实惠，生活是否真正得到了改善，权益是否真正得到了保障是检验一切工作成效的标准。

保障和改善民生是一项长期工作，包括教育、就业、分配、社会保障、健康水平、人口发展等方方面面。这就要求社会政策要托底，要坚守底线，要谋民生之利，解民生之忧。习近平指出，抓民生要抓住人们最关心最直接最现实的利益问题，抓住最需要关心的人群，一件事情接着一件事情办、一年接着一年干，锲而不舍向前走。

消除贫困、改善民生、逐步实现共同富裕，是社会主义的本质要求，是我们党的重要使命。当前我国脱贫攻坚形势依然严峻，脱贫攻坚贵在精准，重在精准，成败在于精准。习近平指出，“脱贫攻坚战的冲锋号已经吹响。我们要立下愚公移山志，咬定目标、苦干实干，坚决打赢脱贫攻坚战。”“必须在精准施策上出实招、在精准推进上下实功、在精准落地上见实效。”

社会和谐是中国特色社会主义的本质属性，是我们党不懈追求的社会理想。维护社会和谐稳定，必须创新维稳理念。维护社会和谐稳定，重在妥善处理社会矛盾。维护社会和谐稳定，要着力推进平安中国建设。习近平指出“平安是老百姓解决温饱后的第一需求，是极重要的民生，也是最基本的发展环境”。

社会治理是社会建设的重大任务，是国家治理的重要内容。要创新社会治理体制，不断改进社会治理方式，同时社会治理的重心必须落到城乡社区。习近平指出“治理和管理一字之差，体现的是系统管理、依法治理、源头治理、综合施策”。要以最广大人民利益为根本坐标，创新社会治理体制，改进社会治理方式，构建全民共建共享的社会治理格局。坚持完善党委领导、政府主导、社会协同、公众参与、法制保障的体制机制，推进社会治理精细化。要坚持系统治理，加强党委领导，发挥政府主导作用，鼓励和支持社会各方面参与。

国家安全是人民幸福安康的基本要求，是安邦定国的重要基石。总体国家安全观，强调以人民安全为宗旨，以政治安全为根本，以经济安全为基础，以军事、文化、社会安全为保障，以促进国际安全为依托，维护各领域国家安全，构建国家安全体系，走中国特色国家安全道路。习近平强调：“我们党要巩固执政地位，要团结带领人民坚持和发展中国特色社会主义，保证国家安全是头等大事。”

2. 巩固和发展中国特色社会主义爱国统一战线

统一战线历来是为党的总路线、总任务服务的，它是中国共产党凝聚人心、汇聚力量的政治优势和战略方针。党的十一届三中全会后，我国进入改革开放和社会主义现代化建设新时期，统一战线也进入了新阶段。统一战线历来为党的总路线、总任务服务。在不同的历史时期，统一战线有着不同的性质和内容。

人心向背、力量对比是决定党和人民事业成败的关键，是最大的政治。做好新形势下的统战工作，必须掌握规律、坚持原则、讲究方法，最根本的是要坚持党的领导。做好新形势下的统战工作，必须正确处理一致性和多样性关系，必须善于联谊交友，必须牢牢把握大团结大联合的主题。

党的十九大对巩固和发展中国特色社会主义爱国统一战线进行了专门论述。报告指出，统一战线是党的事业取得胜利的重要法宝，必须长期坚持。要高举爱国主义、社会主义旗帜，牢牢把握大团结大联合的主题，坚持一致性和多样性统一，找到最大公约数，画出最大同心圆。坚持长期共存、互相监督、肝胆相照、荣辱与共，支持民主党派按照中国特色社会主义参政党要求更好履行职能。全面贯彻党的民族政策，深化民族团结进步教育，铸牢中华民族共同体意识，加强各民族交往交流交融，促进各民族像石榴籽一样紧紧抱在一起，共同团结奋斗、共同繁荣发展。全面贯彻党的宗教工作基本方针，坚持我国宗教的中国化方向，积极引导宗教与社会主义社会相适应。加强党外知识分子工作，做好新的社会阶层人士工作，发挥他们在中国特色社会主义事业中的重要作用。构建亲清新型政商关系，促进非公有制经济健康发展和非公有制经济人士健康成长。广泛团结联系海外侨胞和归侨侨眷，共同致力于中华民族伟大复兴。

3. 建设中国特色社会主义巩固国防和强大军队

习近平指出，国防和军队建设是国家安全的坚强后盾，是和平发展的保障。努力建设与我国国际地位相称、与国家安全和发展利益相适应的巩固国防和强大军队，是我国社会主义现代化建设的战略任务。

党的十八大以来，习近平总书记着眼实现中国梦强军梦，立足国家安全和发展战略全局，提出了重大战略思想，做出了重大决策部署，指挥了重大军事行动，开辟了党的军事指导理论新境界，为强军兴军打下了坚实的政治、思想和实践基础。

建设强大的人民军队是我们党的不懈追求。强军目标是在把握国防和军队建设历史方位和阶段性特点上提出来的。习近平指出："'军队的样子'就是要坚决听党指挥，要能打仗、打胜仗，要保持光荣传统和优良作风。"要明确军队建设发展战略指导，习近平指出："要紧密结合军队面临的形势任务和工作实际，深入贯彻新发展理念，努力实现更高质量、更高效益、更可持续的发展。"

政治建军是我军的立军之本。党对军队的绝对领导，是我军的军魂和命根子，永远不能变，永远不能丢。要下大力气解决问题积弊，着力培养有灵魂、有本事、有血性、有品德的新一代革命军人。要坚持创新为要，积极推进政治工作思维理念、运行模式、指导方式、方法手段创新，提高政治工作信息化、法治化、科学化水平。

习近平指出“能战方能止战，准备打才可能不必打，越不能打越可能挨打，这就是战争与和平的辩证法”。军事斗争准备是军队的基本实践活动，要牢牢扭住，须臾不能松懈。打仗硬碰硬，训练必须实打实，必须把反恐军事斗争准备摆到战略位置。

习近平指出：“全面实施改革强军战略，坚定不移走中国特色强军之路。”深化国防和军队改革的关键是牵住党在新形势下的强军目标这个“牛鼻子”。要形成军委管总、战区主战、军种主建的格局。要着眼于推进依法治军、从严治军，抓住治权这个关键，构建严密的权力运行制约和监督体系。要着眼于打造精锐作战力量，优化规模结构和部队编成，推动我军由数量规模型向质量效能型转变。要着眼于抢占未来军事竞争战略制高点，充分发挥创新驱动发展作用，培育战斗力新的增长点。要着眼于开发管理用好军事人力资源，推动人才发展体制和政策创新，形成人才辈出、人尽其才的生动局面。要着眼于贯彻军民融合发展战略，推进跨军地重大改革任务，推动经济建设和国防建设融合发展。

党的十九大指出，国防和军队建设正站在新的历史起点上。必须全面贯彻新时代党的强军思想，贯彻新形势下军事战略方针，建设强大的现代化陆军、海军、空军、火箭军和战略支援部队，打造坚强高效的战区联合作战指挥机构，构建中国特色现代作战体系，担当起党和人民赋予的新时代使命任务。确保到2020年基本实现机械化，信息化建设取得重大进展，战略能力有大的提升。力争到2035年基本实现国防和军队现代化，到21世纪中叶把人民军队全面建成世界一流军队。

党的十九大指出，要加强军队党的建设，培养有灵魂、有本事、有血性、有品德的新时代革命军人，永葆人民军队性质、宗旨、本色。推进军事管理革命，完善和发展中国特色社会主义军事制度。加强军事人才培养体系建设，建设创新型人民军队。全面从严治军，推动治军方式的根本性转变，提高国防和军队建设法治化水平。

党的十九大指出，军队是要准备打仗的，一切工作都必须坚持战斗力标准，向能打仗、打胜仗聚焦。要坚持富国和强军相统一，强化统一领导、顶层设计、改革创新和重大项目落实，深化国防科技工业改革，形成军民融合深度发展格局，构建一体化的国家战略体系和能力。

四、教学建议

1. 教学内容处理

内容处理的重点一是重复内容的处理，二是是否以新时代中国特色社会主义对章节目的标题进行修改，从而重点论述新时代建设中国特色社会主义的根本目的和依靠力量。本章包括四节，和十九大报告相关内容重复主要在第一节、第二节的第三个目和第四节上。建议以历史逻辑和理论逻辑对这些内容进行整合，以十九大报告的最新提法进行概括，重点讲清楚十九大报告对这些内容的具体论述。

2. 教学素材

第一节“建设中国特色社会主义的目的”可以结合北京市实践，以疏解非首都功能和北京市治理雾霾的措施和方案来加以阐述，比较合适的素材是北京市委书记蔡奇在疏解整治促提升专项行动现场推进会上的讲话和北京市2017年治理雾霾的十大措施。第四节“建设巩固国防和强大军队”可以结合纪录片《强军》来进行讲解。

3. 教学方法和教学内容安排

教学方法上可以从理论和实践两个角度进行设计。理论角度是学深悟透十九大报告对于本章相关内容的最新论述，这需要引导学生充分认识到学习十九大报告的重要意义，关键是读原著、学原文、悟原理。实践教学上可以安排学生利用四个学时参观参与北京市民生建设实践，例如疏解非首都功能和治理雾霾等。

第十二章　建设中国特色社会主义的领导核心

宋修见[*]　袁宏松[**]

一、教学目的

1. 知识目标

（1）中国共产党第十九次全国代表大会鲜明主题中的“不忘初心，牢记使命”的“初心”和“使命”是指什么？

（2）伟大斗争、伟大工程、伟大事业、伟大梦想之间的关系。

（3）新时代的党的建设的总要求是什么？

2. 能力目标

（1）结合十九大精神，培养学生分析判断与“中国共产党是中国特色社会主义的领导核心”相关的一系列错误社会思潮的能力。

（2）在中国共产党坚定不移地全面从严治党、不断提高党的执政能力和领导水平的进程中，作为青年大学生如何去定位自己的社会角色，并在这个角色定位的基础上，明确如何更好地发挥主观能动性，有所作为，与中国共产党领导的社会主义事业建设同向同行。

3. 情感目标

坚定对中国共产党的社会主义领导核心地位的认同，提升政治素养，自觉自愿的在中国共产党的带领下，积极投身到中国特色社会主义伟大事业的实践中去。

---

* 宋修见（1967— ），男，山东乳山人，中央美术学院副教授，思想政治理论课教学部主任。

** 袁宏松（1983— ），男，河北河间人，北京青年政治学院教师，思想道德修养与法律基础教研室主任。

二、基本内容

1. 内容概述

（1）中国共产党的执政地位是经过长时期的斗争考验形成的，是历史的必然，是人民的选择，办好中国事情，关键在党。

（2）中国共产党是中国工人阶级的先锋队，同时是中国人民和中华民族的先锋队。党坚强有力，党同人民保持血肉联系，国家就繁荣稳定，人民就幸福安康。坚持党的领导，必须改善党的领导。

（3）新形势下，党面临的执政考验、改革开放考验、市场经济考验、外部环境考验是长期的、复杂的、严峻的，精神懈怠的危险、能力不足的危险、脱离群众的危险、消极腐败的危险更加尖锐地摆在全党面前。要以改革创新的精神全面推进建设新的伟大工程，全面提高党的建设科学化水平。

（4）全面从严治党，必须坚持党要管党、从严治党的方针，坚持思想建党与制度治党相结合，加强组织纪律和作风建设，加强党风廉政建设和反腐败斗争。

2. 创新与发展

（1）坚持党对一切工作的领导。

（2）坚定不移全面从严治党，不断提高党的执政能力和领导水平八条具体举措。

（3）中国特色社会主义最本质的特征是中国共产党领导，中国特色社会主义制度的最大优势是中国共产党领导，党是最高政治领导力量。

（4）确保党在世界形势深刻变化的历史进程中始终走在时代前列，在应对国内外各种风险和考验的历史进程中始终成为全国人民的主心骨，在坚持和发展中国特色社会主义的历史进程中始终成为坚强领导核心。

三、重点难点

1. 十九大报告新论述

（1）明确新时代党的建设的总要求

坚持和加强党的全面领导，坚持党要管党、全面从严治党，以加强党的长期执政能力建设、先进性和纯洁性建设为主线，以党的政治建设为统领，以坚定理想信念宗旨为根基，以调动全党积极性、主动性、创造性为着力点，全面推进党的政治建设、思想建设、组织建设、作风建设、纪律建设，把制度建设贯穿其中，深入推进反腐败斗争，不断提高党的建设质量，把党建设成为始终走在时代前列、人民衷心拥护、勇于自我革命、经得起各种风浪考验、朝气蓬勃的马克思主义执政党。

（2）首次提出党的政治建设为统领

“旗帜鲜明的讲政治是我们党作为马克思主义政党的根本要求”，这实际上是明确了党的政治建设在党的建设中的地位，即党的根本性建设。作为习近平总书记丰富和发展党建思想的重要内容，要把“保证全党服从中央、坚持党中央权威和集中统一领导”作为党的政治建设的首要任务。

（3）着重强调“四大考验”和“四大危险”

党的十八大提出“新形势下，党面临的执政考验、改革开放考验、市场经济考验、外部环境考验是长期的、复杂的、严峻的。精神懈怠的危险、能力不足的危险、脱离群众的危险、消极腐败的危险更加尖锐地摆在全党面前”。党的十九大重申这样的一个判断，即“要深刻认识党面临的执政考验、改革开放考验、市场经济考验、外部环境考验的长期性和复杂性，深刻认识党面临的精神懈怠危险、能力不足危险、脱离群众危险、消极腐败危险的尖锐性和严峻性，坚持问题导向，保持战略定力，推动全面从严治党向纵深发展”。

2. 理论热点、社会热点

（1）新时代中国特色社会主义思想的重大意义

十九大报告指出，“新时代中国特色社会主义思想，是对马克思列宁主义、毛泽东思想、邓小平理论、‘三个代表’重要思想、科学发展观的继承和发展，是马克思主义中国化最新成果，是党和人民实践经验和集体智慧的结晶，是中国特色社会主义理论体系的重要组成部分，是全党全国人民为实现中华民族伟大复兴而奋斗的行动指南，必须长期坚持并不断发展。”

（2）鲜明主题、奋斗目标、全面从严治党

2017 年 11 月 1 日，学习贯彻党的十九大精神中央宣讲团动员会在北京召开，中共中央政治局常委、中央书记处书记王沪宁出席会议并讲话。王沪宁用七个讲清楚指明了宣传和学习十九大报告精神的重点，其中有三个讲清楚是十九大精神进课堂需要完成的任务，即讲清楚党的十九大的鲜明主题；讲清楚“两个一百年”奋斗目标；讲清楚坚定不移全面从严治党的重大部署。

① 十九大的鲜明主题

“不忘初心，牢记使命，高举中国特色社会主义伟大旗帜，决胜全面建成小康社会，夺取新时代中国特色社会主义伟大胜利，为实现中华民族伟大复兴的中国梦不懈奋斗。”中国共产党人的初心和使命，就是为中国人民谋幸福，为中华民族谋复兴。这个初心和使命是激励中国共产党人不断前进的根本动力。十九大主题，鲜明回答了我们党举什么旗、走什么路、以什么样的精神状态、担负什么样的历史使命、实现什么样的奋斗目标等重大问题，对我们党带领人民奋发图强、开拓进取具有十分重大的意义。

②“两个一百年”奋斗目标

十九大报告指出，“改革开放之后，我们党对我国社会主义现代化建设作出战略安排，提出‘三步走’战略目标。解决人民温饱问题、人民生活总体上达到小康水平这两个目标已提前实现。在这个基础上，我们党提出，到建党一百年时建成经济更加发展、民主更加健全、科教更加进步、文化更加繁荣、社会更加和谐、人民生活更加殷实的小康社会，然后再奋斗三十年，到新中国成立一百年时，基本实现现代化，把我国建成社会主义现代化国家。”

③ 坚定不移全面从严治党

十九大报告在提炼、总结近 5 年来工作经验的基础上，将“两学一做”“四个意识”“四个自信”“四种形态”等内容作为提升党建工作水平的新增长点，将全面从严治党工作落实落细。

报告指出，“用新时代中国特色社会主义思想武装全党”，“弘扬马克思主义学风，推进‘两学一做’学习教育常态化制度化，以县处级以上领导干部为重点，在全党开展‘不忘初心，牢记使命’主题教育。”

报告指出，“建设高素质专业化干部队伍”，“坚持正确选人用人导向，匡正选人用人风气，突出政治标准，提拔重用牢固树立‘四个意识’和‘四个自信’、坚决维护党中央权威、全面贯彻执行党的理论和路线方针政策、忠诚干净担当的干部，选优配强各级领导班子。”

报告指出，“持之以恒正风肃纪”，“坚持以上率下，巩固拓展落实中央八项规定精神成果，继续整治‘四风’问题，坚决反对特权思想和特权现象。”“坚持开展批评和自我批评，坚持惩前毖后、治病救人，运用监督执纪‘四种形态’，抓早抓小、防微杜渐。”

3. 解疑释惑

（1）理论难点

伟大斗争、伟大工程、伟大事业、伟大梦想之间的关系？

伟大斗争，伟大工程，伟大事业，伟大梦想，紧密联系、相互贯通、相互作用，其中起决定性作用的是党的建设新的伟大工程。

实现伟大梦想，必须进行伟大斗争。社会是在矛盾运动中前进的，有矛盾就会有斗争。我们党要团结带领人民有效应对重大挑战、抵御重大风险、克服重大阻力、解决重大矛盾，必须进行具有许多新的历史特点的伟大斗争，任何贪图享受、消极懈怠、回避矛盾的思想和行为都是错误的。

实现伟大梦想，必须建设伟大工程。这个伟大工程就是我们党正在深入推进的党的建设新的伟大工程。历史已经并将继续证明，没有中国共产党的领导，民族复兴必然是空想。

实现伟大梦想，必须推进伟大事业。全党要更加自觉地增强道路自信、理论自信、制度自信、文化自信，既不走封闭僵化的老路，也不走改旗易帜的邪路，保持政治定力，坚持实干兴邦，始终坚持和发展中国特色社会主义。

（2）理解难点

中国特色社会主义进入新时代到底意味着什么？

经过长期努力，中国特色社会主义进入了新时代，这是我国发展新的历史方位。中国特色社会主义进入新时代，意味着近代以来久经磨难的中华民族迎来了从站起来、富起来到强起来的伟大飞跃，迎来了实现中华民族伟大复兴的光明前景；意味着科学社会主义在21世纪的中国焕发出强大生机活力，在世界上高高举起了中国特色社会主义伟大旗帜；意味着中国特色社会主义道路、理论、制度、文化不断发展，拓展了发展中国家走向现代化的途径，给世界上那些既希望加快发展又希望保持自身独立性的国家和民族提供了全新选择，为解决人类问题贡献了中国智慧和中国方案。

（3）社会错误思潮

十九大报告指出，“实现伟大的梦想，必须进行伟大斗争。社会是在矛盾运动中前进的，有矛盾就会有斗争。”“全党要更加自觉地坚持党的领导和我国社会主义制度，坚决反对一切削弱、歪曲、否定党的领导和我国社会主义制度的言行。”面对错误的社会思潮，我们要敢于亮剑，善于亮剑。

① 反腐败斗争弊大于利

观点：随着反腐败斗争的深入开展，社会出现了这样一种论调：在“老虎、苍蝇一起打”反腐败的过程中，落马的官员接二连三，极大地抹黑了中国共产党的形象，不仅如此，我国经济增速较前几年有所减缓也是受到反腐败影响的不良后果。

纠错：十九大报告指出，“人民群众最痛恨腐败现象，腐败是我们党面临的最大威胁。只有以反腐败永远在路上的坚韧和执着，深化标本兼治，保证干部清正、政府清廉、政治清明，才能跳出历史周期率，确保党和国家长治久安。”

反腐败会影响中国共产党的形象、会阻碍经济的发展这样的谬论早在20

世纪八九十年代就曾多次出现。事实充分证明，反腐败不仅不会抹黑中国共产党；相反，能够赢得人民群众的信任，巩固自身的执政地位。反对腐败，打击权力寻租，塑造风清气正的社会主义市场经济环境，对中国经济的持续健康发展，不是有害而是有利。正像习近平曾指出的那样："反腐败并不会影响经济发展，反而有利于经济发展持续健康。"需要着重指出的是，经济运行有其自身的规律，当前中国经济发展从高速增长转为中高速增长，并不是反腐败斗争结果。当然，不可否认，反腐败会导致一些处于灰色地带的高端餐饮业和奢侈品市场出现萎缩，但这只是对某些领域畸形繁荣的纠偏，并不会影响整体的国民经济走势。

② 历史虚无主义思潮

观点：中国共产党的执政地位并不是历史和人民的选择，尤其是在抗战时期中国共产党并没有认真抗日，中国共产党的执政地位是趁国难之机，窃取抗战胜利果实得来的。

纠错：十九大报告指出，"鸦片战争后，中国陷入内忧外患的黑暗境地，中国人民经历了战乱频仍、山河破碎、民不聊生的深重苦难。为了民族复兴，无数仁人志士不屈不挠、前仆后继，进行了可歌可泣的斗争，进行了各式各样的尝试，但终究未能改变旧中国的社会性质和中国人民的悲惨命运。"报告指出，"中国特色社会主义政治发展道路，是近代以来中国人民长期奋斗历史逻辑、理论逻辑、实践逻辑的必然结果，是坚持党的本质属性、践行党的根本宗旨的必然要求。"

换言之，中国共产党执政地位首先不是从来就有的，无论是过去新民主主义革命战争时期的救民族于危难，还是带领全国各族人民进行社会主义革命建立社会主义基本制度，抑或今天改革开放的伟大实践，都是历史的选择和人民的选择。中国共产党经过抗日战争，逐步发展壮大这一个事实，并不能成为中国共产党的执政地位是趁国难之机，窃取抗战胜利果实得来的立论做任何支撑，倒是能够反证中国共产党由弱到强，并最终取得执政地位是历史和人民的选择。

③ 宪政民主思潮

观点：党的十八届四中全会提出"依宪治国""依宪执政"的概念，一些所谓的专家学者认为，"依宪执政"完全可以简称为"宪政"，而既然是"宪政"也就没有什么东西方之分，进而主张照搬西方模式。

纠错：十九大报告在"新时代坚持和发展中国特色社会主义"十四条基本方略中，摆在第一条的是坚持党对一切工作的领导。报告重申，"党政军民学，东西南北中，党是领导一切的"。报告指出，"世界上没有完全相同的政治制度模式，政治制度不能脱离特定社会政治条件和历史文化传统来抽象评判，不能定于一尊，不能生搬硬套外国政治制度模式。”

我们应该清醒地认识到，所谓“宪政”最为重要的一点就是三权分立，互相制衡，主张实行西方“宪政”的宪政民主思潮，实质上就是取消中国共产党作为建设中国特色社会主义的领导核心地位，这是与我们坚持党对一切工作的领导原则格格不入的。

④ 绝对新闻自由

观点：尤其是随着新媒体时代的到来，特别是微博、微信等自媒体迅速发展，极大满足了普罗大众的表达欲，有人趁机大肆鼓吹西方新闻行业具有绝对自由。

纠错：十九大报告指出，“牢牢掌握意识形态工作领导权。意识形态决定文化前进方向和发展道路。必须推进马克思主义中国化时代化大众化，建设具有强大凝聚力和引领力的社会主义意识形态，使全体人民在理想信念、价值理念、道德观念上紧紧团结在一起。”“落实意识形态工作责任制，加强阵地建设和管理，注意区分政治原则问题、思想认识问题、学术观点问题，旗帜鲜明反对和抵制各种错误观点。”

在西方，新闻媒体被标榜为“社会公器”，其实根本不存在什么新闻的绝对自由，这本身就是一个伪命题，自由永远是相对的，不是绝对的。正像唯物史观认为那样，在存在阶级的社会里，国家是阶级统治的工具，占统治地位的思想也必然是统治阶级的思想。我们是人民民主专政的国家，人民是国家的主人，中国共产党代表的是人民的利益，因此，党管媒体，天经地义。办报、办刊、办台、办新闻网站，中国共产党都必须牢牢掌握话语权，不给错误言论和思潮提供传播渠道，切实做到守土有责、守土负责、守土尽责。

四、教学建议

1. 教学内容处理

十九大精神进课堂，着重突出“三个新”。

新的历史方位：中国特色社会主义进入新时代。新的理论创新成果：新时代中国特色社会主义思想。新的奋斗目标：从全面建成小康到社会主义现代化强国。

2. 教学素材

（1）七集政论专题片《不忘初心，继续前进》，中共中央宣传部、中共中央文献研究室、中共中央党史研究室等单位联合制作，专题片全方位、宽视角的展现以习近平总书记为核心的党中央5年以来继往开来、逐梦前行、不忘初心、砥砺奋进的壮阔征程。

（2）八集电视专题片《永远在路上》，中央纪委宣传部、中央电视台联合制作的一部反腐纪录片，该片从受访专家学者、纪检干部到落马官员的案例剖析，全景式呈现了“从严治党永远在路上”不平凡的历程。

（3）张维为．中国震撼：一个“文明型国家”的崛起［M］．上海：上海人民出版社，2015.

（4）张维为．中国触动：百国视野下的观察与思考［M］．上海：上海人民出版社，2015.

（5）张维为．中国超越：一个“文明型国家”的光荣与梦想［M］．上海：上海人民出版社，2015.

（6）习近平．决胜全面建成小康社会　夺取新时代中国特色社会主义伟大胜利——在中国共产党第十九次全国代表大会上的报告［M］．北京：人民出版社，2017.

（7）本书编写组．党的十九大报告辅导读本［M］．北京：人民出版社，2017.

3. 实践教学

（1）实践项目主题：中国共产员优秀品质代际传承访谈

（2）学时：8学时

（3）学习目的与要求：访谈重心在于“优秀品质”和“传承”两个维度。通过深度调查研究，用眼睛去寻找、用耳朵去倾听，用心去感受和总结老一辈中国共产党党员身上所具有的优秀品质，从而形成对于老一辈中国共产党人身上所具有的优秀品格、精神风貌的认知，并在此基础上坚定对中国共产党领导的认可，完成本章的情感教育目标。

（4）实践步骤

① 8～10同学为一组，联系敬老院、养老院、干休所、光荣院等单位寻找并确定30位35年以上党龄的老党员作为访谈对象，并制定详细的深度提纲与方案。

② 访谈方案和提纲经任课教师审核通过后，小组成员与访谈对象联系确定访问时间和地点并提前搜集准备访谈对象的相关资料，以保证访谈顺利进行。

③ 小组成员按约定的时间地点进行访问，访谈结束后针对每一位受访对象整理出一篇人物访谈记录。

④ 每个小组在综合提炼所有访谈记录的基础上提交一篇访谈报告，内容包括访问对象、访问主题以及获得的启示或感受，重点是学生从访谈中感悟到的老一辈中国共产党党员身上所具有的优秀的精神品质。字数要求在 5000 字左右。

⑤ 每位组员撰写个人实践总结，介绍自己承担的具体工作任务和完成情况，谈谈自己在实践中的收获和体会，要求字数在 500 字左右。